Research on Information Regulation Tools from the Perspective of Administrative Law

行政法视野中的
信息规制工具研究

施立栋◎著

法律出版社
LAW PRESS·CHINA
北京

图书在版编目（CIP）数据

行政法视野中的信息规制工具研究 / 施立栋著.
北京：法律出版社，2024. -- ISBN 978 - 7 - 5197 - 9567 - 2

Ⅰ. D922.104

中国国家版本馆 CIP 数据核字第 20245F36S4 号

行政法视野中的信息规制工具研究 **XINGZHENGFA SHIYEZHONG DE XINXI GUIZHI GONGJU YANJIU**	施立栋　著	策划编辑 解　锟 责任编辑 张　岩　解　锟 装帧设计 贾丹丹

出版发行 法律出版社
编辑统筹 重大项目办公室
责任校对 晁明慧
责任印制 吕亚莉
经　　销 新华书店

开本 710 毫米×1000 毫米　1/16
印张 18　　**字数** 270 千
版本 2024 年 10 月第 1 版
印次 2024 年 10 月第 1 次印刷
印刷 唐山玺诚印务有限公司

地址:北京市丰台区莲花池西里 7 号(100073)
网址:www. lawpress. com. cn
投稿邮箱:info@ lawpress. com. cn
举报盗版邮箱:jbwq@ lawpress. com. cn

销售电话:010 - 83938349
客服电话:010 - 83938350
咨询电话:010 - 63939796

书号:ISBN 978 - 7 - 5197 - 9567 - 2
定价:82. 00 元
凡购买本社图书,如有印装错误,我社负责退换。电话:010 - 83938349

本书是国家社科基金青年项目“行政法视野中的信息规制工具研究”（18CFX022）的最终成果。

目　录

第一章　导　　论

一、选题背景与意义

信息与物质、能量一道，被公认为是构成物理世界的三根支柱。[①] 但与其他两根支柱不同的是，信息不仅具有客观的自然属性，还展现出社会性意义。[②] 正因为此，在社会运作的过程中，信息一直以来都扮演着十分重要的角色。特别是在人类社会由农业文明、工业文明逐渐步入到信息文明阶段以后，其价值变得愈加突出。法律作为实施社会控制的工具，在其制度构建及实践运行中，越来越需要仰仗于信息手段。对此，公共治理活动也不能例外。信息已然成为支撑政府运作过程不可或缺的因素，因而它被誉为是"政府的神经"，[③]或者是公共生活参与者的"氧气"，[④]其重要性可见一斑。

---

① 参见傅祖芸编著：《信息论：基础理论与应用》（第 4 版），电子工业出版社 2015 年版，第 7 页；吕艳滨：《信息法治：政府治理新视角》，社会科学文献出版社 2009 年版，第 8 页。

② 作为信息论的开创者，香农（Claude E. Shannon）尽管也承认信息兼具自然与社会的双重属性，但他还是竭力主张将信息的社会性意义排除出去，仅关注信息的客观物理属性。不过，在此后的研究中，香农试图撇除信息的社会性意义的主张并未获得社会科学研究者的响应。有学者就对此评价道，如果完全撇除信息的意义关联，那么将香农的"信息论"称作"信号论"来得更为恰当。参见[美]詹姆斯·格雷克：《信息简史》，高博译，人民邮电出版社 2013 年版，第 214 – 217、241 – 242 页。

③ 朱光磊：《当代中国政府过程》（第 3 版），天津人民出版社 2008 年版，第 167 页。

④ [英]弗兰克·韦伯斯特：《信息社会理论》（第 3 版），曹晋等译，北京大学出版社 2011 年版，第 343 页。

从我国行政实践来看，信息与政府规制活动的深度结合，使得信息规制工具在政府治理中发挥着日益重要的作用。该工具能够克服行政处罚、行政许可等传统规制工具的不足，提升行政机关的执法绩效，因而备受高层决策者的重视。目前，全国人大及其常委会制定的《证券法》《食品安全法》《环境保护法》等法律以及国务院出台的《政府信息公开条例》《企业信息公示暂行条例》等行政法规已相继对信息强制性披露、“黑名单”、风险信息警示、行政处罚决定书公开等信息规制工具作出了规定。除此之外，在中央和地方层面大力推进社会信用体系建设的过程中，信息规制工具也受到了前所未有的重视。

不过从实践运作情况来看，信息规制工具还存在不少问题。一方面，行政机关在运用该工具时常常突破合法性边界，其动辄诉诸“曝光”、列入“黑名单”、记入征信系统等现象较为普遍，这给信息时代下个人权利的保护带来了隐患。另一方面，信息难以令人理解、不准确、披露过度等问题并存，这又在一定程度上减损了该工具的规制实效。如何确保信息规制工具的合法性与有效性，进而在公民权利保护与政府规制能力提升之间达致一种平衡，是信息时代一个不容回避的问题。

本书正是基于上述问题意识，从行政法学的视角对信息规制工具展开研究。具体而言，开展这项研究具有如下意义：

一是推动学界对政府规制理论的研究。政府规制是现代行政法学上发展出来的一个新兴研究领域，而规制工具在该领域中又居于核心地位，其重要性就好比行政行为之于传统行政法学的支点地位。本书将探讨信息规制工具的具体构成，并论及该工具与其他政府规制工具之间的关系，可以建立起对政府规制工具的体系化认识，强化各种规制工具之间的衔接，推进政府规制理论的研究。

二是探索出信息规制工具的法治框架。身处信息与大数据时代之中，国家权力与个体权利的边界正在作出深刻的调整，在国家广泛运用信息规制工具的同时，个体却时常“赤身”面对国家，产生被权力支配之虞。本书将从法律属性辨析、设定规则、程序控制、救济跟进等多个方面探讨信息规制工具的法治化框架，确保这种工具在法治化轨道内运行。

三是服务于提升监管能力的实践需要。执法绩效不彰是普遍困扰行政机关的一个难题。现代行政法除了要继续扮演控制权力的“制动器”角色，还应发挥“发动机”的积极功能，助推政府监管能力的提升。① 信息规制工具的引入为此提供了契机。本书将对各种信息规制工具的运行效果进行实证考察，评估其成效，并提出完善建议，有助于切实改善执法绩效，回应复杂社会背景下行政机关履行多元行政任务的现实需要。

二、国内外研究状况述评

（一）国内研究状况梳理

从本世纪初以来，信息规制工具开始受到我国法学界的关注。在证券监管、消费者保护等具体规制领域中，该工具率先引起了学者们的关注。吕富强对证券法上的信息强制性披露制度作了系统阐述，并将其视为整部证券法上最为核心的制度。② 应飞虎将信息视角引入到消费者保护领域之中，认为信息劣势是导致消费者权益受到损害的最主要原因，并论述了在弥补信息不对称方面经营者、政府和社会机构三方主体所应承担的义务。③

自2005年起，在探讨新行政法与政府规制的浪潮中，信息规制工具开始获得行政法学者和规制法学者的注意。朱新力、宋华琳等人将信息规制工具与协商式规制、激励型规制、标准规制等手段一并纳入政府规制的“工具箱”之中，④这极大地丰富了行政法学上对行政行为形式的认识。

---

① 参见［法］勒内·达维：《英国法与法国法：一种实质性比较》，潘华仿、高鸿钧、贺卫方译，清华大学出版社2002年版，第117页。章剑生教授也持类似的看法，认为有效率但同时有限制的行政权是现代行政法必须同时给予关注的两个基本观念，参见章剑生：《现代行政法基本理论》（第2版·上卷），法律出版社2014年版，第92页。

② 参见吕富强：《信息披露的法律透视》，人民法院出版社2000年版，第8页以下。

③ 参见应飞虎：《信息、权利与交易安全：消费者保护研究》，北京大学出版社2008年版，第1－237页。

④ 参见朱新力、宋华琳、胡敏洁等：《现代行政法学与政府规制》，载《法制日报》2005年3月17日，第9版。类似的阐述，参见朱新力、宋华琳：《现代行政法学的建构与政府规制研究的兴起》，载《法律科学》2005年第5期；朱新力、唐明良：《现代行政活动方式的开发性研究》，载《中国法学》2007年第2期。

吕艳滨对信息规制工具的功能及应遵循的原则作了深入分析。[①] 应飞虎和涂永前比较了信息规制工具与其他政府规制工具之间的优劣，分析了信息工具的适用范围与制约因素，并提出了制度完善的建议。[②] 此后，行政法学界对于信息规制工具的研究进一步朝向纵深化方向发展，学者们对"黑名单"、[③]违法事实公布、[④]公共警告、[⑤]信用信息工具[⑥]等具体形态的信息工具作了深入探究，由此推动了我国首部研究信息规制工具的体系化专著的诞生。[⑦] 值得注意的是，信息规制工具研究的兴起，也在一定程度上推动了我国行政法学总论的变革。在余凌云、章剑生等人撰写的体系化教科书中，开始尝试将公布违法事实、通报批评等信息工具吸收进行政法学总论之中。[⑧] 沈岿还从更为宏观的角度，探讨信息披露等新型信息规制工具的出现对于推动行政法理论基础革新的意义。[⑨]

与此同时，信息规制工具的广泛运用所引发的个人信息保护问题也日益得到公私法学者的关切。周汉华主编的《个人信息保护前沿问题研究》一书收录了20余篇介绍域外个人信息保护法制与探讨中国立法方案

---

① 参见吕艳滨：《信息法治：政府治理新视角》，社会科学文献出版社2009年版，第136－153页。

② 参见应飞虎、涂永前：《公共规制中的信息工具》，载《中国社会科学》2010年第4期。

③ 这方面比较有代表性的是胡建淼教授的系列研究，参见胡建淼：《谁有权设立"黑名单"？》，载《紫光阁》2015年第11期；胡建淼：《"黑名单"管理制度之"黑名单"不能"黑上"》，载《人民法治》2017年第4期；胡建淼：《"黑名单"管理制度——行政机关实施"黑名单"是一种行政处罚》，载《人民法治》2017年第5期；胡建淼：《"黑名单"管理制度——建立和实施"黑名单"要符合法治原则》，载《人民法治》2017年第6期。

④ 这方面比较有代表性的是章志远教授等人的系列研究，参见章志远、鲍燕娇：《公布违法事实的法律属性分析》，载《山东警察学院学报》2011年第6期；章志远：《作为行政强制执行手段的违法事实公布》，载《法学家》2012年第1期；章志远、鲍燕娇：《作为声誉罚的行政违法事实公布》，载《行政法学研究》2014年第1期。

⑤ 参见朱春华：《公共警告制度研究》，中国社会科学出版社2013年版，第14页以下；徐信贵：《政府公共警告的法律问题研究》，法律出版社2014年版，第6页以下。

⑥ 参见王瑞雪：《政府规制中的信用工具研究》，载《中国法学》2017年第4期。

⑦ 参见朱春华：《法治政府的信息规制工具》，中国社会科学出版社2022年版。

⑧ 参见余凌云：《行政法讲义》（第3版），清华大学出版社2019年版，第369－372页；章剑生：《现代行政法总论》（第2版），法律出版社2019年版，第384页。

⑨ 参见沈岿：《行政法理论基础：传统与革新》，清华大学出版社2022年版，第250－251页。

的论文。[①] 此后,有关个人信息保护立法的专著陆续出版。[②] 另有不少学者还参酌域外法制,尤其是德国法、欧盟法的经验,将个人信息保护问题上升到权利的高度,在"信息自决权"[③]"被遗忘权"[④]等主题下纷纷撰文,呼吁加强对这些新型权利的保护。但与此同时,学界也不乏有对这些域外信息权利理论展开反思的研究成果。[⑤]

(二)国外研究状况梳理

由于较早步入了信息社会,再加上规制缓和(deregulation)运动的推波助澜,国外法治发达国家对信息规制工具的关注也较早。美国著名学者桑斯坦(Cass R. Sunstein)在1999年撰写的一篇文章中回顾道,信息规制工具被引入到法律领域之中,是近几十年来法律领域最引人瞩目的发展成就之一。[⑥] 从研究脉络看,国外学者们对信息规制工具的研究主要基于如下两条进路展开:

一条进路是沿循传统的行政行为形式论,以确保政府规制的合法性为目标,试图将信息规制工具纳入到行政法学总论体系之中并加以规范。美国行政法学家盖尔霍恩(Ernest Gellhorn)于1973年在《哈佛法律评论》上发表了一篇经典论文,对行政机关披露负面信息的行为(adverse publicity)作了系统分析,他认为,此类行为应分别归入政府信息公开与行政制裁这两类型式化的行为之中,并从内部控制与外部控制的角度对其

---

① 参见周汉华主编:《个人信息保护前沿问题研究》,法律出版社2006年版,第1页以下。

② 代表性的专著,参见齐爱民:《拯救信息社会中的人格:个人信息保护法总论》,北京大学出版社2009年版;郭瑜:《个人数据保护法研究》,北京大学出版社2012年版;高富平:《个人信息保护立法研究》,光明日报出版社2021年版;丁晓东:《个人信息保护:原理与实践》,法律出版社2021年版。

③ 参见姚岳绒:《论信息自决权作为一项基本权利在我国的证成》,载《政治与法律》2012年第4期;赵宏:《信息自决权在我国的保护现状及其立法趋势前瞻》,载《中国法律评论》2017年第1期。

④ 参见杨立新、韩煦:《被遗忘权的中国本土化及法律适用》,载《法律适用》2015年第2期。

⑤ 参见刘金瑞:《个人信息与权利配置——个人信息自决权的反思和出路》,法律出版社2017年版,第66–107页;王锡锌:《个人信息国家保护义务及展开》,载《中国法学》2021年第1期。

⑥ See Cass R. Sunstein, *Informational Regulation and Informational Standing: Akins and Beyond*, 147 University of Pennsylvania Law Review 613(1999).

法治化提出了具体建议。[1] 在大陆法系国家的不少行政法教科书中,同样能见到将公共警告、公布违法事实等部分信息工具植入行政法学总论之中的努力。[2]

另一条进路则从新型的政府规制理论出发,以实现政府规制的有效性为目标,对信息规制工具的运作机理、功能及其在具体领域中的适用进行分析。这一进路尽管在大陆法系国家的学者中也不乏运用者,[3]但总体而言,它在英美法系国家的学者中更获推崇。布雷耶(Stephen Breyer)将信息披露视为传统政府规制的一种替代性手段,并分析了该手段的优势和潜在缺陷。[4] 奥格斯(Anthony I. Ogus)认为信息规制隶属社会性规制的范畴,并且它相较于制定标准、行政许可等手段而言对市场的干预程度更低,继而对信息强制性披露与控制错误性信息这两类信息规制工具作了论述。[5] 萨拉蒙(Laster M. Salamon)对公共治理中信息规制工具的运行机制、适用范围、绩效评估等问题作了较为全面阐述。[6] 与此同时,另有一些学者对具体的信息规制工具作了实证研究。如马加特(Wesley A. Magat)和维斯库斯(W. Kip Viscusi)以有毒化学物质信息强制性标示、食品风险警示等信息规制工具为例,分析了这些工具发挥实效所需具备的条件。[7] 晚

---

① See Ernest Gellhorn, *Adverse Publicity by Administrative Agencies*, 86 Harvard Law Review 1380(1973).

② 参见[德]哈特穆特·毛雷尔:《行政法学总论》,高家伟译,法律出版社 2000 年版,第 393-397 页(分析公共警告行为);[日]盐野宏:《行政法》,杨建顺译,法律出版社 1999 年版,第 173-174 页(论述公布违反事实行为);[韩]金东熙:《行政法 I》,赵峰译,中国人民大学出版社 2008 年版,第 336-337 页(阐述违法事实的公布行为)。

③ 例如,日本学者大桥洋一专门分析了日本行政法上公开当事人姓名这一非正式的行政活动,探讨了在有效履行行政任务的背景下如何对该制度的合法性框架进行调适。参见[日]大桥洋一:《行政法学的结构性变革》,吕艳滨译,中国人民大学出版社 2009 年版,第 35-40 页。

④ 参见[美]史蒂芬·布雷耶:《规制及其改革》(重排本),李洪雷等译,北京大学出版社 2022 年版,第 199-203 页。

⑤ 参见[英]安东尼·奥格斯:《规制:法律形式与经济学理论》,骆梅英译,中国人民大学出版社 2008 年版,第 121-151 页。

⑥ 参见[美]莱斯特·M. 萨拉蒙主编:《政府工具:新治理指南》,肖娜等译,北京大学出版社 2016 年版,第 187-211 页。

⑦ See Wesley A. Magat & W. Kip Viscusi, *Informational Approaches to Regulation*, The MIT Press, 1992, pp. 47-188.

近沙哈尔(Omri Ben-Shahar)和施奈德(Carl E. Schneider)又对信息强制披露制度作了检讨,指出该制度总体上是失败的,并分析了其成因与未来的改进方向。[①]

(三)对研究状况的总体评价

从上述对国内外研究状况的梳理可以看出,学界对信息规制工具在现代行政活动中的重要价值已取得了基本共识,并对一些特定种类的信息规制工具及其在具体法领域中的应用作了扎实的研究,这在相当程度上推进了对于信息规制工具的研究进展。但总体而言,现有研究在如下四个方面还有进一步拓展的空间:

第一,在研究视角上,应转向更为宏观的视角,对信息规制"工具箱"的具体构成、各类信息规制工具的适用范围、信息规制工具与其他规制工具之间的相互关系等问题进行体系化的研究。

第二,在研究思路上,传统行政法释义学的进路与新兴的政府规制分析进路之间呈现出"双峰对峙"的局面,亟待作出有效整合。

第三,在研究方法上,亟待加强实证研究,尤其是需要对各类信息规制工具在我国实践中的运行效果展开实证分析。

第四,在研究内容上,对于如何厘清信息规制工具与社会信用体系建设等关联概念的关系,如何准确界定各类信息规制工具的法律性质以便融入行政法学理论体系,如何确保信息规制工具的在法治化轨道上运行,如何妥善协调政府规制能力提升与相对人信息权益保护之间的关系等核心议题,仍需进一步的深化。

三、研究思路与方法

(一)研究思路

自21世纪初以来,我国行政法学界兴起了一波关于新行政法学的讨

---

① 参见[美]欧姆瑞·本·沙哈尔、卡尔·E. 施奈德:《过犹不及:强制披露的失败》,陈晓芳译,法律出版社2015年版,第59-216页。

论浪潮，该理论的要义之一在于，试图突破传统行政法学仅关注合法性问题的单一视角，主张从有效性与合法性有机结合的角度展开对行政活动的研究。[①] 这与域外新行政法学的理论主张形成了呼应。[②] 本书贯彻了这一新行政法学的核心思路，在研究过程中，注重对信息规制工具的有效性分析与合法性分析进行结合，避免此前研究中由于片面强调其中之一种所导致的游离于法治控制抑或无法回应行政需求之弊端。因此，本书也可视作在新行政法学的背景下，试图整合新兴的政府规制分析与传统的行政法释义学这两种研究进路的一种努力与尝试。从这一意义上讲，在本书的题目之前加上一个“新”字，即称作《新行政法学视野中的信息规制工具研究》，也是恰当的。

本书尽管坚持有效性与合法性这两条主线的并举，但在实际开展研究的过程中，仍将研究重心适度地朝向合法性分析这一侧倾斜。这主要是基于如下两点考虑：第一，在当前的实践中，信息规制权力突破合法性框架进而侵犯行政相对人权益的现象十分突出，这一点在推进社会信用体系建设的过程中表现得尤为明显，进而引发了社会公众的焦虑，故亟须借助合法性分析回应对该权力施加控制的需求。第二，在行政法学理论上，对于信息规制工具这一新型的行政活动总体上缺乏系统性的回应，因此，有必要借助传统行政法释义学中的归类、法律性质分析等方法，将其融入到行政法学的理论体系之中，这是为实现权力控制目标所采取的必不可少的“技术路线”。在具体观点方面，本书反对将信息规制工具笼统地归类为未型式化的行政行为或非正式行政活动的概念之下，因为正如有学者所指出的，对信息规制工具作未型式化行政行为的定性，这并非在法释义学具有可操作性的概念，该定性与其说是解答了问题，还不如说只

---

① 参见朱新力、唐明良等：《行政法基础理论改革的基本图谱：“合法性”与“最佳性”二维结构的展开路径》，法律出版社 2013 年版，第 3－5 页；沈岿：《行政法理论基础：传统与革新》，清华大学出版社 2022 年版，第 250 页。

② 例如，德国新行政法学的代表性学者施密特·阿斯曼就曾指出，使行政活动规范化和有效化，构成了行政法的双重任务。参见［德］施密特·阿斯曼：《行政法体系及其构建》，刘飞译，载《环球法律评论》2009 年第 5 期。

是提出了问题。[①] 更为重要的是，与型式化的行政行为具有相对完善的规范体系不同，非型式化的行政行为的制度建设往往存在缺位，因此，一旦将信息工具定性为未型式化行政行为，可能正中行政机关之“下怀”，[②]无法达成权力规范与控制的目标。有鉴于此，本书主张对信息规制工具作分类拆解，将它们依次融入已有的型式化的行政行为之中，并以这一分类为基础对各类信息规制工具有效运作的要件和合法性框架展开论述。

将信息规制工具的研究重心适度倾向于合法性分析端，这在面对众多聚焦于有效性分析的政府规制研究成果时，多少带有一些“逆势而上”的意味。但实际上，在政府规制的主流研究中，也一直没有摒弃合法性分析的内容。宋华琳教授就指出，政府规制法尽管关注规制的效率以及行政目标的实现，但仍然保留了控权法的特质，要求行政规制体系的架构、行政规制形式的选择等不得逃脱出行政合法性的基本框架。[③] 他在多个场合还反复提出，应细致梳理各种新型的行政规制方式的法律性质、归类标准、构成要件、法律效果等，逐步将它们类型化、制度化与规范化，并且在所开出的新型规制方式研究清单中，就列举到了诸如违法事实公布、风险警示、强制信息披露、失信惩戒等信息规制工具。[④] 可见，运用传统行政法释义学的方法，将信息规制工具融入到行政行为论体系之中，进而实现权力控制的目标，仍然是当前极为迫切的课题。

（二）研究方法

1. 实证分析法。对我国有关信息规制工具的法规范状况与案例展

---

① 参见张桐锐：《论行政机关对公众之提供资讯之行为》，载《成大法学》2001 年第 2 期，第 148 页。毛雷尔也表达了类似的担忧，认为将非正式行政活动打造成一个行政活动的兜底箩筐过于宽泛，以致于不可能作出法律上有意义的统一判断。参见［德］哈特穆特·毛雷尔：《行政法学总论》，高家伟译，法律出版社 2000 年版，第 399 页。

② “行政机关之所以选择未型式化的行政行为，其原始动机显然在于摆脱来自法律体系的束缚。”张桐锐：《论行政机关对公众之提供资讯之行为》，载《成大法学》2001 年第 2 期。

③ 参见宋华琳：《论政府规制中的合作治理》，载《政治与法律》2016 年第 8 期。

④ 参见宋华琳：《探寻政府规制的法律改革——〈规制及其改革〉重排前言》，载［美］史蒂芬·布雷耶：《规制及其改革》（重排本），李洪雷等译，北京大学出版社 2022 年版，第 7 页。在更早时发表的一篇文章中，宋华琳教授也提及了这些研究任务清单，并且明确指出应将这些规制工具纳入行政法学总论的体系框架之中。参见宋华琳：《中国行政法学总论的体系化及其改革》，载《四川大学学报（哲学社会科学版）》2019 年第 5 期。

开实证梳理,并选取若干规制机关进行实地调研,评估信息规制工具的运行实效,总结其中存在的问题,为后续的制度完善指明方向。

2. 比较研究法。考察美国、英国、日本、欧盟等地有关信息规制工具的立法与判例,提炼比较法上的有益经验。同时,本书虽侧重从行政法学的角度研究信息规制工具,但也注重吸收政治学、行政管理学、经济学等学科中的相关研究成果,力图做到学科知识的比较与交叉。

四、研究范围与相关术语说明

(一)研究范围的限定

在政府规制的理论上,通常根据规制方式的不同,将信息规制划分为"对信息的规制"与"通过信息的规制"两种类型。前者是指政府通过对第三方主体科予信息义务,间接地达成规制目标,比如要求证券公司强制披露信息、要求企业在产品标签标明特定信息等;后者则是政府直接开展信息的收集、发布等活动,例如公布违法事实、发布公共警告等。[①] 尽管所使用的术语略有不同,但很多学者大体上都遵循了上述"二分法"。[②] 从我国的实践来看,已经有不少立法同时体现了上述两种信息规制工具。典型的如2014年国务院出台的行政法规《企业信息公示暂行条例》(该条例于2024年3月10日作了修订),就同时对以上两类工具作了规定,"对信息的规制"体现在要求企业履行年度报告等信息的公示义务;"通过信息的规制"体现为行政机关将企业列入经营异常名录、严重违法企业名单,以及公布企业抽查结果、处罚等信息。从以往的研究看,不乏有将以上两类信息规制工具一并纳入研究范围的成果。例如,在朱春华博士所

---

① 参见朱新力、高春燕:《行政立法中的最好行政》,载《行政法学研究》2006年第3期。在这篇文章中,两位作者还专门作出说明,上述两种类型的划分系参考自宋华琳教授的未刊稿——《政府规制的模式选择》一文,这篇文章迄今尚未发表。

② 参见[美]莱斯特·M. 萨拉蒙主编:《政府工具:新治理指南》,肖娜等译,北京大学出版社2016年版,第188页(认为信息工具包括两类,分别是政府直接收集与发布信息,以及政府借助社会主体之手去收集与分享信息);周汉华:《政府监管与行政法》,北京大学出版社2007年版,第307页(认为作为监管替代方式的信息披露,既包括行政机关的信息披露行为,也包括要求规制对象披露信息)。

作的关于政府信息规制工具的体系化研究中,同时论述到了政府直接披露信息与通过第三方披露信息这两种类型的工具,并以此为骨架分别论述其有效运作的要件和合法性框架。[①]

本书则对信息规制工具的研究范围进行限缩,仅讨论其中的“通过信息的规制”这一类型的工具,并将聚焦点放在行政机关所运用的信息规制工具之上。因此,诸如证券信息披露、企业信息公示、食品标签制度、广告宣传表达等“对信息的规制”工具,均不在本书讨论的范围之内。之所以要作出上述限缩,除了意在收缩讨论范围、便于研究的聚焦以外,还有着如下两点考虑:第一,“对信息的规制”工具究其本质而言属于立法层面科予行政相对人的一种信息义务,它难以被提炼为行政机关实施的一种行政活动,因而在行政行为论的体系中,难以将其纳入其中。而本书的主要努力之一在于尝试将信息规制工具与行政行为论体系相融合,故有必要将“对信息的规制”工具排除在外。第二,从学科属性来看,“对信息的规制”工具交由经济法学等学科来研究更为合适,而本书定位于从行政法学视角展开研究,因而选择将其排除在讨论范围之外。

从外延上看,作为本书讨论范围的信息规制工具,涵盖了行政机关在信息收集、发布、使用等环节上的各种信息工具,包括行政备案、列入“黑名单”、公布违法事实、发布风险警示信息、公开谴责、通报批评等。它在内涵上与不少学者所称的“声誉制裁”行为大体相当。[②] 不过,在中文的语境中,“制裁”一词不仅无法涵盖有利或中性的信息规制工具,而且还很容易将其内涵限缩理解为“处罚”,进而引发误解。因此,本书不采用“声誉制裁”这样的表述方式,仍然用“信息规制工具”一词加以指称。

(二)相关概念说明

在开启详细论述之前,还有必要对作为本书讨论对象的“信息”的含

---

① 参见朱春华:《法治政府的信息规制工具》,中国社会科学出版社 2022 年版,第 54 页,以及第 120 页以下。

② 参见黄锫:《行政执法中声誉制裁的法律性质与规范形态》,载《学术月刊》2022 年第 5 期;王瑞雪:《声誉制裁的当代图景与法治建构》,载《中外法学》2021 年第 2 期。

义略作说明,以避免产生交流上的误解。[①] 诚如卢曼所指出的:“一般来说,人们不应在定义问题上花费过多的精力。定义只充当界限,而非对象的合适描述(更谈不上解释)。但无论如何,若连究竟要处理哪些对象都不清晰,那么人们便无法开展研究。”[②]

在当前所处的快速变迁的经济社会背景下,仍专注于谈“信息”问题,不免给人以落伍于时代发展的步履节拍之感。有学者就对此评论道,从历史来看,有关“信息(化)”的讨论似乎是20世纪90年代以前的社会焦点议题,而现如今这一主题的重要性已经持续下降,怀疑论者甚至认为它已经显得不再重要了。[③] 道理也很简单,“信息”这一术语在如今不仅面临着与网络、数据等新兴术语的竞争,而且在法律的世界中,还需要将其与隐私、信用等既有概念加以辨别。不过应当看到,相比于其他概念而言,“信息”仍然是一个包容性更广、更具综合性的概念。将我们所处的社会形态指称为“信息社会”,相比于称作“数字社会”“未来社会”等术语而言,仍然显得更为妥当。[④]

在对“信息”概念的准确理解中,尤其重要的是厘清它与数据、信用之间的关系。

一是关于信息与数据的关系。在很多场景下,信息与数据这两个概念可以进行互换使用。[⑤] 但是,二者想要表达的内容还是存在一些细微的差别。数据侧重于表达物质的、技术的属性,它是一种客观中立的数字化载

---

① 从理论上讲,除了解释何为“信息”之外,还需要对作为本书直接讨论对象的“信息规制工具”的含义、特征等内容作出界定。但是,对于这一基础性的问题,已经有学者在体系化的专著中专门设置一章作了详细的阐释。为了避免产生研究内容的重复,本书不再赘述。有关“信息规制工具”这一概念的含义、特征等内容的详细阐释,请参见朱春华:《法治政府的信息规制工具》,中国社会科学出版社2022年版,第一章“信息规制工具的概念与特征”。

② [德]尼克拉斯·卢曼:《风险社会学》,孙一洲译,广西人民出版社2020年版,第22页。

③ 参见[美]丹·席勒:《信息拜物教:批判与解构》,邢立军等译,社会科学文献出版社2008年版,第1-2页。

④ 参见鲁楠:《信息社会政府论:演化与选择》,载《国家检察官学院学报》2023年第2期。

⑤ 即便是主张在法律层面区分信息与数据的学者,也坦言对二者的区分是相对的,它们之间实际上存在高度的共通性与共生性。对此详细的分析,参见梅夏英:《信息和数据概念区分的法律意义》,载《比较法研究》2020年第6期。

体,而信息是从数据中能够解读出来的意义关联。[①] 罗切斯特(Rochester)也指出,信息是一种有组织的事实和数据的集合,借助某种等级结构,数据转变成信息,进而转换成知识,换言之,信息是作为引导数据转换成知识的媒介而存在的。[②] 就政府规制的实践需求而言,具有直接利用价值的往往是信息而非数据,因此,本书选择使用"信息"这一术语。只是在引述域外的一些个人数据保护立法时,为了遵循既定的语言习惯,才使用"数据"这一概念。

二是关于信息与信用的关系。信用制度就其本质而言属于依赖信息来开展治理的一种机制,[③]从这一意义上来说,它构成了信息的一个下位概念。但从我国社会信用体系建设的实际情况来看,"信用"一词已经大大超出了其作为信息机制的本义,延展到了守法等活动之上。就此而言,本书所称的"信息规制工具"与"信用监管""信用工具"等术语就不再构成上位概念与下位概念的关系,而是交叉关系,即在须依赖信用信息治理的场合,它可以被称为信息规制工具,此时二者在术语上可以互换使用。但鉴于在我国立法以及实践中"信用"一词已经普遍被泛化使用,甚至据此遭受到了国际上的一些批评或误解,[④]因此,本书在二者交集的场合仍然坚持使用"信息"这一更为中性,也更可与国际接轨的表达方式。只有在专门引述我国社会信用体系建设的有关立法、个案或研究成果时,才使用"信用"一词。这一点,也请读者留意。

---

① 参见沣伟江:《迎接信息社会治理的新挑战》,载《民主与科学》2019 年第 5 期。

② 参见[美]马克·布尔金:《信息论:本质·多样性·统一》,王恒君、嵇立安、王宏勇译,知识产权出版社 2015 年版,第 5 页。

③ 参见张维迎:《信息、信任与法律》,生活·读书·新知三联书店 2003 年版,第 256 页。有学者将信息与信用二者的关系分析得更为透彻,认为信用是用于促成合作的一类信息,即被用来判断对方是否属于好的合作者的信息均属于信用。参见李晟:《信息技术与政法传统:重思社会信用体系建设》,载《中国社会科学评价》2022 年第 4 期。

④ 国际上的批评或误解,主要是担心中国的社会信用体系建设会塑造出对个体全面监控的格局,最终走向奥威尔式的全面监控国家。相关梳理,参见毕洪海:《技术的新瓶装规制的旧酒?——中国社会信用工程的批判性研究》,载《信用、信息与规制——"中国法学会行政法学研究会第五届青年论坛暨政府规制专业委员会 2019 年年会"论文集》,2019 年 8 月于长春。

第二章　信息规制工具的兴起及其生成逻辑

行政活动的有效运行，离不开对信息的收集与处理，二者可谓须臾不可分离。在现代社会中，信息规制工具实际上已经全方位地嵌入到了社会治理格局之中，且展现出日益强化的趋势。正如英国著名的社会学家安东尼·吉登斯（Anthony Giddens）所言："现代社会从一开始就已经是……'信息社会'。从最基本的意义上说所有的国家都是'信息社会'，因为国家权力的生产要求自发地搜集、存储和控制信息，以应用于管理的目的。但是在民族国家中，因为它行政一体化的程度特别高，导致搜集、存储和控制信息的程度也达到空前程度。"[①]我国学者也有着大体类似的观察，例如，朱春华博士就总结道，"毫不夸张地说，在包括中国的现代各国，信息规制工具可以说是几乎所有行政机关的偏爱，被运用于几乎所有行政领域。"[②]

就中国而言，自20世纪90年代以来，有越来越多的行政机关加入到运用信息规制工具的行列之中，由此编织出的规制网络，已然发展成有学者所概括的"细密织就"的程度。[③] 与之相伴随的是，包括法律、法规、规章以及行政规范性文件在内的诸多法规范也对行政机关运用信息规制工

---

① ［英］弗兰克·韦伯斯特：《信息社会理论》（第3版），曹晋等译，北京大学出版社2011年版，第270－271页。

② 朱春华：《法治政府的信息规制工具》，中国社会科学出版社2022年版，第94页。

③ 参见王瑞雪：《声誉制裁的当代图景与法治建构》，载《中外法学》2021年第2期。

具的实践给予了回应和确认。本章将首先在第一部分中考察我国行政机关运用信息规制工具的实践状况，继而从四个方面（第二部分至第五部分）依次阐释上述勃兴现象背后的制度生成逻辑。其中，第二部分是有关外部性驱动因素的分析，第三部分至第五部分则依次从社会公众、行政机关和信息主体三方主体需求的角度解释这一工具的内在生成逻辑。

一、不断扩张的信息规制图景

总体来看，我国行政管理中的信息规制工具经历了由点及面的发展过程。首先，在食品药品监管、公安、税务等个别行政领域中，信息规制工具率先得到较为普遍的运用。[①] 此后，随着一些跨领域立法的陆续颁布和实施，信息规制工具被逐渐扩散至更为广泛的行政领域之中。

（一）具体行政领域的零星探索

1. 食品药品监管领域

自20世纪末以来，我国食品和药品领域的重大安全事件频频发生，监管形势严峻，引发了社会公众的广泛关注，同时也不断拷问着以行政许可、行政处罚等为代表的传统行政规制工具的实效性。在此背景下，信息规制工具这一新型手段开始被纳入到食品和药品监管部门的视野之中，并逐渐受到青睐。

在这一时期，食品和药品监管部门开始通过公告检测结果、通报违法事实等方式，积极地运用信息规制工具。不过，由于当时的上位立法中缺乏对此类信息规制工具的明确规定，实践部门的上述职权行使行为是否

---

① 严格来说，这一时期对信息规制工具的实践探索，并不仅限于所列举的食品药品监管、公安、税务等领域。比如在电信监管、外汇管理、招标投标监管、劳动保障等领域，也有较为成熟的信息规制工具的实践探索，并出台了一些专门性的规范性文件加以规范。参见原信息产业部发布的《电信服务质量通告制度》（信部电〔2001〕114 号）；国家外汇管理局综合司发布的《外汇违法（负面）信息披露工作规程（试行）》（汇综发〔2006〕105 号）；国家发改委、工信部等十个部委联合发布的《招标投标违法行为记录公告暂行办法》（发改法规〔2008〕1531 号）；原福建省劳动和社会保障厅发布的《福建省用人单位重大劳动保障违法行为社会公布暂行规定》（闽劳社文〔2007〕429 号）；等等。此处主要是基于行文简化的需要，选取了食品药品监管、公安、税务这三个具有代表性领域作为“剖面”加以说明，以此展示信息规制工具的实践图景。

合法,引发了一定的争议。

例如,在沈阳飞龙公司诉国家药监局行政通报案中,沈阳飞龙公司通过商标抢注,申请获得了“伟哥”商标的使用权,并将该公司所生产的中药保健品命名为“伟哥开泰胶囊”。由于这一产品存在与美国辉瑞公司生产的“伟哥”壮阳药产生混同的可能性,原国家药监局分别在1999年3月22日和1999年4月13日两度发文,先后称沈阳飞龙公司生产的药品为假药、劣药,并对外召开新闻发布会,将发文内容向社会公开。这一通报行为的实施给沈阳飞龙公司造成了重大损失,为此该公司提起了行政诉讼。[①] 在这一案件中,对于原国家药监局所运用的通报行为,在当时生效的《药品管理法》(1984年)、《药品管理法实施办法》(1989年)中并无明确的规定,尽管在案件审理过程中这一点并未成为争议的焦点,但该职权行使的合法性仍然存在讨论的空间。

类似地,上海味利皇食品有限公司诉上海市卫生局行政通报案,也是一起因食品监管部门行政通报引发的争讼案件。1998年9月30日,上海市卫生局所属的卫生监督所以制作《卫生监督简报》的形式,向《解放日报》、上海电视台等20多家新闻媒体发布《关于上海味利皇食品公司生产的无糖月饼引起食物中毒的通报》,其中载明:经检测,上海味利皇公司生产的无糖月饼,因超量使用食品添加剂引发集体食物中毒,并告诫全体上海市民凡购买过该产品的,应向原销售商退回。上海味利皇公司不服上述通报行为,提起行政诉讼。在诉讼过程中,争议的焦点之一在于,上海市卫生局有无向社会通报食品质量问题的职权。尽管当时生效的《食品卫生法》(1995年)对此并无明确、直接的规定,但被告在庭审中援引该法第33条以及第38条的规定,[②]主张其实施的通报行为是具备合法依据

---

① 对该案的案情介绍,参见袁曙宏:《社会变革中的行政法制》,法律出版社2001年版,第510-520页;何兵主编:《行政诉讼案例研习》,法律出版社2018年版,第1-3页。

② 《食品卫生法》(1995年)第33条规定,食品卫生监督职责包括“公布食品卫生情况”以及“对食物中毒和食品污染事故进行调查,并采取控制措施”。该法第38条第2款还规定,在食物中毒事件发生后,县级以上卫生行政部门有权“采取控制措施”。

的。最终,上海市黄浦区人民法院也采纳了被告的意见,认为其通报行为符合法定职权。①

为了改变上述“实践先行、立法滞后”的面貌,在后续的食品药品监管法治建设中,信息规制工具陆续获得了立法层面的规范确认。

一方面,在高级别的立法中,开始明确赋予监管部门实施信息规制的职权。2001 年修订的《药品管理法》第 66 条新增了一条有关药品质量抽查检验结果公告的规定:“国务院和省、自治区、直辖市人民政府的药品监督管理部门应当定期公告药品质量抽查检验的结果;公告不当的,必须在原公告范围内予以更正。”在 2008 年制定的《食品安全法》中,有关信息规制工具的规定更为系统,在该法第 17 条、第 82 条、第 83 条中,引入了包括食品安全信息统一公布、食品安全风险警示等措施在内的信息规制工具。随着这两部监管基本法的调整到位,以及它们各自的配套性实施条例的进一步细化,②信息规制工具合法性的“补丁”得以顺利打牢。

另一方面,中央层面还出台了一系列涉及信息规制工具的规范性文件(见表 2－1)。上海、广西、福建、湖北等地的省级食品药品监管部门也出台了专门的规范性文件,③有些规范性文件甚至还打出“组合拳”,综合运用多种信息规制工具。④ 此外,我国还借鉴域外的成熟做法,引入了诸如餐馆等级牌强制公示等制度。⑤ 这些文件的发布,进一步提升了食品药

① 参见上海市黄浦区人民法院行政判决书,(1999)黄行初字第 3 号。

② 参见《药品管理法实施条例》(2002 年)第 55 条、第 59 条;《食品安全法实施条例》(2009 年)第 4 条、第 49 条、第 51 条、第 52 条。

③ 参见《上海市食品药品监督管理局监管信息公告管理办法》(沪食药监法〔2009〕238 号);《广西壮族自治区食品药品监督管理局食品安全信息公布管理办法(试行)》(桂食药监宣〔2015〕1 号);《福建省食品药品监督管理局信息发布管理办法》(闽食药监应急〔2016〕47 号);《湖北省食品药品行政监管信息公开管理办法》(鄂食药监文〔2017〕97 号);等等。

④ 在这方面,《北京市食品药品安全监管信用体系建设管理办法(试行)》(2014 年)颇为典型。在这一行政规范性文件中,北京市食品药品监督管理局系统规定了信用评定、记分、建立“黑名单系统”等多种信息规制工具。

⑤ 参见《国家食品药品监督管理局关于实施餐饮服务食品安全监督量化分级管理工作的指导意见》(国食药监食〔2012〕5 号)。有关域外的类似信息监管的介绍,参见秦富、王秀清等:《欧美食品安全体系研究》,中国农业出版社 2003 年版,第 255－256 页;何丽杭:《食品安全行政“曝光”的法律分析——与德国案例的研究对比》,载《东方法学》2010 年第 5 期。

品监管领域的信息规制工具的规范密度。

表 2-1 中央层面出台的有关食品药品信息规制的规范性文件

文件名称	制定机关	年份	效力状态
食品安全监管信息发布暂行管理办法	国家食品药品监督管理局、公安部等八个部委	2004	已失效
食品安全信息公布管理办法	卫生部、农业部等六个部委	2010	已失效
关于加强食品安全信息公布管理工作的通知	卫生部办公厅	2011	有效
食品安全信用信息管理办法	国家食品药品监管总局	2016	已失效
食品药品安全监管信息公开管理办法	国家食品药品监管总局	2017	有效

2. 公安领域

与食品药品监管领域相比，公安行政领域在推动信息规制工具的制度化方面显得要逊色不少。[①] 尽管如此，在实践中，公安机关在道路交通管理、治安管理等领域中还是较为广泛地运用了信息规制工具。

以道路交通管理领域为例，在该领域中，公安机关长期以来面临着诸如"中国式过马路"、逆行、不佩戴安全头盔、违反禁行规定等违法顽疾无法根治的执法难题。对此，公安机关在实践中逐步摸索出了各种形式的信息规制工具，旨在提升对违法行为的制裁和威慑效果。例如，在道路旁的交通电子显示牌上，经常能看到公安交管部门将交通违法者的违法事实（如不按规定系安全带、摩托车违法驶入城市快速路等）编辑成文字，投

① 当然，应当指出，公安领域也不乏将信息规制工具予以制度化的做法。例如，《道路交通安全法》（2021 年修订）第 24 条针对机动车驾驶人所建立的累计记分制度，便属于典型的信息规制工具。这一措施在出台以后，极大地弥补了行政处罚等传统行政制裁措施规制实施效果有限的缺陷，对机动车驾驶人这一群体产生了极高的威慑效果。

放在上面，滚动播出。为了增强信息规制工具的效果，山东、黑龙江等地还曾推出过交通违法行为实时抓拍和识别系统，将违法行为人的人脸、姓名等信息曝光在案涉路口的电子大屏之上。[①] 此外，济南市公安交管部门还曾针对酒驾人员实行过实名曝光，同时，通过书信形式将违法行为抄告至违法行为所在单位，以此提升信息规制手段的实效。[②] 将交通违法行为通报行为人所在单位的举措，在河南、江苏、安徽、北京等省市也相继推行过。[③]

再将视角切换至治安管理领域中，公安机关同样较为普遍地运用了信息规制工具。

首先，按照《治安管理处罚法》（2012 年修订）第 66 条和第 97 条的规定，行政相对人实施卖淫、嫖娼行为的，须处以行政拘留，而公安机关在作出行政拘留处罚之时，应当及时通知家属。上述规定系 2005 年制定的《治安管理处罚法》新增的一项制度，其本意旨在保障被拘留人的家属的知情权，使其了解被拘留人的行踪去向。但是，这一通知程序还具有“外溢”效应，即扮演信息规制方面的价值。对于被处罚人而言，将其行政拘留的原因事实通知家属，无异于施加了一种比行政拘留更为严厉的新型制裁。对其他潜在的违法行为人而言，这也构成了一种效果极佳的威慑。

其次，公安机关并未止步于点对点式的通知，进一步扩展针对违法行为人的信息规制范围与力度。这方面最为典型的例子，当属深圳福田警方实施的涉黄人员示众事件。2006 年 11 月 29 日，深圳市公安局召开打击涉黄人员的公开处理大会，在这次大会上，警方将所抓获的六七十名涉黄人员统一穿上黄色衣服，逐一向在场的一千余名围观群众宣读其姓名、

---

① 参见《西安启用人脸识别抓拍系统 行人闯红灯将被曝光》，载《中国产经》2017 年第 10 期；何兴丽：《首个行人过街智能监控系统亮相冰城 抓拍行人闯红灯现场曝光大头照》，载《生活报》2020 年 10 月 13 日，第 A3 版。

② 参见卢杰、周斌：《实名曝光酒驾者被质疑侵犯隐私 济南交警回应：公布酒驾者属政府信息公开范畴》，载《法制日报》2012 年 2 月 16 日，第 5 版。

③ 相关实践梳理，参见裴剑飞：《个人交通违法违章行为将向单位通报》，载《新京报》2024 年 3 月 20 日，第 A7 版。

籍贯等个人信息，并披露相应的违法犯罪情节以及所受到的处罚决定。[①] 上述做法在经过媒体的报道后，受到了法律界人士的猛烈批评，主流看法认为，这一做法是不文明的羞辱措施，侵犯了被公布者的人格尊严和隐私权。[②] 即便如此，此类羞辱性的做法在实践中并未绝迹。在此后的公安执法实践中，仍然周期性地上演类似举措。对此，公安部、人社部、卫生部和全国妇联四部门在2010年联合发布了《关于在查禁卖淫嫖娼等违法犯罪活动中加强对卖淫女教育挽救工作的通知》，其中明确规定，在查处卖淫嫖娼案件的过程中，要保护卖淫妇女的隐私权，禁止采取游街示众、公开曝光等侮辱人格尊严的方式。[③]

最后，其他形式的信息规制工具在治安管理处罚实践中不断涌现。比如，山东临沂市郓城县公安机关因发现李某某存在一条向卖淫女转账的记录，遂对其多次传唤，但李某某均未承认嫖娼的事实，为此，在2024年春节，当地公安民警开着警车拉着警笛进入李某某所在的村庄，用高音喇叭反复播放"李某某涉嫌嫖娼"的信息。[④] 这一事例同样构成了借助信息手段实施的羞辱式执法，只是羞辱对象转换成了涉嫌嫖娼的人员。又如，在2022年7月，江西省赣州市南康区金鸡派出所在当地涉黄高发的区域，专门树立了警示卖淫嫖娼的告示牌，该告示牌载明如下文字："此处失足妇女已被拘留！你已进入监控区域，请不必再来此闲逛、游荡，否则将拍照曝光！"同时，涉黄人员的照片（未经打码）还被直接放在了该块广告牌之上。[⑤] 在这一事例中，公安机关所树立的广告牌包含了警示以及示

---

① 参见李润文：《深圳公开处理涉黄人员引发争议》，载《中国青年报》2006年第12月11日，第3版。

② 参见秦前红：《游街示众：法治国建设过程中的不谐音》，载《法学》2007年第1期；林来梵：《宪法学讲义》，法律出版社2011年版，第302－303页。

③ 这一通知的全文内容似乎并未对外公布。但在相关媒体的报道中，披露了这一通知的相应内容。参见陈宁一：《公安部：娱乐场所每周一查 要求娱乐场所暗访侦查"常态化"；不得示众曝光失足妇女》，载《新京报》2010年12月12日，第A14版。

④ 参见陈广江：《民警岂能指名道姓喊话"涉嫌嫖娼"》，载《扬子晚报》2024年4月29日，第A6版。

⑤ 参见宋潇、张宗耀：《江西一派出所竖告示牌曝光"失足妇女"：立牌已拆除 周边商家称不少足浴店已关门》，载封面新闻2022年7月12日，https://www.thecover.cn/news/9441670。

众这两种不同形态的信息规制工具。前者旨在警示和威慑潜在的违法行为,告知其存在被查获和曝光的高度可能性;后者则属于公开涉黄人员的信息,它实际上延续了此前曝光涉黄人员信息的做法,只不过是变换了面目和形式而已。

3. 税务领域

税务领域也是我国行政机关运用信息规制工具的一个典型领域。在该领域中,信息规制工具的发展注重实践探索和制度建设并重,形成了欠税公告与税务违法案件公告"双翼"并行的格局,颇具特色。

欠税公告制度,顾名思义是针对未依法缴纳税款的行政相对人所实施的旨在督促其履行纳税义务、确保税款足额入库的一种信息工具。早在1997年,深圳市地方税务部门就通过公开向社会曝光的方式,对于某一外资企业欠缴10余亿税款的行为进行了公告,取得了积极效果。[①]2015年修订后的《税收征收管理法》对实践中的税收公告行为给予了规范确认,该法第45条第3款规定:"税务机关应当对纳税人欠缴税款的情况定期予以公告。"为进一步细化欠税公告制度,2004年国家税务总局专门发布了部门规章——《欠税公告办法(试行)》,对公告的方式、频次、内容、程序等问题作了全面系统的规定。在实践中,这一制度也确实发挥出了一定的效果。例如,原深圳市地方税务局在2003年公告了25家欠缴税款的企业,在这一措施施行以后,90%以上的欠缴税款最终获得缴纳入库。[②]

至于税务违法案件公告,其最初设立的目的在于引导社会公众对税务稽查执法活动进行监督。1998年,国家税务总局发布《税务违法案件公告办法》(国税发〔1998〕156号),该办法对税务违法案件公告的内容、方式、适用范围和程序作了规定。同时,该办法第1条和第2条明确规定,设立这一制度的目的是"规范和监督税务稽查执法行为",使税务执法

---

① 参见孙一冰、彭玲:《欠税公告:一石激起千层浪》,载《中国税务》2005年第1期。

② 同上。

行为“接受社会监督”。这一目的在此后的相关文件中得到了沿承。[①] 尽管如此,这一公告行为在客观上具有对税务违法行为进行惩戒的作用。值得注意的是,《税务违法案件公告办法》被2010年11月29日发布的国家税务总局第23号令——《税务部门现行有效 失效 废止规章目录》确认为规章,并在2018年进行过一次修订。但是,到了2023年6月1日,该办法被废止,[②]代之以《重大税收违法失信主体信息公布管理办法》这一新规定。从后一规定来看,体现出更为鲜明的对税务违法人员进行惩戒的色彩。

(二)跨领域立法的进一步推动

随着一些重要的跨行政领域立法或文件的出台,信息规制工具逐渐摆脱了在适用初期仅限于特定行政领域运行的状况。在这其中,如下三个领域的立法扮演了尤其重要的推动性角色。

1.《政府信息公开条例》

2007年国务院出台的《政府信息公开条例》,无疑是我国行政法治发展史上的一个里程碑式立法。该法的重要意义,不应囿于赋予公民知情权(即借助所公开的信息监督政府或参与公共政治生活)这一传统视角展开。[③] 相反,应顺应信息社会的发展规律,将政府信息视作一种重要的资源,其既能服务于社会主体的生产、生活、科研等需要,又能为公权力部门的执法监管提供积极的助力与赋能。以此观之,尽管《政府信息公开条

---

① 2000年,国家税务总局发布了《税务稽查业务公开制度(试行)》(国税发〔2000〕163号),其中第3条明确规定,“税务处理(包括处罚)结果均可公开……对具有较大社会影响、公众关注的大案要案,在调查终结或者处理完毕后,适时予以报道”。同时,该规范性文件的第1条还规定了这一公开制度设立的目的是“自觉接受社会监督,保证税务稽查执法严明公正。”可见,它仍然贯彻了对税务稽查执法行为加以规范和监督的目的。不过值得注意的是,国家税务总局于2017年1月发布《关于公布一批全文废止和部分条款废止的税收规范性文件目录的公告》,将上述文件废止。

② 参见国家税务总局2023年6月1日发布的《关于公布废止的税务部门规章目录的决定》(国家税务总局令第55号),其中载明该文件被废止的原因为“已被新的税收规定替代。”经查询,前述所称“新的税收规定”,应该是指2021年12月31日国家税务总局通过的《重大税收违法失信主体信息公布管理办法》。

③ 对此一般性的分析,参见章剑生:《知情权及其保障——以〈政府信息公开条例〉为例》,载《中国法学》2008年第4期。

例》(2007 年)第 1 条将“充分发挥政府信息对经济社会活动和人民群众生产生活的服务作用”确立为立法目的,但这一规定侧重于表达要发挥政府信息在经济发展和社会生活中的价值,[①]缺乏对于信息公开本身在促进行政机关规制能力提升方面的价值之体认。这就导致该条例在具体制度设计上,疏于对信息规制工具作出系统回应。比如,在《政府信息公开条例》(2007 年)第二章有关行政机关主动公开范围的规定中,极少涉及行政规制意义上的信息公开活动,仅有第 10 条第 10 项对主动公开突发公共事件的预警信息作了规定。应当说,这是立法过程中的一种缺憾。

即便如此,《政府信息公开条例》在颁布以后,还是催生了一大批政府信息公开领域的立法或规范性文件的出台,而在这些立法或文件中,相继写入了诸如行政执法案件调查情况公告、行政执法决定结果公示等信息规制工具。例如,2012 年 8 月,公安部印发《公安机关执法公开规定》(公通字〔2012〕38 号),该文件第 9 条规定,公安机关应当向社会公开“涉及公共利益、社会高度关注的重大案事件调查进展和处理结果”。到了 2018 年 8 月,公安部对上述文件作了修订,在新颁布的《公安机关执法公开规定》(公通字〔2018〕26 号)第 12 条中进一步明确规定,公安机关应当逐步向社会公开行政处罚决定,同时在该文件的第 13 条至第 15 条中,还对公开法律文书的除外范围、技术处理等事项作了规范。与公安部的制度建设类似,交通运输部海事局在 2017 年 2 月也发布了《海事行政执法结果信息公开管理办法》(海政法〔2017〕45 号),对海事领域的行政处罚、行政许可、行政强制等执法决定文书的公开范围、程序、救济等问题作了系统规范。除了中央部委的规范化建设以外,地方层面也出台了一些类似的公开立法。例如,浙江省人民政府在 2015 年 1 月以规章形式制定了《浙江省行政处罚结果信息网上公开暂行办法》,对行政处罚结果的网上公开事宜作了全面的规定。

---

① 参见曹康泰主编:《中华人民共和国政府信息公开条例读本》,人民出版社 2007 年版,第 29 页。

上述信息公开领域的规范性文件的出台，在一定程度上也“反哺”了作为上位法的《政府信息公开条例》的完善。2019 年 4 月，国务院对《政府信息公开条例》作了修订，在新条例中，不仅确立了“以公开为常态，不公开为例外”这样的原则性规范（新法第 5 条），而且明确将“具有一定社会影响的行政处罚决定”增列为行政机关应当主动公开的范围（新法第 20 条）。由于《政府信息公开条例》是政府信息公开领域的基本法，上述新规定的出台，无疑为信息规制工具的运行提供了更为坚实的规范基础。此后，2021 年 1 月修订的《行政处罚法》第 48 条也将“具有一定社会影响的行政处罚决定”规定为行政机关应当公开的内容。

2.《企业信息公示暂行条例》

2014 年 7 月，国务院出台《企业信息公示暂行条例》，将涉企领域的信息规制工具的应用推向了一个新的高度。该条例制定的背景是，2014 年初，国务院发布了《注册资本登记制度改革方案》，决定将注册资本实缴登记制度改为认缴登记制度，与此同时，还取消了企业年检制度。为了保障注册资本登记制度改革的顺利推行，加强事中事后监管，维护市场秩序与交易安全，国务院颁布了《企业信息公示暂行条例》，初步构筑了以信用约束为基础的新型监管机制。[①] 在这部行政法规中，确立了企业和行政机关两大信息公示主体，其中企业信息公示的内容包括年度报告以及其他信息（第 9 条、第 10 条），行政机关公示的内容包括企业登记信息、行政许可信息、行政处罚信息、抽查结果信息、不配合行政调查信息等（第 6 条、第 7 条、第 14 条、第 15 条）。此外，该行政法规中还引入了企业“黑名单”制度，规定对于符合条件的企业，可以分别列入经营异常名录、严重违法企业名单（第 17 条），并推动建立部门联动机制，对列入“黑名单”的企业实施联合惩戒（第 18 条）。从上述规定可以看出，信息规制

① 参见《强化信用约束 推动社会共治——〈企业信息公示暂行条例〉解读》，载《中国工商报》2014 年 8 月 26 日，第 2 版。不过，应当指出，这一部行政法规中构建起来的信用监管制度还是初步的。有学者结合我国信用体系建设的发展要求，对其提出了完善建议。参见王伟：《〈企业信息公示暂行条例〉信用监管部分的修法思路》，载《中国市场监管报》2021 年 4 月 24 日，第 4 版。

工具的应用得到了大幅度的拓展，由此奠定了其在事中事后监管格局中作为核心性监管工具的地位。[①] 2024 年 3 月，国务院通过了修订后的《企业信息公示暂行条例》，在这一新条例中，将原先的严重违法企业名单改称为“市场监督管理严重违法失信名单”（第 18 条、第 19 条），并对其中的信息规制工具的内容作了微调。

在《企业信息公示暂行条例》（2014 年）颁布之后，原国家工商总局还相继发布了《企业经营异常名录管理暂行办法》（2014 年）、《严重违法失信企业名单管理暂行办法》（2015 年）、[②]《工商行政管理行政处罚信息公示暂行规定》（2014 年）。[③] 这些规定进一步细化了涉企“黑名单”、行政处罚决定书公开等制度。

3. 社会信用体系建设立法

我国行政法上的信息规制工具的迅速发展，还离不开社会信用体系建设领域的相关文件和立法的推动。早在 2002 年 11 月，党的十六大报告就提出要“健全现代市场经济的社会信用体系”。这一报告中所提到的“社会信用体系”，侧重于服务市场经济发展的需要。到了 2003 年 10 月，党的十六届三中全会通过的《中共中央关于完善社会主义市场经济体制若干问题的决定》重申了在市场经济建设中健全社会信用体系建设的要求，同时提出要“建立信用监督和失信惩戒制度”。这里所提的社会信用体系建设要求，尽管同样是在市场经济发展的语境下展开的，但其中论及的信用监督和失信惩戒这两类措施，已经开始为社会信用体系建设与行政法意义上的信息规制工具的对接提供了基础。在此之后，中央层面相继颁布了一系列推进社会信用体系建设的文件，进一步丰富了行政管理

---

① 在《企业信息公示暂行条例》（2014 年）颁布后，原哈尔滨市工商局负责人评论道，这部立法的出台，标志着对企业的监管手段由原先的财产罚转向了信用罚。参见《从信息公示到社会共治——工商部门推行新型监管制度扫描》，载《中国工商报》2014 年 9 月 30 日，第 8 版。这一评论在一定程度上映射出信息规制手段在整个监管格局中所位居的主导性地位。

② 2021 年 7 月 22 日，国家市场监管总局出台了新的《市场监督管理严重违法失信名单管理办法》，取代了 2015 年制定的《严重违法失信企业名单管理暂行办法》。

③ 2021 年 7 月 22 日，国家市场监管总局出台了新的《市场监督管理行政处罚信息公示规定》，取代了 2014 年制定的《工商行政管理行政处罚信息公示暂行规定》。

中的信息规制工具的实践图景(见表2-2)。与此同时,地方层面的社会信用体系立法或规范性文件也得到快速推进。① 除此之外,统一的《社会信用体系建设法》也被纳入立法规划,并迈出了实质性的立法步伐。②

表2-2 中央出台的社会信用体系建设重要文件

文件名称	制定机关	年月	涉及信息规制工具的内容
关于社会信用体系建设的若干意见(国办发〔2007〕17号)	国务院办公厅	2007年3月	定期发布产品质量信息,推行市场主体信用记录、失信行为联合惩戒机制
社会信用体系建设规划纲要(2014-2020年)(国发〔2014〕21号)	国务院	2014年6月	建立各行业黑名单,实行行业内通报批评、公开谴责等惩戒措施,加强对失信行为的披露和曝光等
关于建立完善守信联合激励和失信联合惩戒制度加快推进社会诚信建设的指导意见(国发〔2016〕33号)	国务院	2016年5月	完善对失信行为的约束和惩戒措施,建立健全信用信息公示、归集共享和使用机制,规范信用红黑名单制度等
关于加快推进社会信用体系建设构建以信用为基础的新型监管机制的指导意见(国办发〔2019〕35号)	国务院办公厅	2019年7月	建立市场主体信用记录、开展公共信用综合评价、推进信用监管信息公开公示、完善失信联合惩戒对象名单及联合惩戒制度等

① 比较有代表性的立法或规范性文件,如《北京市行政机关归集和公布企业信用信息管理办法》(2002年)、《江苏省公共信用信息归集和使用暂行办法》(2004年)、《上海市社会信用条例》(2017年)、《福州市社会信用管理办法》(2019年)等。

② 在2016年3月公布的《国民经济和社会发展第十三个五年规划纲要》中,明确提出了"加快推动信用立法"的要求。在2018年9月公布的十三届全国人大常委会立法规划中,社会信用方面的立法项目被列为第三类项目,即"立法条件尚不完全具备、需要继续研究论证的立法项目。"在2021年1月中共中央印发的《法治中国建设规划(2020—2025年)》中,也明确要求"加快推进社会信用立法"。2022年11月,国家发改委、中国人民银行牵头起草完成了《中华人民共和国社会信用体系建设法(向社会公开征求意见稿)》,并向社会公开征求意见。

续表

文件名称	制定机关	年月	涉及信息规制工具的内容
关于进一步完善失信约束制度构建诚信建设长效机制的指导意见(国办发〔2020〕49号)	国务院办公厅	2020年12月	规范失信行为的认定、记录、归集、共享、公开、惩戒和信用修复等机制,确保信用监管在法治轨道内运行
关于推进社会信用体系建设高质量发展促进形成新发展格局的意见	中共中央办公厅、国务院办公厅	2022年3月	健全信用档案、信用信息网络等基础设施,推进信用信息的公开

在早期的社会信用体系建设探索中,制度设计者注重对行政相对人施加管治,因而,在有关文件中,诸如"一处失信、处处受限""一处失信、寸步难行"等表述反复被重申。这样高密度的监管举措受到了社会公众的普遍忧虑和学界的激烈批评,[①]产生了所谓的"社会公共焦虑"。[②] 鉴于此,在后期的社会信用体系建设中,制度设计者开始强调对信息规制手段进行合理的约束。例如,在2016年国务院发布的《关于建立完善守信联合激励和失信联合惩戒制度加快推进社会诚信建设的指导意见》(国发〔2016〕33号)中,明确要求要完善对信用主体的异议、投诉、更正、撤销以及信息在核实期间暂不执行等权益保护机制。在2019年国务院办公厅发布的《关于加快推进社会信用体系建设构建以信用为基础的新型监管机制的指导意见》(国办发〔2019〕35号)中,也明确要求加大对市场主体信用信息权益的保护力度。在2020年国务院办公厅发布的《关于进一步完善失信约束制度构建诚信建设长效机制的指导意见》(国办发〔2020〕

---

① 例如,林彦教授不无担心地批评道,失信惩戒被一旦运用于极致,就有可能被塑造成一种"信用极刑",使得失信方被隔绝于社会与市场之外,产生一种类似于罗马法上的"人格减等"效果的新的社会分层结构。参见林彦:《信用惩戒制度对行政法治秩序的结构性影响》,载《交大法学》2020年第4期。

② 王锡锌、黄智杰:《论失信约束制度的法治约束》,载《中国法律评论》2021年第1期。

49 号)中,更是全方位地提出了对失信约束制度本身加以规制的举措,强调这一制度必须严格在法治轨道内运行。由此可见,在历经十余年的社会信用体系建设之后,顶层设计者已经释放出十分明确的部署制度"转轨"的信号,开始强调对权力的规范控制以及对行政相对人权益的保障,这是对初期以管治为导向、近乎于"野蛮生长"的信用体系建设状态的一种纠偏。受此影响,在一些地方出台的有关信息规制工具的立法中,也开始按照中央提出的上述要求,增加了一些对信息规制权力施加法治约束的条款。①

(三)信息规制实践呈现出的特点

从以上对实践状况的简要"素描"中可以看出,我国行政法上的信息规制工具的运作,具有如下几个方面的特点:

第一,实践先行,立法确认。我国的信息规制,最早是从行政管理实践中自然地生发出来的,是为了弥补传统的行政处罚、行政强制、行政许可等管理手段的不足,在应用新兴科技手段、探索行政监管机制革新的背景下应运而生的。信息规制工具在其推行之初缺乏顶层设计层面的周密部署,相反,更多是以问题解决为导向,本着一种"摸着石头过河"的姿态,在各地、各领域"多点开花",它遵循的是一种经验理性而非建构理性。在运行的后期,开始注重制度建设,陆续有相应的法律、法规、规章以及规范性文件对上述实践作出规范确认,其中不乏专门针对信息规制工具加以调整的规定。这些立法或文件的出台,实现了信息规制工具实践的制度化,也推动了这一权力在制度化、规范化的轨道内运行。

第二,形态各异,功能多元。从上面的实践梳理中可以看出,我国的信息规制工具的运行样态十分丰富,包含了风险警示、违法事实公布、"黑

① 例如,《北京市公共信用信息管理办法》(2018 年)第 28 条规定:"行政机关对单位和自然人实施的惩戒性措施,应当与单位和自然人的信用状况相适应、相匹配、相关联,不得超越法定的许可条件、处罚种类和幅度。"另外,这部规章第 27 条还列举了对信用状况不良的行政相对人采取的各种失信惩戒措施,但强调这些措施必须"依法采取"。将其与这部规章的前身——2002 年制定的《北京市行政机关归集和公布企业信用信息管理办法》第 16 条的规定相比,可以看出 2018 年的新规定呈现出明显的收束权力的动向。

名单”、失信惩戒等众多不同的制度形态，而且它们正处在持续演化的进程之中，未来还可能发展出更多的制度形态。与此同时，这些信息规制工具所具有的功能也各不相同。在有的信息工具中，行政机关只是单纯地收集与整理相关信息，便于为未来的行政活动提供信息资料基础。有的信息工具旨在为社会公众提供信息，帮助其更好地作出个人决策或规避风险，或者是引导其监督行政机关的活动。还有的信息工具则是为了对被公布方产生惩戒、督促履行义务等规制效果。此外，还应当看到，很多信息规制工具所蕴含的功能并非单一，而是包含了上述两种以上的功能。这样的复合性功能定位，给信息规制工具的制度设计带来了复杂性和挑战。

第三，规制严密，实效存疑。随着信息规制实践的迅猛发展，其对行政相对人的控制力度在不断增强。以信用监管这一类信息工具为例，它已经从初期偏重于制度下游的失信惩戒，逐渐延伸至中上游环节的信用信息归集、共享以及后续使用等；从初期偏重于市场经济领域的行为规范，扩展到了社会生活领域；从初期侧重于诚信领域的失范行为治理，扩展至针对违法的惩戒或者法律义务不履行的督促等。可以说，当前信息规制工具的运行，已然构筑起了一张针对行政相对人的严密监管网络，在这其中，还存在各工具之间叠床架屋、过度侵害行政相对人权益的问题。这也是以信用监管为代表的信息工具时常受到人们诟病之处。与此同时，这些五花八门的信息规制工具，在实践中是否真正发挥出了所预想的成效，仍然是一个有待认真检验的问题。对很多运用该工具的机关来说，信息规制工具具有经验直觉层面的有效性，但在该措施推行以后往往疏于进行持续的追踪观察，忽略其中可能存在的监管失败问题。[①] 尽管对于信息规制工具实效性评估可以说是一个世界性难题，我国的信息规制实

---

① 有学者在评析强制披露这一信息规制工具的实效时，就指出强制披露制度犹如莱茵河上的罗蕾莱（Lorelei）女妖，它不断地诱使立法者们撞向监管失败的暗礁。参见［美］欧姆瑞·本·沙哈尔、卡尔·E. 施奈德：《过犹不及：强制披露的失败》，陈晓芳译，法律出版社 2015 年版，第 4 页。

践本身也带有较鲜明的“试错”色彩，然而，各种类型的信息规制工具在实践中不断推陈出新甚至不惜“层层加码”的状况，仍然从侧面反映出这一类规制工具的实效性不彰之问题，这是后期的制度建设中需要给予特别关注的一个问题。

二、外在社会背景：规制缓和与公私合作浪潮的推动

对于信息规制工具的兴起逻辑，首先可以从其所处的外部性社会背景的角度加以解读。在这方面，规制缓和运动以及公私合作浪潮构成了推动信息规制工具发展的两个重要驱动因素。

（一）因应规制缓和运动

自 20 世纪中后期以来，国际上兴起了一场规制缓和（或称放松规制、去规制）运动。这场运动的核心目的在于重新厘定政府与市场之间的关系，它以彼时盛行的新自由主义思潮作为思想指引，试图对以往奉行的凯恩斯主义干预政策作出反思与调整，并从经济领域逐渐扩散影响至政治、社会、文化等诸多领域。[①] 对于政府规制与治理而言，同样受到了规制缓和运动的影响，这直观地表现为很多国家开始对以往占据主导地位的命令控制型管理工具进行反思与改革。在此背景下，一些新型的、替代性的政府规制工具开始纳入到政府管理的视野之中，而在这其中，信息规制工具以其独特的温和性干预的特质，开始映入很多国家的眼帘。在美国，联邦政府自 20 世纪 80 年代以后在风险规制领域逐渐频繁地运用危险警告（hazard warnings）等信息规制工具，其兴起的背景除了有 20 世纪 70 年代的知情权运动的推波助澜以外，主要动因还是在于行政机关主动拥抱规制缓和浪潮，致力于寻求比传统的命令控制型手段更为温和的行政手段。[②] 也正因为此，信息规制工具的兴起被看作是近几十年来美国法领域

---

① 参见徐飞：《政府规制政策演进研究：日本经验与中国借鉴》，中国社会科学出版社 2015 年版，第 17－22 页。

② See Wesley A. Magat & W. Kip Viscusi, *Informational Approaches to Regulation*, The MIT Press, 1992, p. 1.

所发生的最为重要的发展变化之一。[①] 经济合作与发展组织(OECD)自20世纪末期起,同样要求各成员国探索实施规制改革,在此背景下,诸如经济手段、合作监管、发布指南、自愿监管等更为温和的监管替代措施(regulatory alternative)相继被引入,而在这些替代性措施中,各成员国使用最为普遍的方式是信息与教育运动(information and education campaigns)。[②]

将视野拉回到中国,尽管很难说存在一场同样被冠以"规制缓和"之名的运动,但是类似的旨在调整政府与市场的边界的改革措施,实际上从20世纪90年代起就开始推行了。众所周知,在计划经济年代,我国政府对整个经济活动实行全方位的管制,而伴随着社会主义市场经济的深入推行,上述全面的管制格局已经解体。与之同步的是,改革已经从经济领域逐步渗透到了行政管理领域,推动了政府规制手段的革新,诸如信息披露等新型的、更为温和的手段也开始映入到改革者的视野之中。[③] 前文所梳理的信息规制工具在我国实践中的应用图景,正是在这一大环境的背景下展开的。从更为宏观的背景来看,信息规制工具的兴起,也与晚近行政法学上兴起的改革刚性执法手段、探寻柔性行政方式的浪潮相契合,因为在柔性行政方式"版图"的梳理中,不乏行政备案、信息服务型指导等信息规制工具。[④]

当然,在学术界,对于信息规制工具是否真正属于具备温和干预特质的工具,其实仍然存在一定的争议。

在公共管理学界,一种传统的、也是代表性的观点认为,在整个政府的政策工具箱中,信息工具是"干预程度最弱和最仁慈的工具"(the

---

① See Cass R. Sunstein, *Informational Regulation and Informational Standing: Akins and Beyond*, 147 University of Pennsylvania Law Review 613(1999).

② 参见经济合作与发展组织编:《OECD国家的监管政策:从干预主义到监管治理》,陈伟译,法律出版社2006年版,第182－183页。

③ 对这一历程更为全面的分析,参见周汉华:《政府监管与行政法》,北京大学出版社2007年版,第305－308页。

④ 参见莫于川等:《柔性行政方式类型化与法治化研究》,法律出版社2020年版,第16、54－60页。

softest and most lenient instrument)。[①] 在法学界,也不乏有学者持类似的看法,例如有学者认为,信息规制工具是政府对市场的干预程度最弱的一种工具,因而将其视为"市场友好型"工具。[②] 其实,作出上述判断的基点,主要是看到了信息规制工具对接受信息方所产生的轻微干预特质。因为信息规制工具为信息受众保留了自行判断并采取后续行动的自由,这确实是一种更容易被信息受众所接受的干预方式。信息规制工具旨在影响而非替代信息受众的行为选择,符合晚近行为经济学中所提倡的助推(nudge)理论,该理论尝试在保证人们拥有选择自由的前提之下去影响其决策与行为。而信息规制工具恰被视作一种典型的助推手段,因为它在运行过程中往往会超越简单的告知层面,试图去引导人们作出特定的行为偏好选择,这是一种温和的家长式监管方法。[③] 可以看出,信息规制工具所具有的强制性并未达到完全可以被忽略的程度,相反,它往往是在"润物于无声"的状态中改变着人们的行为选择。因此,有学者将其定位为一种干预程度居中的政府工具,即兼具强制性与自愿性色彩的"混合型工具",[④]是更为恰当和公允的制度定位。

尽管如此,对于信息规制工具的干预强度,仍然存在可作进一步反思与检讨之处。因为前述讨论都仅关注信息发布者(行政机关)与信息受众这一对法律关系。但一旦将关注视角切换至信息发布者与被公布方之间

① Evert Vedung & Frans C. J. van der Doelen, *The Sermon: Information Programs in the Public Policy Process-Choice, Effects, and Evaluation*, in Marie-Louise Bemelmans-Videc, Ray C. Rist & Evert Vedung(eds.), Carrots, Sticks and Sermons: Policy Instruments and Their Evaluation, Transaction Publishers, 2010, p. 104.

② 参见宋亚辉:《社会性规制的路径选择:行政规制、司法控制抑或合作规制》,法律出版社2017年版,第74-75页。

③ 参见[美]卡斯·桑斯坦:《简化:政府的未来》,陈丽芳译,中信出版社2015年版,第33、226页。"温和的家长式监管方法"也被我国学者翻译为"自由的父爱主义"(libertarian paternalism)。参见应飞虎:《论结果导向的信息披露》,载《中国社会科学》2019年第5期。实际上,它最初出自诺贝尔经济学奖得主泰勒与桑斯坦合著的《助推》一书。See Richard H. Thaler & Cass R. Sunstein, *Nudge: Improving Decisions About Health, Wealth, and Happiness*, Yale University Press, 2008, p. 4-6.

④ [美]迈克尔·豪利特、M. 拉米什:《公共政策研究:政策循环与政策子系统》,庞诗等译,生活·读书·新知三联书店2006年版,第144、158-160页。

的关系，就不难发现，在很多时候，诸如违法事实公布、通报批评等信息规制工具对被公布方的实际影响往往会远高于行政处罚、行政强制等传统执法手段。这一点，相信并没有多少人会持反对意见。即便仅着眼于信息发布者与信息受众之间的关系，也有观点认为，信息规制工具在其温和的表象之下，实际上带有极为鲜明的强制"基因"，因为信息工具的运用，实际上是政府运用优势地位向公众灌输某种思想、价值或者观点，以诱导其采取相应行动，这既加强了规制机构的权力与地位，还对信息受众能够产生持续性的影响，因而这一工具难谓是真正温和的。[①] 哈贝马斯（Jürgen Habermas）等人亦认为，政府对信息的介入，弱化乃至歪曲了自由社会中的思想与观点交流，利用政府资源与权力来传播特定的观点，实际上既剥夺了公民的权利，也加强了政府的权力，因而其强制性事实上比任何其他公共政策工具都要来得高。[②] 在数字时代，随着新兴科技的加持与助力，国家作为信息管理者（information manager）在对信息进行规制和控制方面的角色得到了大幅增强，由此对权力规范与权利保障带来的挑战，亟须在公法层面获得回应。[③]

总结而言，对于信息规制工具的干预程度，还需从干预主体、干预方式等方面予以辩证地看待，不宜断然认为它是所有政府规制工具箱中干预程度最轻的手段。但无论如何，相较于传统的命令控制措施，展现出了一定的缓和干预的色彩。因此，将规制缓和定位为信息规制工具兴起的外在背景，依然是恰当的。

（二）迎合公私合作浪潮

在现代行政法上，面对日益多元复杂的行政任务，完全依靠行政机关自身的力量来完成行政任务的传统权力运行模式，已经显得有些力不从

---

① 参见陈江：《政府管理工具视角下的信息工具》，载《广东行政学院学报》2007 年第 1 期。

② 参见［美］莱斯特·M. 萨拉蒙主编：《政府工具：新治理指南》，肖娜等译，北京大学出版社 2016 年版，第 190 页。类似的看法，参见 Karen Yeung, *Government by Publicity Management: Sunlight or Spin?* 2 Public Law 360（2005）.

③ See Carol Harlow & Richard Rawlings, *Law and Administration*, 4th edition, Cambridge University Press, 2022, p. 263 – 264.

心、难以为继了。在此背景下,行政任务的完成越来越需要依靠吸纳行政相对人的力量来加以辅助。美国行政法学者弗里曼(Jody Freeman)就此观察到:“私人主体正深深地介入到管制、提供服务、政策设计与实施当中。”[①]由此,在行政法上公私合作治理现象开始兴起。它的出现,改变了行政机关为单一中心的行政任务实现结构,取而代之的,是发展出一种合作关系,强调行政机关与私方当事人之间通过沟通、对话与合作来协力完成行政任务,这是对传统上二者之间对抗关系的超越,被视为是行政法中新的人文精神之体现。[②]

信息规制工具在我国实践中的兴起,正是在公私合作治理的宏观背景下所展开的。在这方面,最为直观地体现公私合作治理色彩的信息规制工具,当属通报批评、公布违法事实等制裁性工具。在传统的行政制裁体系中,国家垄断了施加制裁的权力。但实践证明,这些正式的制裁权力在特定情形下面临着规制效果不佳的问题。因此,通过引入通报批评、公布违法事实等声誉机制,经由社会公众的舆论压力起到对被公布方的补充性制裁和威慑,这实际上是动员了社会公众的力量参与到了制裁网络之中。日本学者佐伯仁志教授对此用“社会性制裁”的概念来描述私人力量被动员起来施加制裁的情形,并将其与法律制裁区别开来。[③] 但经深入分析可知,“社会性制裁”的说法未必完全准确。因为在信息规制活动中,公共权力(通报示众)与私人权力(行为选择)实际上是紧密结合在一起的,与其说是社会公众独占了制裁,毋宁说是二者相互配合更为妥当,由此构筑起一幅公共制裁与私人制裁交织共融的图景。[④]

对于信息规制工具中所蕴含的公私合作治理的意蕴,我国实践部门也已经给予了充分的体认。例如,在社会信用体系建设领域,2014 年国务

---

① [美]朱迪·弗里曼:《合作治理与新行政法》,毕洪海、陈标冲译,商务印书馆 2010 年版,第 323 页。

② 参见叶必丰:《行政法的人文精神》,北京大学出版社 2005 年版,第 128 页以下。

③ 参见[日]佐伯仁志:《制裁论》,丁胜明译,北京大学出版社 2018 年版,第 6 页。

④ 对此进一步的分析,参见桑本谦:《公共惩罚与私人惩罚的互动——一个解读法律制度的新视角》,载《法制与社会发展》2005 年第 5 期。

院印发的《社会信用体系建设规划纲要(2014—2020 年)》(国发〔2014〕21号)在阐释社会信用体系建设的原则时,所列的第一项原则便是“政府推动、社会共建”原则,强调要积极调动社会力量广泛参与到社会信用体系建设之中,形成监管合力。2021 年中共中央印发的《法治中国建设规划(2020—2025 年)》在“广泛推动人民群众参与社会治理,打造共建共治共享的社会治理格局”这一点之下明确提出要“加快推进社会信用立法,完善失信惩戒机制”,从中依然可以看出,公私合作治理构成了社会信用体系建设的重要内容。又如,食品安全立法中的信息规制工具,也贯彻了鲜明的公私合作治理的思路。《食品安全法》(2021 年修订)第 3 条将“社会共治”原则作为食品安全管理的基本原则之一。而为了贯彻该原则,《食品安全法》在 2015 年的修订中,专门规定了食品安全信息发布制度、食品安全有奖举报制度等具体机制,[①]它们都是典型意义上的信息规制工具。再如,在前文所梳理的山东济南警方曝光酒驾名单并抄送至有关单位这一实例中,作为该制度的推动者,时任济南市交警支队副支队长的曹凤阳在向媒体解释为何要推行这一制度时,就明确讲到,其目的在于充分调动社会各界的力量,参与到对酒驾者的教育和管理活动之中,这样有助于在全社会范围内形成对酒后驾车行为齐抓共管的共治格局。[②]

不过,在引导社会力量参与到共治活动的同时,也潜在地蕴藏着风险。首先,社会力量难以像公共权力的行使那样,进行稳定地把控和驾驭。有时,信息规制工具无法引起社会公众的共情,难以真正发挥出所预期的效果。而有的时候,正如日本学者山内一夫在 1984 年时便已担忧道的,信息规制工具容易受到舆论的过度影响,致使引发所谓的“人民审判”

---

① 有关这一点,可以获得相关立法资料的佐证。原国家食品药品监督管理局局长张勇在代表国务院所作的《食品安全法》修订草案说明中,明确指出了这一点。参见张勇:《关于〈中华人民共和国食品安全法(修订草案)〉的说明——2014 年 6 月 23 日在第十二届全国人民代表大会常务委员会第九次会议上》,载《全国人民代表大会常务委员会公报》2015 年第 3 号。

② 参见卢杰、周斌:《实名曝光酒驾者被质疑侵犯隐私 济南交警回应:公布酒驾者属政府信息公开范畴》,载《法制日报》2012 年 2 月 16 日,第 5 版。

的问题,这对于基本权利的保障而言是极其危险的。[①] 此类工具的运用可使当权者轻易煽动不理性的民众情绪,助推暴民政治的产生,从而破坏民主社会赖以健康运行的基石。[②] 其次,借助社会力量形成的公共舆论,往往带有天然的道德优越感,容易产生片面压制被公布方,进而引发偏离所预期的公益目标之问题。学者不无担心地指出,公开的羞辱天然地具有异化为欺凌之倾向,羞辱的实施者常常以居高临下式的正义姿态呈现,而被羞辱者对此往往是百口莫辩、无处伸冤。在互联网等新型科技的加持助力之下,这种倾向呈现出日渐加强之势,当民众参与到公开羞辱活动时,其犹如在古罗马大斗兽场上欣赏斗兽戏一般,只是满足了民众的狂欢与窥视之欲,与真正的公益维护往往无涉。[③] 最后,公私合作治理也为责任的承担埋下了隐患,极易引发问责机制的空转。在信息规制活动中,社会力量的行为选择一旦引发损害,很难纳入到现有的责任追究机制中对其进行问责,这就背离了"权责相称"的基本公法原理,甚至连其中行政机关一方因不当行使职权所引发的损害,也有可能以归咎于社会公众的选择为由逃避承担责任。上述各个方面的问题,在未来的信息规制工具的制度完善中,需要认真对待和妥善回应解决。

三、内在制度逻辑(Ⅰ):克服信息不对称状况

从制度的内生动力的角度看,信息规制工具的兴起,其最为直接的动因在于解决经济和社会活动中广泛存在的信息不对称状况。这是从着眼于社会公众需求的角度来解释信息规制工具生成的内在逻辑。

首先,在市场经济活动中,交易主体之间的信息不对称情况是普遍存在的。如果任由上述情况自行发展,便会扭曲资源的配置机制,产生逆向

---

① 参见张荣红:《日本负面信息披露制度》,"信用、信息与规制"中国法学会行政法学研究会第五届青年论坛暨政府规制专业委员会 2019 年年会论文,2019 年 8 月于长春。

② See James Q. Whitman, *What is Wrong with Inflicting Shame Sanctions*? 107 The Yale Law Journal 1055(1998).

③ 参见赵雷:《羞辱、社会规范与法律规制》,载《中国法律评论》2018 年第 4 期。

选择、劣币驱逐良币的情形，干扰正常的市场交易秩序。在这方面，可以用美国经济学家阿克洛夫（George A. Akerlof）所举的著名的旧车市场加以说明。在旧车交易活动中，买卖双方之间对于旧车的质量问题所掌握的信息是不对称的。其中，卖方掌握着车辆的品质信息，而买方在通常情况下并没有这方面信息的能力，只能通过外观、现场驾乘等方式进行初步的判断，而这些初步判断本身并不能完整地反映出旧车的质量状况。为了避免受骗，买方就会选择按照旧车市场中交易车辆的平均价格来支付车款。由此导致的后果是，车辆品质高于平均水平因而售价更高的车辆卖主，就无法在旧车市场中立足，只能退出市场，而品质较差的车辆却能从交易中获利。长此以往下去，整个旧车市场中的车辆平均价格就会一路下跌，甚至在极端情况下，就不会再有交易行为的发生。① 上述例子直观地表明，在市场交易活动中，存在买卖双方之间的信息不对称情况。当然，在市场经济活动中，也存在相应的机制去克服上述信息不对称情况。例如，通过设立交易组织（典型例子如企业），可以使市场交易活动由“一次性博弈”变为“重复博弈”，这将驱使市场主体更加注重长远声誉的维护，从而防止市场投机行为的发生。② 在上面所举的旧车市场的例子中，如果旧车市场是一个知名企业，它直接与买方签订交易合同，就会比该市场中的入驻商家与买方签订合同更能防范投机欺骗行为的发生。不过，仍然应当看到的是，企业等组织的存在，是防止市场投机行为发生的必要条件而非充分条件。如果市场主体的违法行为仅在很小的范围内被知悉或传播（查处或被社会知悉的概率小），仍然不足以抑制其投机行为的发生。因此，建立恰当的信息传播机制，克服市场交易中的信息不对称现象，成为市场经济运行中不可或缺的机制。在这方面，行政机关需要扮演适当的管制性角色，以便在市场机制本身无法矫正信息不对称问题之时，

---

① See George A. Akerlof, *The Market for "Lemons": Quality Uncertainty and the Market Mechanism*, 84 The Quarterly Journal of Economics 488（1970）.

② 参见周雪光：《组织社会学十讲》，社会科学文献出版社 2003 年版，第 253 页；张维迎：《信息、信任与法律》，生活·读书·新知三联书店 2003 年版，第 43 页。

进行合理的补位。[①] 也正因为此，在经济行政法上，提供诸如安全警告、建议、监测报告等经济信息，构成了国家的一项法定义务。[②]

其次，在社会生活中，也广泛地存在信息不对称的情形。现代社会已经步入到了风险社会，在此背景下，社会公众完全依靠自身的能力来抵御风险，变得愈发步履维艰。相反，他们越来越需要依靠行政机关的介入和帮助来提升自身应对风险的能力。而行政机关运用信息规制工具，恰好能满足社会公众的此种需求。因此，行政机关与社会公众之间的信息沟通，成为了突发公共危机处置中的关键性举措。[③] 以新冠肺炎疫情为例，自疫情发生以来，关于病原体是什么、其对生命健康有多大危害、如何科学预防和治疗等问题，社会公众与疫情之间存在巨大的信息不对称情况。为了缓解上述不对称状况，我们可以看到，行政机关广泛地运用了信息规制工具。比如，在疫情初期，当不明原因的肺炎病例陆续涌现之时，行政机关运用预警信息的发布职权，提醒社会公众多加防范，避免不明原因的病毒可能对自身造成的侵扰，同时有利于阻断谣言信息的传播，分散社会公众的恐慌情绪。而到了疫情中后期，行政机关通过常规性的疫情信息通报，回应社会公众的知情权。同时，通过发布健康信息指南，引导社会公众进行合理的自我防护以及配合诊疗。此外，还通过发布拒不配合疫情防控举措的案例信息，起到威慑潜在的违法行为人的作用。可以看出，在新冠肺炎疫情的处置和应对之中，信息规制工具的运用可谓贯穿始终。尤其是在传染性疾病所特有的容易发生线下聚集传播的背景下，信息规制工具以其特有的虚拟性、非接触性特点，展现出了其相较于传统的实体执法工具所无法比拟的优势。正如有学者所概括的，在突发公共危机事件的处置中，行政机关扮演了所谓的“信息中枢”的角色，其在信息的采

---

① 对此一般性的讨论，参见王俊豪：《政府管制经济学导论——基本理论及其在政府管制实践中的应用》，商务印书馆 2001 年版，第 349 – 366 页。

② 参见[德]乌茨·施利斯基：《经济公法》，喻文光译，法律出版社 2006 年版，第 125 页。

③ 参见陈霄：《德国传染病防治法律机制研究——以信息机制与权责分配为重点》，载宋晓主编：《中德法学论坛》第 17 辑上卷，南京大学出版社 2020 年版。

集、整合、分析、发布、传播以及舆论引导、社会动员等方面均发挥了重要作用，也正因为此，实施信息规制被认为是在突发公共危机事件处置中行政机关采取的最为正确的一种对策。[①] 除了卫生健康领域之外，在诸如环境保护等领域中，信息规制工具在对社会领域的信息不对称状况加以克服方面也发挥着极为重要的角色。[②] 通过上述分析可知，通过运用信息规制工具，可以克服行政机关、社会公众以及危机事件之间存在的信息不对称情形，提升身处风险社会中的各方主体的风险应对能力。

当然，客观来讲，在克服经济社会中的信息不对称状况方面，行政机关也并非是万能的，其履职面临一定的条件限制。正如在市场机制运行过程中会存在市场失灵的问题，行政机关在履行信息义务方面同样会有政府失灵的问题。一方面，信息赤字的问题也同样困扰着行政机关，成为政府治理能力提升的一个重要掣肘因素。特别是在一些专业领域，行政机关对信息的掌握，往往还有赖于行政相对人的配合与提供。另一方面，在信息的处理、公开等方面，行政机关也面临着信息被扭曲、公众难以理解、公信力不足等治理难题。凡此种种，均要求在针对信息规制工具的规范中，从信息的归集、公示以及后续运用等诸环节中全方位地加强制度建设。

四、内在制度逻辑（Ⅱ）：行政上确保义务履行制度的革新

从信息规制工具运用者的视角加以审视，该工具兴起的另一内在驱动因素，可归结为行政机关旨在推动行政上的确保义务履行制度（或称实效性确保手段）的革新，以便为应对复杂的治理任务提供更多有力的抓手。

现代国家面临着日益复杂、综合的治理任务。按照哈贝马斯（Jürgen

---

① 参见黄种滨、孟天广：《突发公共危机中的政府信息公开与危机应对》，载《电子政务》2022年第6期。

② 相关系统的梳理，参见宫文祥：《以资讯揭露作为环境保护规范手段之研究——以美国法为参考》，载《法学新论》2008年第5期。

Habermas)的分析,行政的任务已经由最初的秩序行政阶段、继起的给付行政阶段逐渐步入到新兴的风险预防行政阶段,由此演绎出法治国家、福利国家和安全保障国家这三种理想类型的国家形态。[①] 对于作为发展中国家的中国而言,上述三重任务并非像发达国家所走过的历程那样,呈历时性地线性发展。相反,它们更多地是作共时性的呈现,加剧了治理任务的复杂性。这就在客观上要求在立法层面授予行政机关更多的权限,以应对复杂行政任务的需要,实现行政任务与组织权限的匹配。然而,遗憾的是,我国自改革开放以来,在重建行政法治的历程中,更多延循的是在传统秩序行政背景下所确立的行政法规制体系或框架,逐步引入传统行政处罚、行政许可、行政强制等规制手段。在这方面,1996 年《行政处罚法》、2003 年《行政许可法》、2011 年《行政强制法》的陆续制定,便是明证。这就导致在行政机关的多元治理需求与立法上授予的有限职权之间存在巨大的紧张关系。在我国行政法治发展过程中一直所存在的治理有效性与合法性之争,其矛盾根源也正在于此。

为了解决上述矛盾,我国行政机关开始自发地在实践中探索一些新型的规制手段。在这其中,信息规制工具以其所具有的温和干预的外观,以及实施成本低、督促行政相对人履行义务的效果佳等特征,受到了行政机关的高度青睐。例如,在前文所梳理的公安机关实施信息规制工具的实践中,针对违法行为的公示或羞辱手段不断地被运用,甚至在引发了舆论抨击浪潮和公安部明令禁止的情况下,仍然不惜以变换形式的方式周期性地上演,这背后的行动逻辑,显然已经无法用公安机关执法素质不高、执法理念落后等观念层面的理由加以解释。实际上,正如有学者所梳理和指出的,从法制史上看,类似的针对声誉的制裁,曾长期存在于古代法之中,但近年来,中外法律上又不约而同地重新出现了利用甚至不断仰仗声誉制裁的现象,这一古老的规训工具在现代法治中呈现出回潮、抬头

① 参见[德]哈贝马斯:《在事实与规范之间——关于法律和民主法治国的商谈理论》,童世骏译,生活·读书·新知三联书店 2003 年版,第 537－538 页。

的显著迹象。[①] 此类规制工具的复兴,可视作行政机关在面对新的治理任务的形势下,寻求与之匹配的规制手段的一种努力。这也可以解释为何社会信用体系建设能够在实践中“异军突起”,并迅速扩展至各个行政管理领域之中。该制度的兴起,其实是我国在步入到特定的发展阶段以后,试图解决在政府规制领域长期困扰的难题的一种改革尝试。[②] 因为在改革开放以后,社会流动性日益加剧,同时,伴随着社会主义市场经济的推进,政府开始向民间放权,传统的诸如户籍、档案等管理手段的规制效果日益疲软,而信用监管则是一种实效性强的手段,它的出现,弥补了传统的行政规制手段式微以后留下的监管真空地带。[③] 我国的社会信用体系建设并没有将规范调整的对象限定于道德或诚信领域的失信行为,而是扩展至对违法行为的治理之上,从而兼具加强法律实施之目的,[④]其背后的原因也正在于此。这些制度探索均具有鲜明的确保行政相对人履行义务、推动规制体系革新之目的。

其实,从信息规制的角度切入推动行政规制体系的革新,这并非中国所独有的现象,而是一种国际趋势。在欧盟层面,自 1993 年欧盟正式成立以后,相继设立了一些新的行政机关,如欧洲环境署(European

---

① 这方面的梳理和观察,参见杨鸿雁:《中国古代耻辱刑考略》,载《法学研究》2005 年第 1 期。更为系统的阐释,参见 John Braithwaite, *Crime, Shame and Reintegration*, Cambridge University Press, 1989。

② 参见戴昕:《理解社会信用体系建设的整体视角:法治分散、德治集中与规制强化》,载《中外法学》2019 年第 6 期。

③ 相关分析,参见翟学伟:《诚信、信任与信用:概念的澄清与历史的演进》,载《江海学刊》2011 年第 5 期;林彦:《信用惩戒制度对行政法治秩序的结构性影响》,载《交大法学》2020 年第 4 期。

④ 参见沈岿:《社会信用体系建设的法治之道》,载《中国法学》2019 年第 5 期。在这一意义上来说,我国的社会信用体系建设或失信惩戒制度,存在名不副实的问题。王锡锌教授等人就认为,失信惩戒制度中的“信”,既非诚信文化或美德,也不是经济与金融意义上的信用,其实际上指的是社会公众对法律的遵从度(compliance)。参见王锡锌、黄智杰:《论失信约束制度的法治约束》,载《中国法律评论》2021 年第 1 期。徐国栋教授的研究亦指出,失信惩戒制度中的“信”,与诚信以及信用之间都存在巨大的差异,失信惩戒中的“信”,惩戒的对象实际上是指名誉。因此,“失信惩戒”实际上是对名誉的一种剥夺(类似于罗马法上的“破廉耻”制度),或者说是对权利能力的一种剥夺。为了切断失信惩戒与诚信、信用之间的不当联想以及语义混同,徐国栋教授建议用“黑名单”这一术语取代目前通用的“失信惩戒”这一术语。参见徐国栋:《“失信联合惩戒机制”中“信”的含义之澄清》,载《中国法律评论》2021 年第 1 期。

Environment Agency)、欧洲药品审评局(European Agency for the Evaluation of Medical Products)等。但这些在跨国层面设立的机构,它们在创设之初,并未像常规的国内机构那样,被授予诸如规则制定、执法和裁决等行政职权,而是仅被赋予了信息发布与管理、加强机关间沟通合作等职能。但在实践中,这些机构通过充分运用信息工具,取得了很好的监管效果,以至于有学者对此评价道,这些欧盟机关成功地实现了"翻身",突破了立法层面本被定位的辅助性机关角色。① 而在日本,上述规制革新的倾向表现得更加明显。在"二战"以后,日本对传统的行政制裁体系进行革新,在众多的教科书中,在"行政上的确保义务履行制度"的章节下,除讨论强制执行、行政处罚等传统手段以外,还加入了诸如拒绝给付、课征金、加算税、公布违反事实等新型手段。② 而在这些新型工具中,公布违反事实就是一种颇为典型的信息规制工具。大桥洋一教授在评价这一新型手段时形象地指出,行政指导领域对当事人不服从劝告的公示制度,尽管具有非权力手段的外观,但其社会性制裁的力度却很大,因而堪称具有"传家宝刀"的性质。③

当然,从权力规范与控制的角度看,信息规制工具在确保义务履行体系中的异军突起,也给行政法治提出了新的课题。有美国学者在较早时就表达了担忧,认为行政机关发布不利信息虽有助于提升执法能力、加强社会控制,但在实践中这一措施的普遍运用存在绕开与规避法律上的制

---

① See Giandomenico Majone, *The New European Agencies: Regulation by Information*, 4 Journal of European Public Policy 262(1997).

② 参见[日]盐野宏:《行政法》,杨建顺译,法律出版社 1999 年版,第 158 - 179 页。值得注意的是,在日本后期的研究论著中,逐渐用"行政上的实效性确保手段"取代"行政上的确保义务履行制度"这一说法。参见[日]高木光:《法的执行体系论与行政法的理论体系》,王贵松译,载王贵松主编:《宪政与行政法治评论》第 6 卷,中国人民大学出版社 2012 年版;[日]市桥克哉等:《日本现行行政法》,田林、钱蓓蓓、李龙贤译,法律出版社 2017 年版,第 192 - 220 页。这种用语的调整,也影响到了韩国学者以及我国学者。参见[韩]金东熙:《行政法 Ⅰ》,赵峰译,中国人民大学出版社 2008 年版,第 317 页以下;余凌云:《行政法讲义》(第 3 版),清华大学出版社 2019 年版,第 327 页以下。

③ 参见[日]大桥洋一:《行政法学的结构性变革》,吕艳滨译,中国人民大学出版社 2009 年版,第 65 页。

裁制度之隐忧,甚至有步入集权主义的危险。[1] 著名法律史学者弗里德曼教授同样忧心忡忡,认为耻辱或类似的声誉制裁制度对行政机关而言有着天然的诱惑力,它们不需要像常规的制裁措施那样付出直接的成本,却能发挥出有力的制裁效果,因而是一种极其危险的武器。[2] 这些权力运行失控的风险,同样需要在未来的信息规制工具的制度建设中作出回应。

五、内在制度逻辑(Ⅲ):信息时代中的权利边界调适

在"权力—权利"的对称性分析框架下,对信息规制工具的内在生成逻辑的解读和阐释,除了着眼于权力端之外,还可以从信息主体即权益直接受信息规制工具影响的行政相对人这一方主体的角度展开。在信息时代中,信息具有日益重要的经济和社会价值。"在这个时代中,信息已成为社会中最基本的构成要素,是社会存在和发展的血液、是崭新的生产力。"[3]在此背景下,信息主体的权利,就与经济发展、社会公共利益呈现出高度紧张的关系,如何协调好两者的关系,成为信息时代立法尤其是个人信息保护立法的重要课题。[4] 信息规制工具的兴起,可以解读为试图调和上述紧张关系的一种实践努力,是信息主体的权利在一定程度上让位于社会发展需要的一种制度表征。

长期以来,在个人信息的保护上,"个人信息自决权"成为了一种主导性的分析范式,它强调信息主体对其信息的个人自主控制,通过设立以知情同意为核心的信息处理规则,旨在防范和抵御其他主体特别是公权力

---

① See Francis E. Rourke, *Law Enforcement Through Publicity*, 24 University of Chicago Law Review 225(1957).

② 参见[美]劳伦斯·M. 弗里德曼:《法律制度——从社会科学角度观察》,李琼英、林欣译,中国政法大学出版社 1994 年版,第 118 页。

③ 郭瑜:《个人数据保护法研究》,北京大学出版社 2012 年版,第 17 页。

④ 周汉华教授就认为,协调好个人信息保护立法与促进信息自由流动之间的关系,被认为是各国个人信息保护立法中要处理的"最为重要的一对核心价值"。周汉华:《中华人民共和国个人信息保护法(专家建议稿)及立法研究报告》,法律出版社 2006 年版,第 68 - 69 页。齐爱民教授也持类似的看法,认为处理好信息的保护与信息的自由流通和合理利用,是信息法设立的目的或基本宗旨。参见齐爱民:《信息法原论——信息法的产生与体系化》,武汉大学出版社 2010 年版,第 36 页。

主体对个人信息的任意使用和侵害。从历史发展的角度，“个人信息自决权”起源于德国，1983 年德国联邦宪法法院在“人口普查案”判决中对其作了确认，由此成为德国乃至欧盟个人信息保护领域立法的重要理论基础。[①] 但其实，个人信息自决权并非是一项不受限制的权利，不宜对其作出过于绝对化、简单的理解。即便是德国联邦宪法法院在 1983 年的“人口普查案”所作出的著名判决，也明确提出，个人对信息不享有绝对、不受限制的支配权，因为个人需要置身于社会共同体中发展其人格，个人信息是社会现实的反映，不宜仅将其看成是个人的信息，为此个人信息自决权需要受到重要公共利益的限制。而且，这一权利主要是在自动化地处理个人信息这一特定背景下展开的，不宜扩展到除此之外的其他信息处理场景之中。[②] 个人信息自决权自从被提出以来，在德国学界也已经受到了诸多反思，有学者就尖锐地批评道，认为这一权利是“法学上的错误构成”。[③] 弗里德里希·肖赫则认为，随着社会条件的急剧变化，德国联邦宪法法院在 1983 年的“人口普查案”中创设的信息自决权，在信息社会与网络时代这一新背景下应进行反思和调整。以往的信息自决权建基于“数据保护”的视角之上，而这其实是对信息流动施加了一种约束，在当下，有必要将其切换到“信息自由”的新视角之上。[④]

其实，在域外的个人信息保护领域，不乏有将权利配置的重心放置于促进信息自由而非权利保护的立法例。在美国法学界，对于隐私的保护，在一开始就没有赋予权利人以绝对、支配性的地位。即便在最狭义的事关个人尊严的隐私权领域，它也可以让位于维护公共利益或普遍利益的

① 相关梳理和分析，参见赵宏：《从信息公开到信息保护：公法上信息权保护研究的风向流转与核心问题》，载《比较法研究》2017 年第 2 期。

② 参见杨芳：《个人信息自决权理论及其检讨——兼论个人信息保护法之保护客体》，载《比较法研究》2015 年第 6 期；刘金瑞：《个人信息与权利配置——个人信息自决权的反思和出路》，法律出版社 2017 年版，第 70 - 74 页。

③ 转引自[日]小山刚：《“安全”与信息自我决定权》，吴东镐译，载王贵松主编：《宪政与行政法治评论》第 6 卷，中国人民大学出版社 2012 年版。

④ [德]弗里德里希·肖赫：《信息社会背景下的信息自决权》，查云飞、阮爽译，载《北京航空航天大学学报(社会科学版)》2015 年第 6 期。

需要。[①] 波斯纳更是直言："私隐是有巨大价值的私人善品（good），但有时它也是一种社会恶品（bad）。私隐太多不仅是凯特伯赞美的丰富个体感的渊源，而且可能对社会秩序构成尖锐的危险。"[②]此外，在美国，个人信息往往成为他人言论的对象，因而在公法的视野中，个人信息的自由流动还被认为承载着保障和促进言论自由这一重要宪法价值的使命，这就与欧陆将个人信息视作基本权利客体的处理思路存在较大的差异。[③] 上述理论或观念亦被反映在了个人信息保护领域的具体立法规则之上，比如，个人信息（隐私）的处理原则上不以个人的同意作为前提条件，只有在信息触及特定敏感领域（如未成年人信息）或者特定环节（如信息的披露）之时，才需要例外地征得个人的同意。可以看出，与欧洲大陆强调信息主体事先控制的权利保护模式不同，美国法上呈现出独具特色的事后损害救济模式，即原则上只有在当个人信息（隐私）的处理造成损害时，才给予信息主体要求更正、补救等救济的权利。[④]

当然，在信息时代要求个人信息权利作出适度的让步，并不是要走向另一个极端，让个人完全成为公权力支配的客体。毋宁，这是对以往的权利保护模式（尤其是建立在防御权基石之上的权利保护模式）以及相应的权力控制规则作出反思和调整，进而在权利保护与信息流通之间寻求一种妥当化的平衡。德国学者施密特·阿斯曼指出，无论是数据保护还是信息自由，都是为了实现自由民主之目标而在国家与人民间公平分配信息的功能条件，故不可将二者视作僵化的对立状态，应在具体的制度安排中寻求缓解二者紧张关系之道。[⑤] 在这一点上，我国学界也已经有了较为充分、全面的认识。王锡锌教授认为，在当前所处的信息技术和大数据被

---

① 参见[美]路易斯·D. 布兰代斯等：《隐私权》，宦盛奎译，北京大学出版社 2014 年版，第 28 页。

② [美]理查德·波斯纳：《超越法律》，苏力译，北京大学出版社 2016 年版，第 469－470 页。

③ 参见丁晓东：《个人信息保护：原理与实践》，法律出版社 2021 年版，第 70－82 页。

④ 参见郭瑜：《个人数据保护法研究》，北京大学出版社 2012 年版，第 153－154 页。

⑤ 参见[德]施密特·阿斯曼：《秩序理念下的行政法体系建构》，林明锵等译，北京大学出版社 2012 年版，第 264－265 页。

广泛运用的时代,对个人数据的采集与处理(“数据监控”)已经成为一个难以回避的事实。因此,对个人信息保护的制度设计,重点不应在于禁止国家使用数据监控措施,而是应当确保这些监控措施在运用过程中具备价值理性与工具理性。[①] 这与张维迎教授在较早时分析信用制度构建时的观点形成了呼应,后者的立场颇为鲜明,主张应将信息的收集权与使用权区分开来,一方面应赋予特定机构收集信息的权力,但与此同时,赋予收集权力并非意味着自动地授权这些机构能使用信息,使用信息需要有法律依据以及责任机构的跟进配套。[②] 高富平教授也反思道,强调信息主体的自决权或个人控制,这是以 20 世纪七八十年代的社会背景为基础所发展出来的理论,彼时对个人信息的收集尚未大规模地出现,信息主体对个人信息还享有较高的控制力。但是,在当下所处的互联网、大数据等时代背景下,个人信息收集和利用的环境已经发生了根本性的变化,个人信息也呈现出日益明显的公共性与社会性特征,与之相应,个人信息的保护模式应当转向至社会控制之上。[③] 据此,作者明确提出,对个人信息规范和控制的重心,应当从收集行为转移到使用行为之上,不再强调信息主体对个人信息的绝对控制,而是注重通过法律界定个人信息使用的情形以及条件,对个人信息的使用行为进行控制,如此方能更好地平衡个人权利和社会公共利益。[④] 理论上的上述共识,已经深刻地影响并反映到了我国的立法规制中。2007 年制定并经 2019 年修订的《政府信息公开条例》已经初步贯彻出了上述要求,[⑤]而 2021 年出台的《个人信息保护法》更是较

---

① 参见王锡锌:《个人信息国家保护义务及展开》,载《中国法学》2021 年第 1 期。在另一篇文章中,王锡锌教授更为明确地指出,个人信息权利是基于规范个人信息处理行为的需要而人为地建构、赋权的结果,它并非先在于国家的绝对性权利。赋权的目的并非是让个人控制信息,而是构建合理的处理规则进而规范数据处理行为。参见王锡锌:《国家保护视野中的个人信息权利束》,载《中国社会科学》2021 年第 11 期。

② 参见张维迎:《信息、信任与法律》,生活 · 读书 · 新知三联书店 2003 年版,第 271 页。

③ 参见高富平:《个人信息保护:从个人控制到社会控制》,载《法学研究》2018 年第 3 期。

④ 同上。

⑤ 《政府信息公开条例》(2007 年)第 14 条第 4 款规定基于公共利益需要可以强制公开涉及行政相对人个人隐私的政府信息,《政府信息公开条例》(2019 年修订)第 15 条延续上述规则,同时在新法第 20 条第 6 项中增设了行政机关认为具有一定社会影响的行政处罚决定应予主动公开的内容。这些规则都体现出了调和个人信息权益与社会公共利益的努力。

为全面地体现出了上述平衡思路。[1]

回到本书讨论的主题之上，信息规制工具在现代行政实践中的勃兴，也正是在上述宏观背景之下展开的。在现代社会中，行政机关掌握的个人信息，不仅具有经济性意义，而且在社会治理领域也日益凸显出其价值，由此产生了对个人信息属于公共物品属性的认识，并决定了对其施加公共利用要求的正当性。[2] 因此，在行政管理领域中，主张绝对的信息自决权的观点，多少带有田园牧歌式的意味，它已经难以适应当代社会所面临的解决复杂治理任务的需求。这就解释了为何在前文所梳理的信息规制工具的实践图景中，行政机关在信息的归集、公开、后续使用等诸环节已经广泛地在处理个人信息。信息的充分流动，被视作信息化政府的基本标志。[3] 在这一场景下，行政相对人涉足社会生活，其实已多少带有些许悖反式的“自投罗网”的意味。有哲学家对此就不无形象地评价道，当人们自由地漫步于信息网络之时，便是自愿将自己进行暴露和展示，主动为数字化全景监狱添砖加瓦。此时，这里的“囚犯”既是受害者，也是“作案人”。从辩证法的意义上看，自由即是监控。[4] 或许，上述现实可以理解为在信息社会条件下，在行政相对人与行政机关之间形成了一种新型的契约关系，即通过行政相对人权利的适度让渡实现公共福祉，实现权利与权力的调和。当然，这也给以规范和控制公共权力为志业的行政法学提出了诸多新的课题。

---

① 《个人信息保护法》(2021 年)尽管被冠以“保护法”之名，但在具体规则设计上，还是较多地体现出了对信息权益保护与信息合理利用的关系加以平衡的思路。比如，在立法目的中，在“保护个人信息权益”之后，还写入了“促进个人信息合理利用”之目的(第 1 条)。又如，在个人信息处理的合法性基础上，在规定同意规则的同时，还设置了包括为履行法定职责或法定义务、为公共利益实施新闻报道或舆论监督等情形在内的多种不需要征得个人同意的例外处理规则(第 13 条)。

② 参见林鸿潮：《个人信息在社会风险治理中的利用及其限制》，载《政治与法律》2018 年第 4 期。

③ See Viktor Mayer-Schönberger & David Lazer eds., *Governance and Information Technology: From Electronic Government to Information Government*, The MIT Press, 2007, pp. 5 – 11.

④ 参见[德]韩炳哲：《透明社会》，吴琼译，中信出版社 2019 年版，第 85 页。

第三章　信息规制工具的类型化探索

上一章对信息规制工具的实践状况作了梳理，描绘出了该工具在实践运作中纷繁庞杂的面貌。这给信息规制工具的体系化构建带来了不小的挑战。要应对这些挑战，就需要对这些样式各异的工具作出类型化整理，从中析分出信息规制工具的主要类型，如此方能服务于后续精细化地开展制度建设之需要。

在本章中，首先，将阐释对信息规制工具作出分类整理的意义，以期进一步凝聚对于类型化处理的共识。其次，对已有的信息规制工具类型化的学说作出评述，指出现有分类存在的不足。在此基础上，提出本书主张的信息规制工具的"三分法"，并论证这一分类的理据及具体内容。最后，探讨这一新的分类与行政法学总论中的行政行为体系之间的融合问题。

一、类型化的意义所在

面对纷繁复杂的社会现象，类型的整理提供了一个有力的认识工具。"当人们借助抽象—普遍的概念及其逻辑体系都不足以清晰明白地把握某种生活现象或者某种意义脉络时，首先想到的是求助于'类型(Typen)'的思维方式"。[①] 特别是在法律领域，对不同事物的分类以及在此基础之

---

① ［德］卡尔·拉伦茨：《法学方法论》，黄家镇译，商务印书馆 2020 年版，第 577 页。

上所开展的差异化制度构建，构成了理论和实务界最为常用的分析范式。德国著名法哲学家考夫曼（Arthur Kaufmann）即指出，类型是在立法者与法律形成之前便已存在的事物，立法者的任务便是去发现和描述各种类型。[①] 拉伦茨（Karl Larenz）讲得更为透彻，他指出，法律的任务在于"将大量形态各异、极端错综复杂的生活事件，以可以概观的方式进行分类，用清晰易变的特征加以描述，只要其在法律意义上被认为是'相同'者就被归于一类，并且被赋予相同的法律效果"。[②] 在现代行政法学总论上，行政行为论的深入发展，就在相当程度上需要归功于对行政行为类型的深化认识。"面对这样一个行政行为的大千世界，现代行政法研究的一个重要任务就是通过科学的方法，揭示出行政行为内在的规律，从而为立法机关制定规范行政行为合法性的规则提供一个法理基础"。[③] 信息规制工具与行政法学总论中的行政行为论有着紧密的关联，因此，上述有关行政行为类型化意义的判断，自然也能适用在信息规制工具身上。

遗憾的是，在当前有关信息规制工具的研究中，还缺乏足够的贯彻类型思维的意识。这一点，集中反映在对信息规制工具提出制度构建方案的不少研究成果之中。举例来说，有学者在论及政府治理中信息工具的运用应遵循的原则时，提出了准确原则、全面原则、及时原则和有效原则。[④] 然而，不同类型的信息规制工具是否均需要贯彻上述原则，其实是值得斟酌的。例如，其中所提及的"准确原则"，在常规情形下确实是信息规制工具运用必须要遵守的原则，但在风险治理领域，为了与时间赛跑，避免事后发生不可逆的损害后果，行政机关在发布预警信息时，就可以"决策于未知"，在未充分掌握准确的事实情况之下就发布有关信息，提醒公众审慎注意。再如，以上提到的"及时原则"，在传统信息公开的框架下

---

① 参见［德］亚图·考夫曼：《类推与"事物本质"——兼论类型理论》，吴从周译，台北，学林文化事业有限公司 1999 年版，第 115 页。

② ［德］卡尔·拉伦茨：《法学方法论》，黄家镇译，商务印书馆 2020 年版，第 552－553 页。

③ 章剑生：《现代行政法基本理论》（第 2 版·上卷），法律出版社 2014 年版，第 246 页。

④ 参见吕艳滨：《信息法治：政府治理新视角》，社会科学文献出版社 2009 年版，第 140－153 页。

是具有正当性的，特别是在满足社会公众获知信息用于规避风险的场合（比如食品安全风险警示）是极为恰当的。问题在于，诸如通报批评等信息规制工具的主要目的并不是为社会公众提供信息，而是对被公布方实施行政处罚、行政强制执行等监管目的，此时如果贯彻及时原则，既无必要（社会公众对此类信息及时掌握的需求并不高），还可能会绕过《行政处罚法》《行政强制法》等立法上所设置的诸多程序要求，存在架空行政法上的程序控权机制之虞。

另外，在针对具体类型的信息规制工具的研究成果中，由于缺乏足够的类型区分意识，导致部分研究成果之间的同质化程度较高。例如，有学者在论及违法信息行政公告（又称为公布违法事实）这一类工具的法律控制方案时，从实体法控制、程序法控制和救济法控制三个维度作了系统考察，并提出了相应的制度构想，[①]而如果将这些研究结论与针对失信惩戒（又称信用监管或信用工具）所提出的法律控制方案之间进行比较，就会发现，它们无论在框架体例还是在具体观点方面，均存在较高的相似度。[②]在这里，暂且不论将上述两类不同的信息规制工具适用类似的制度完善方案是否妥当，即便就失信惩戒这一类信息工具而言，实际上其内部也存在巨大的差异，因而不宜对之提出一体化的制度设计方案。[③]

因此，信息规制工具作为一类集合性工具，在对其展开研究的过程中，不能停留于“铁板一块”式的简单认知之上。毋宁，应着眼于不同类别信息规制工具的特点，展开差异化的制度构建。

具体而言，对信息规制工具作出类型化探索，其意义体现为如下三个方面：

---

① 参见禹竹蕊：《权利保障视野下的违法信息行政公告研究》，知识产权出版社 2017 年版，第 94 页以下；章志远、鲍燕娇：《公布违法事实的法律属性分析》，载《山东警察学院学报》2011 年第 6 期。

② 对此，可以对比沈毅龙：《论失信的行政联合惩戒及其法律控制》，载《法学家》2019 年第 4 期；袁文瀚：《信用监管的行政法解读》，载《行政法学研究》2019 年第 1 期；王瑞雪：《政府规制中的信用工具研究》，载《中国法学》2017 年第 4 期。

③ 这方面的分析，参见王伟：《失信惩戒的类型化规制研究——兼论社会信用法的规则设计》，载《中州学刊》2019 年第 5 期。

第一,判断可诉与否。在诸种信息规制工具中,存在行政确认、行政处罚、行政强制、政府信息公开、行政事实行为等不同的行为定性,它们对行政相对人权益的影响也有强弱之别。尽管随着2014年《行政诉讼法》的修订,可诉的行政行为已经由旧法中的“具体行政行为”修改为“行政行为”,这为将行政事实行为纳入到受案范围提供了规范空间,[①]但从司法实务来看,还是有不少法院延续既往做法,借助行政法律行为与行政事实行为的分类,将是否属于行政法律行为作为判定信息规制工具可诉与否的尺度。在这一意义上,明确信息规制工具的类型进而作出法律属性的判断,至少在实务中对于判定信息工具的可诉性而言仍具有一定的意义。

第二,精准适用实体法律。除了有助于位居“下游”的可诉性问题之判断外,信息规制工具的类型区分及其法律属性判定,还具有明确处于“上游”的实体法律适用的作用。这其中的道理并不复杂:一旦将某一信息工具定性为行政处罚行为,那么此类工具在设定、实施主体、职权、程序等方面的要求,就需要受到《行政处罚法》的全面调整;而如果定性为政府信息公开行为,这些合法性条件可以得到大幅度的简化。比如,行政机关披露企业的违法事实,如果站在信息公开的立场上,其职权行使的依据是明确的,但是一旦将其定性为行政处罚,那么其权力行使的合法性就存疑了。[②] 相比于可诉性问题的判断而言,厘清实体法律适用是现阶段对信息规制工具作出类型区分更为重要的意义所在。正如沈岿教授在分析失信惩戒行为时所指出的:“行政行为的细分定性对于行为可诉性而言并非必需,对于是否应用《行政处罚法》等法律审查被诉行为的适法性才是重

---

① 这一点,曾参与过2014年《行政诉讼法》修订工作的工作人员给予了明确的认可:“[可诉的]行政行为还包括学理上所说的‘事实行为’……只要事实行为造成公民合法权益侵害,就具有可诉性。”信春鹰主编:《中华人民共和国行政诉讼法释义》,法律出版社2014年版,第8页。

② 有德国学者认为,行政机关有规制目的的信息发布行为,只要涉及对特定行政相对人的利益,就是对基本权利的干预行为。因此,不能从信息公开的一般职权中径直推导出该机关有发布信息的职权,而必须另寻实施该干预行为的合法性依据。参见[德]弗里德赫尔穆·胡芬:《行政诉讼法》,莫光华译,法律出版社2003年版,第452－453页。

要的。”①

第三，服务于规则完善。以上两种功能的认知，都停留于法律适用的层面。然而，与我国信息规制工具相配套的法律制度，目前仍停留于极为粗疏的层面。在今后相当长的一段时期内，完善信息规制工具的法律制度，是法治建设过程中一项不容回避的重要任务。因此，研究和阐释信息规制工具的不同类型，有助于打破当前一体化、同质化的规则构想之局面，从法律原则调控、设定规则、程序要件、救济规则等不同维度研拟差异化的规则设计，最终推动信息规制领域的良法善治的建立。

二、现有的类型化尝试及其局限

综观以往的研究，已经有不少学者运用了类型思维，尝试对信息规制工具作出分类。在这其中，既有针对个别具体的信息工具作出的分类，②也有对信息规制工具作整体层面分类的尝试。③ 这些分类推进了对于信息规制工具的属性与特征的认识，但与此同时也存在不少局限，需要展开进一步的反思。

（一）负面工具、正面工具与中性工具

这是从信息规制工具对行政相对人产生的不同影响的角度所作的划

---

① 沈岿：《论失信惩戒的行政诉讼可诉性》，载《中国应用法学》2023 年第 2 期。

② 代表性的研究，参见黄锫：《行政执法中声誉制裁的法律性质与规范形态》，载《学术月刊》2022 年第 5 期；王伟：《失信惩戒的类型化规制研究——兼论社会信用法的规则设计》，载《中州学刊》2019 年第 5 期。

③ 代表性的研究，参见应飞虎、涂永前：《公共规制中的信息工具》，载《中国社会科学》2010 年第 4 期；朱春华：《法治政府的信息规制工具》，中国社会科学出版社 2022 年版，第 61 - 81 页。其中，朱春华博士所作的类型梳理尤为系统，他在这本专著中专设一章，依次讨论了信息规制工具的如下分类：从披露主体的角度划分为政府直接披露与通过第三方的披露；以披露信息的价值属性为标准划分为负面披露、正面披露和中性披露；从信息接收者范围的角度划分为向所有人披露与局域披露；以披露内容与格式是否特定为标准划分为格式化披露与内容特定的披露；以披露的法源依据为标准划分为依据一般立法的披露与依据个案行政决定的披露；根据披露内容的不同划分为事实信息披露、法律信息披露与混合信息披露；以信息的流动方向为标准划分为单向披露、双向披露与多向披露；以信息披露的详尽程度不同为标准划分为摘要披露和全面披露；等等。上述分类蔚为大观，但其中有些仅具有认识论上的意义，还有不少分类则不乏具有制度构建意义上的价值。本书侧重从推进制度构建的角度对其中的部分分类标准展开述评。

分。所谓负面工具,是指对行政相对人产生不利效果的信息规制工具,典型的如通报批评、违法事实公布等,这些工具的运用,对于被公布方而言均具有直接的损益效果。所谓正面工具,是指对行政相对人产生有利效果的信息规制工具,典型的如风险警示、公共警告等,这些工具能够显著提升信息接收方即社会公众的风险规避能力。而所谓的中性工具,顾名思义是指对行政相对人既不产生不利效果又不产生有利效果的信息规制工具,此类工具往往指向的是行政机关发布一些客观事实类的信息,它们在很大程度上可以落入传统政府信息公开活动的范畴之中。[①]

应当说,从权益影响的角度对信息规制工具作出分类,这带有鲜明的法学思考的印记与特色。在传统的行政行为体系中,授益行政行为与负担行政行为的划分,便是一对基础性的分类范畴。[②] 之所以要作出上述划分,是因为这两类行政行为在实施主体、职权依据、实施程序、救济等具体的规则设计方面存在巨大差异,对授益行政行为的控权强度往往要显著低于负担行政行为。可见,这一分类带有明确的问题意识。正是基于对传统行政法学上这一分类的重要性的体认和继承,有学者提出,在所有针对信息规制工具的分类中,负面工具、正面工具与中性工具这一划分是最具有实益的分类法。[③] 但应当看到,这一分类存在如下三个方面的局限。

第一,信息规制工具普遍具有复合性效果,难以用有利效果和不利效果进行截然两分。其实,这一点弊端在传统的行政行为分类中便已初步

① 试举一例。广东省河源市公安局定期发布警情通报。例如,2023 年第 28 周的警情通报载明如下内容:“上周(2023 年 7 月 3 日至 7 月 9 日),河源市公安机关 110 报警服务台共受理群众各类有效报警和求助 9164 起,较上周上升 4.25%。其中刑事案件 156 起、治安 226 起、交通警情 2003 起、求助 2831 起、其他报警 927 起。全市 110 报警服务台接报各类报警均有不同程度上升。”罗辉:《2023 年河源市(第 28 周)警情通报》,载河源市人民政府网 2023 年 7 月 10 日,http://www.heyuan.gov.cn/bmjy/hysgaj/xxgk/mzjq/content/post_557457.html。上述信息对于社会公众而言不具有损益或授益效果,其内容是中性的。

② 参见陈新民:《行政法学总论》(修订 6 版),1997 年自版行,第 218 – 219 页;《行政法学与行政诉讼法学》编写组:《行政法学与行政诉讼法学》(第 2 版),高等教育出版社 2018 年版,第 88 页。胡建淼教授对于行政行为的划分更为周全,他论及了行政行为中的授益、负担与中性三种情形。参见胡建淼:《行政法学》(第 5 版),法律出版社 2023 年版,第 253 – 254 页。这与本书此处论述的信息规制工具的分类法最为接近。

③ 参见朱春华:《法治政府的信息规制工具》,中国社会科学出版社 2022 年版,第 67 页。

显现了,因此在分类体系中,在授益行政行为和负担行政行为之外,还存在复效行政行为(又称混合行政行为)这一中间类型的行政行为,它具体又可进一步细分为具有第三人效果的行政行为与具有双重效果的行政行为两种类型。[①] 而信息规制工具的复杂之处在于,这类行政活动呈现出复数主体的特征,具体而言,它包含了行政机关(信息处理者)、行政对象人(信息主体)和社会公众(信息接收者)这三方主体关系,由此形成了"行政机关——行政对象人"以及"行政机关——社会公众"这两对公法意义上的法律关系。在此背景下,行政机关所实施的同一个信息规制行为,在不同的法律关系中,往往会产生截然不同的效果。比如,市场监管部门公告产品质量抽检不合格信息,对于社会公众而言或许可以起到规避风险的作用,是有利的,但是对于涉事企业来说无疑是极为不利的。又如,公安机关公布治安管理领域的行政处罚决定信息,对于被公布方来说带有声誉不利的效果,但对于社会公众而言往往只是中性信息。[②] 有学者总结道,在涉及信息与大数据的活动中,积极影响与负面影响总是相伴出现的,无法从一般意义上对它们的本质属性作积极工具抑或消极工具的评断。[③] 应该说,这一判断是极为准确的。

第二,信息规制工具的影响性评判易受价值观念的影响,难以作出清

① "具有第三人效果的行政行为"是指行政行为的作出对于行政相对人和第三人分别具有有利或不利的效果,典型例子如颁发规划许可证,对被许可人具有授益性,但对相邻权人具有负担性。"具有双重效果的行政行为"是指行政行为对同一个行政相对人同时产生有利和不利的效果,典型例子如公安机关对于吸毒成瘾人员作出强制隔离戒毒决定,该决定对吸毒成瘾人员兼具限制人身自由和给予积极治疗的双重效果。参见章剑生:《现代行政法总论》(第 2 版),法律出版社 2019 年版,第 147 页。

② 试举一例。2023 年 6 月底,苏州市吴中区某镇上一年轻男子站在一高层建筑的楼顶上,欲轻生跳楼。沈某正好路过事发地,现场起哄,并向年轻男子喊话"不跳不是人"。最终,该男子跳楼坠亡。事后,当地公安机关以沈某寻衅滋事、造成不良社会影响为由,对其作出行政拘留的行政处罚决定,并将该行政处罚信息以《警方通报》的方式向社会公布。参见《警方通报:67 岁男子起哄怂恿轻生者跳楼 被行拘!》,载中青在线网 2023 年 7 月 1 日,http://news.cyol.com/gb/articles/2023-07/01/content_zxGjPYUYZo.html。在这一示例中,对于社会公众而言只是单纯的信息公开,缺乏规避风险等正面的积极效果,但是对于被公布方沈某而言,无疑属于负面信息的公布。

③ 参见[荷]玛农·奥斯特芬:《数据的边界:隐私与个人数据保护》,曹博译,上海人民出版社 2020 年版,第 44 页。

晰的定性。在行政机关运用信息规制工具后,即便是对于社会公众这一信息接收方而言,其内部对于该工具带来的实际影响是有利、不利还是中性,也可能呈现出截然不同的态度。这一点,最为直观地体现在公安机关向社会通报知名艺人嫖娼信息这一事例之中。对于此类信息,一部分道德观念较为保守的公众可能会认为,该信息是有利信息,因为在获知这些信息后,他们在后续会不再崇拜、关注该艺人以及不再欣赏其作品。而对于大部分的公众而言,对这一信息会持中立属性的判断,即便是热衷于在茶余饭后讨论该事件,也只是抱持着一种围观、"凑热闹"的心态参与其中,这类信息与其自身利益其实是无关的。还有少部分公众则可能认为,这类信息是不利的,在演艺行业或者法律界中,或许会有不少人士持这一看法。之所以会呈现出上述立场的分野,是因为在现代社会中,社会成员的价值观日益多元化,因而对于同一信息,不同的群体往往会持不同的看法。据此,对于接收到的信息是否有利作出截然不同的判断,也就不足为奇了。

第三,容易造成制度设计上的失衡。既然对信息规制工具作了负面工具、正面工具与中性工具的分类,那么在后续的制度设计中,应当平行、均衡地对这三种工具给予关注,不可厚此薄彼。但是,纵观以往的研究来看,论者们往往自然地将关注重心放置于负面工具之上。比如,在美国和日本的行政法教科书中,通常只对负面信息披露行为、公布违反事实等负面工具给予关注,①而对于行政上的中性工具以及正面工具往往疏于论述。我国学者的研究也带有此种倾向。比如在一本系统研究行政上的信息规制工具的专著中,作者一方面鲜明地提出负面工具、正面工具与中性工具的"三分法",但在后续的制度完善方案中,就抛弃了这一分类,选择集中探讨负面信息披露的合法性治理问题。② 这或许是受到了传统行政

① See William F. Fox, Jr. , *Understanding Administrative Law*, 4th edition, LEXIS Publishing, 2000, pp. 113 – 115;[美]罗纳德·M. 莱文、杰弗瑞·S. 拉博斯:《行政程序法精要》,苏苗罕译,中国法制出版社 2022 年版,第 113 – 114 页;[日]盐野宏:《行政法》,杨建顺译,法律出版社 1999 年版,第 173 – 174 页;[日]市桥克哉等:《日本现行行政法》,田林、钱蓓蓓、李龙贤译,法律出版社 2017 年版,第 216 – 217 页。

② 参见朱春华:《法治政府的信息规制工具》,中国社会科学出版社 2022 年版,第 197 – 225 页。

法上“控权”观念的影响，认为负面的信息工具对于行政相对人能够造成直接的损害，故而在法治化方面的需求最为迫切，应当将其置于优先性的立法议事日程之中。可见，负面工具、正面工具与中性工具这三类信息规制工具所面临的法治化任务并不相同，在制度设计上也应该有所区分。正面工具与中性工具的体量及权重，还不足以达到与负面工具等量齐观的程度。

（二）针对自然人的工具与针对组织的工具

这是以信息规制工具的直接适用对象为标准所作的划分。针对自然人的工具，是指适用于自然人身上的信息规制工具。前文所述的治安管理领域针对卖淫嫖娼人员所作的通报、道路交通领域对于违法驾驶人的记分等，均属于此类。而针对组织的工具，是指适用于法人或其他组织之上的信息规制工具，例如，市场监管部门对于企业食品安全违法行为的质量公告、对于餐饮企业悬挂“笑脸”符号等。

同样值得肯定的是，这一类型的划分在法学上也不乏具有意义。其一，就合法性与正当性层面而言，针对自然人实施的信息规制工具，尤其是羞辱性的信息工具，往往会触及人性尊严的侵犯等法治敏感地带，有将人视作工具而不是目的之虞，因而在实际运用中不得不面临着严格的限制。① 随着 2021 年《个人信息保护法》的制定，该法所保护的是自然人而非组织的非匿名化信息，这也在制度层面为信息规制工具的实施划设了明确的制度边界。其二，就有效性层面而论，组织往往拥有固定的场所设施以及较为稳定的财产，这决定了在实施信息规制之时容易取得实效，而自然人受限于人员流动性、财力等因素，在对其实施信息规制时，实效性相对较弱。

不过，就信息规制工具的实践而言，绝大部分信息规制工具其实是同

① 有学者认为，在现代社会中，借助信息工具对自然人进行羞辱已然失去了正当性，而对组织实施羞辱并不存在这方面的障碍。在此基础上，该学者断言，羞辱制度在当代社会的发展趋势在于，逐渐从自然人朝向组织化的法人、从个人人格朝向法人人格的方向演变。参见段礼乐：《市场规制工具研究》，清华大学出版社 2018 年版，第 223 - 224 页。

时适用于自然人和组织的，比如失信惩戒、通报批评、违法事实公布等。严格将二者分开，并实行双轨的制度建设，既缺乏充分的必要性，也会造成规则的大量重复，徒增立法、守法等方面的社会成本。在这方面，江苏省在失信惩戒领域的制度化尝试，可以提供一个经验参鉴。2013 年 5 月，江苏省人民政府办公厅分别发布了《江苏省社会法人失信惩戒办法（试行）》（苏政办发〔2013〕99 号）和《江苏省自然人失信惩戒办法（试行）》（苏政办发〔2013〕100 号），分别针对法人和自然人建立了失信惩戒制度。但是，经仔细比对这两个规范性文件可以发现，二者在具体制度设计方面存在较高的重合度。这两个规范性文件在 2022 年 10 月被同时废止，[①]而此前实施的《江苏省社会信用条例》（2021 年）将针对自然人、法人和非法人组织统一纳入立法调整范围之中，这可以解读为是对先前双轨的失信惩戒制度探索的一种否定。同样地，广东省社会信用领域的立法，也经历了类似的由分到合的变迁过程。[②] 其实，综观整个行政法领域，中央层面颁布的重要行政行为领域的立法，也几乎没有按照自然人和组织的区分标准作出分别构建，而是将二者统一纳入同一部立法中并加以调整，只是在一些具体的调整事项上，可以基于组织和自然人的差异在规则层面作出区分设计。[③] 可见，划分出针对自然人的信息规制工具与针对组织的信息规制工具，这一区分标准同样缺乏充足的意义。

（三）危害控制型工具与风险预防型工具

这是以所发布的信息是否具有确定性为标准所作的分类。所谓危害

---

① 废止依据为《江苏省人民政府关于废止和修改部分行政规范性文件的决定》（苏政发〔2022〕92 号）。

② 2007 年，广东省人大常委会发布《广东省企业信用信息公开条例》，对企业这类组织的信用信息管理专门作了规范。但是，到了 2021 年，广东省人大常委会发布《广东省社会信用条例》，将包括自然人和组织的信用信息管理统一纳入这部新法之中加以调整，并同步废止 2007 年发布的《广东省企业信用信息公开条例》。

③ 以行政处罚为例，《行政处罚法》（2021 年修订）第 51 条对于行政处罚的简易程序的适用情形，分别针对自然人和组织设置了 200 元以下罚款和 3000 元以下罚款的要求。《上海市行政处罚听证程序规定》（2023 年）对于作为行政处罚听证适用情形的“较大数额罚款”，分别针对自然人和组织设置了 5000 元和 5 万元以上的认定标准。

控制型工具,是指在信息已经确定的前提下行政机关所开展的旨在控制乃至消除已经发生的危害的信息规制工具,典型例子,如市场监管领域对企业经营异常信息的公布;而风险预防型工具,是指在信息尚未最终确定甚至面临科学上不确定性的条件下,行政机关为了防范不可逆的损害后果的出现,未雨绸缪式地提前介入所实施的信息规制工具,典型例子,如针对突发事件处置领域的预警信息发布。它们二者在实施目的、事实认定、因果关系证明等方面均呈现出明显的差异。[①]

应该说,这一分类极具前瞻性。在当前所处的风险社会的条件下,风险预防型工具在整个社会治理格局中将扮演日益重要的角色,其地位将会与传统的危害控制型工具相比肩。而且,这两类信息工具的界分,在我国一些立法上也已经有了初步的体现。以《传染病防治法》(2013 年修订)为例,该法第 38 条和第 19 条就分别规定了危害控制型工具(常规性的传染病疫情信息公布制度)与风险预防型工具(疫情初期的传染病疫情预警发布制度)。而有鉴于在新冠疫情初期我国疫情预警制度运转失灵,以及存在将其与常规性的疫情信息公布制度相混同的弊端,有学者系统地提出了对这两类信息工具的优化方案,主张未来的传染病疫情信息发布应当突出"预防性公开"的理念,将其作为该领域信息公开制度设计应遵循的根本性原则。[②]

但是,将这一分类应用于信息规制工具的制度构建上,仍然面临着一些难题。第一,风险预防型信息工具还处于不断演变发展的过程之中,其定型化格局尚未形成,在此背景下,难以形成较为稳定的制度构建方案。第二,迄今为止,危害控制型工具仍然是占据绝大部分体量的一类信息规制工具,在此类工具之下也包含众多制度亚型,不宜对其作出一体化的研究。第三,风险预防型信息工具与危害控制型信息工具,更多是在信息的公开这一特定运行环节下展开论述的,问题在于,在众多信息规制工具

① 对此一般性的讨论,参见[德]乌尔里希·K. 普罗伊斯:《风险预防作为国家任务——安全的认知前提》,刘刚译,载刘刚编:《风险规制:德国的理论与实践》,法律出版社 2012 年版。

② 参见王锡锌:《传染病疫情信息公开的障碍及克服》,载《法学》2020 年第 4 期。

中，这只是大致在中间层上截取的一个断面。信息规制工具除了包含信息公开以外，还涉及早期的信息归集以及后期基于信息的监管等诸环节，因此，作出上述分类，面临着剪裁过度、无法将信息规制工具完整地纳入分析范围的问题。

（四）收集工具、识别工具、流动工具与补强工具

这是从信息规制运作全过程链条的角度所作的分类。这一分类标准是由经济法学者邢会强教授提出的，他基于在民商经济领域的立法与实践中出现的大量信息规制工具，作出了上述类型的整理。其中，信息收集工具是指信息由优势方向劣势方汇总的工具，典型例子，如行政备案、行政统计；信息识别工具是指对有关信息进行甄别并以简约方式加以呈现的工具，典型例子如信用评级；信息流动工具是旨在促进信息流动的工具，典型例子，如行政处罚公示制度、预警信息发布；信息补强工具是指旨在弥补信息弱势方能力不足的工具，典型例子如经济法领域设立一些独立管制机构代替信息弱势方收集信息。[①] 上述"四分法"在提出以后，在学术界产生了一定的影响，例如，有学者全盘接受了这一分类方法，并将其应用于环境领域的信息规制工具的分析之中。[②]

不过，经深入分析之后可以发现，上述分类仍然存在一定的问题。首先，这一"四分法"更多是以民商法、经济法这两大部门法为参照领域进行总结提炼的，无法涵盖所有的信息工具，比如对基于信息的监管工具（如通报批评、失信联合惩戒等）缺乏关注。其次，收集工具与识别工具似没有区分的必要，二者在本质上都是对信息的处理，且行政机关是否适宜对信息作出评价，也存在商榷的空间。最后，补强工具不具有独立性地位，作者所称的补强工具，是指在经济法领域由一些特殊机构通过行政执法、代为起诉等方式寻求弥补私人信息收集能力不足缺陷的机制，它们实际上是信息工具的支持性制度，难谓具备独立的信息工具之地位。

---

① 参见邢会强：《信息不对称的法律规制——民商法与经济法的视角》，载《法制与社会发展》2013 年第 2 期。

② 参见王清军：《环境治理中的信息工具》，载《法治研究》2013 年第 12 期。

尽管如此,这一分类标准关注到了信息规制工具在运作上所呈现的从信息收集到处理的结构功能特征,这是极富有洞见的探索,因而在针对信息规制工具的类型整理方面,可以说包含着相当的“真理颗粒”。本书在下一部分中对类型的新探索,也大体上延循了这一基本思路,并在此基础之上作了一些修正。

三、信息规制工具的“三分法”之提倡

本书主张,对信息规制工具的分类,应当着眼于该工具的运作机理,实行归集型信息工具、公示型信息工具与监管型信息工具的“三分法”。本部分依次讨论这一新的分类的理据及其具体内容,并尝试对可能面临的质疑作出回应。

(一)分类的理据

1. 合乎事物的本质

有学者在分析大数据的运行特点时,提出应建立一种处理流程的观念,主张应当对大数据的获取、分析与应用这三个流程中涉及的行为展开独立的分析,避免对其作“铁板一块”式的混沌分析。“从法律的角度看,将大数据作为一个单一的概念来监管,忽视了大数据处理流程中存在单独的(法律)行为”。① 上述观点对于大数据处理的“近邻”——信息规制活动也极具启发意义。从信息规制工具运作的流程来看,其具体流程与大数据稍有不同,大体上可以划分为对信息的收集与处理(归集)、公布信息以及基于信息进行后续监管这三个环节。为了直观地显示信息规制工具的作用机理,可以用图3-1加以展示。其中的①②④阶段,分别对应于归集型信息工具、公示型信息工具以及监管型信息工具。其中,第④阶段实际上是②和③叠加以后产生的最终效果。

---

① [荷]玛农·奥斯特芬:《数据的边界:隐私与个人数据保护》,曹博译,上海人民出版社2020年版,第39页。

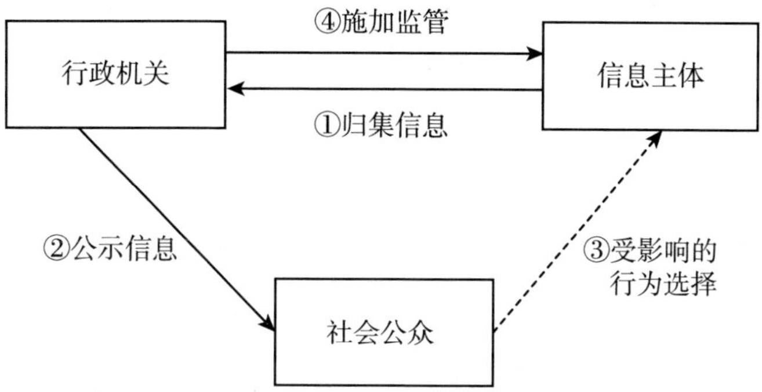

图 3-1　信息规制工具的运作机理

有关信息规制工具的三个阶段划分，可以以 2021 年 7 月 22 日国家市场监管总局发布的《市场监督管理严重违法失信名单管理办法》为例加以说明。在这部规章的第 2 条中，对市场监管领域实行的严重违法失信名单管理这一制度的含义作了界定，它具体是指"列入严重违法失信名单，通过国家企业信用信息公示系统公示，并实施相应管理措施"。从这一定义中可以清晰地看出，该信息规制工具的运行经历了信息归集、公示以及后续监管这三个环节。这一规章在具体制度设计方面，也是完全围绕这三个环节展开的。[①] 因此，对信息规制工具作出归集型信息工具、公示型信息工具与监管型信息工具的"三分法"，可以说契合了信息规制工具这一事物的本质属性。

此外，信息规制工具的"三分法"也较直观地体现出了该工具所针对的主要对象及制度设计的重点所在。归集型信息工具主要是针对行政机关而言的，强调在大数据时代下应当赋予行政机关归拢足够多信息的权能，以便充实其信息"弹药库"，满足应对复杂的社会治理任务之需要。而公示型信息工具突出了信息规制工具对于信息接收方的意义，强调通过该工具的运用满足社会公众"知"的权利，提升自身参与经济社会生活的

① 《市场监督管理严重违法失信名单管理办法》(2021 年)第 5 条至第 13 条对列入名单这一环节作出了规范，第 14 条对公示名单这一环节作出了规范，第 15 条对后续的监管措施作出了规定。

能力。监管型信息工具则凸显了信息规制工具对于信息主体所带来的不利影响，这也是以控制权力和保障权利为导向的行政法学应予重点关注的领域。认识到信息规制工具在各运行阶段的不同特点，能够建立起一种体系化的制度设计观，确保各阶段的制度设计各有偏重、不发生混同。比如，在信息规制工具实际运用的过程中，经常面临着一种批评，认为信息的过载是信息时代面临的突出问题，主张应当对信息规制工具的运用作出合理的限定。“大量的信息不会产生任何真相。信息被释放得越多，世界就越难以看清”。[①] 有学者用更为形象和戏剧化的语言评价道：“信息曾经像美景和美酒一样被瞻仰和珍藏。而现在，它更多的是被当作港湾上的一丛杂草。”进而断言，在信息时代，99%的信息是没有意义的或者难以真正被理解的，为此，找到人们需要的信息，并且将不必要的信息清除出去，成为我们这个时代面临的迫切课题。[②] 上述观点从笼统意义上讲并没有错，但应当看到的是，在信息规制工具的不同运行阶段，过载问题实际上会呈现出差异性。信息的过载主要是在信息的公示和监管环节所面临的突出问题，主要表现为社会公众甄别有效信息的难度加大，同时对信息主体造成了过度的权利损害；而在归集阶段，信息的丰富性和充盈不仅不成为问题，而且还是确保信息规制工具有效性的一个重要条件。有一些信息的价值，在行政机关归集之初未必就能立刻显现，但随着时间的推移，特别是伴随着大数据分析技术的运用，会不断释放出其独特的价值，进而可服务于行政机关决策或管理的需要。[③] 因

---

① [德]韩炳哲：《透明社会》，吴琼译，中信出版社2019年版，第70页。

② 参见[美]Richard Saul Wurman：《信息饥渴——信息选取、表达与透析》，李银胜等译，电子工业出版社2001年版，第11－12页。

③ 在此可以举笔者曾听到的来自实务部门分享的一个实例加以说明。某地行政审批局的停车场实行电子收费系统，每一辆来该行政审批局办理业务的机动车，都被记录了进场和离场的时间。本来，这些车辆进出停车的时间信息对于行政审批局而言殊少具有意义。但在当地评估行政审批制度改革的成效时，该局就通过调取停车收费系统中记载的机动车辆平均停车时长这一数据，并将其与改革前的停车时长进行对比，直观地看出了改革推行以后办事效率提升的显著效果。

此，在针对信息规制工具的制度设计中，应当秉持一种系统观念，推动各环节的协调配合：对个人信息的收集应采取宽容的规制立场，以便允许信息进行合理的流动；但对于个人信息的处理，尤其是信息披露，则应当采取严格的立场。[①]

2. 契合于行政过程论

传统行政法学往往关注的是行政行为的最终结果，偏重于对行政行为作静态意义上的理解，忽略了各行政行为形式之间的有机联系。为了应对现代公共行政中行政手段日益多样化的现实，日本行政法学界自20世纪60年代以后，逐步兴起了对行政过程论的研究热潮。[②] 行政过程论的核心理念在于，将行政过程中的各种行政行为形式全部纳入考察范围，对其作出全面、动态的考察。其实，行政过程论的观念并非是在日本法上独有的观念。在德国行政法学界，自20世纪70年代末期起，同样开启了对仅关注静态结果的传统行政行为理论的反思，比如针对复杂的行政决定，将其程序予以分级分层处理后，划分出多个独立的、分阶段的行政行为，由此诞生了行政程序的分节化与序列化的观念，在此观念之下，行政行为不再是单一的行为形式，而是由多个关联行政行为构成的"行为束"。[③] 可以说，德国法上的这一理论革新，与日本法上提出的行政过程论的观念呈现出异曲同工之效。

上述关注行政行为过程的新理论，为分析信息规制工具的运作特征提供了有益的新视角。例如，在关于信用监管制度的研究中，就不能囿于传统行政法学的静态视角，仅关注到行政机关最终作出的失信惩戒决定，进而讨论其是否可以被定性为行政处罚行为。相反，应从动态运作的角

① 参见丁晓东：《个人信息保护：原理与实践》，法律出版社2021年版，第83-84页。

② 参见湛中乐：《现代行政过程论——法治理念、原则与制度》，北京大学出版社2005年版，第12-15页；江利红：《行政过程论研究——行政法学理论的变革与重构》，中国政法大学出版社2012年版，第119-131页。

③ 参见赵宏：《行政行为作为行政法教义学核心的困境与革新——兼论我国行政行为学理的进化》，载《北大法律评论》（第15卷第2辑），北京大学出版社2015年版。参见赵宏：《法治国下的目的性创设——德国行政行为理论与制度实践研究》，法律出版社2012年版，第477-478页。

度，将此前行政机关进行信息归集、披露等前置环节一并纳入考察范围，关注其由复数行政行为和多阶段构成之现实。

我国不少学者在研究信息规制工具时，事实上已经开始自觉或不自觉地运用行政过程论的理论展开分析，但在具体观点的合理性方面，仍有不少改进的余地。

张步峰教授在分析道路交通安全领域所实行的联合惩戒制度的运作机理时，认为从行政过程论的角度看，该制度由四个运行环节构成，分别是收集共享信息、确定失信等级、实施联合制裁以及实施申诉救济，[①]但是，此处将申诉救济作为一个独立的环节并不恰当，毋宁将其看成是行为完成后的矫正机制，更为妥当。

范伟博士在分析行政上的“黑名单”制度时，主张从行政过程论的视角将这一制度划分为“黑名单”的拟列入行为、列入行为、公布行为和惩戒行为四个阶段，[②]但其中的拟列入“黑名单”行为实为未成熟的行政行为，因此，将其作为独立的行为阶段，是值得商榷的。

王瑞雪教授在分析政府规制中的信用工具时，虽然并未明确提出行政过程论的视角，但其主张应将该工具划分为四个阶段，分别是信用信息的记录归集、评价分类、共享公开以及后续的信用信息使用四个环节。[③]不过，其中的记录、评价以及共享，其实都可以合并归入到信息归集的范畴之中。

黄宇骁博士则主张，行政机关的信息处理行为依其运作过程来看可分为信息的收集（采集）、管理、利用（使用）和公开四种类型。尽管如此，作者也坦承，其中的信息管理行为与信息的公开、利用行为之间存在诸多交集。[④] 据此，这一类型的划分在逻辑周延性上来说仍不理想。

---

① 参见张步峰：《交通安全失信联合惩戒制度的行政法检视》，载《公安学研究》2022 年第 6 期。

② 参见范伟：《行政黑名单制度的法律属性及其控制——基于行政过程论视角的分析》，载《政治与法律》2018 年第 9 期。

③ 参见王瑞雪：《政府规制中的信用工具研究》，载《中国法学》2017 年第 4 期。

④ 参见黄宇骁：《行政机关信息管理行为的司法规制》，载《行政法学研究》2024 年第 3 期。

与前面众多学者的分析不同，王锡锌教授等人在对失信约束措施的法律属性展开分析之时，提出应当着眼于该措施的运行机理，从信息的输入端、处理端和应用端这三个环节分别进行定性。[①] 这实际上隐含地贯彻了行政过程论的思路。与之类似，张涛博士在分析公安机关的信息处理权时，也主张从信息的收集、处理和使用三个环节展开制度设计，并提出了“信息生命周期”的概念，[②]这实际上是行政过程论的另一种话语叙事。[③] 这两篇文献对信息规制工具所作的阶段划分，与本书对信息规制工具的“三分法”最为接近：信息的输入或者收集对应于归集型信息工具，信息的处理大致对应于公示型信息工具，信息的应用或使用大致对应于监管型信息工具。由此可见，在推进信息规制工具的类型认识方面，行政过程论或类似的理论提供了一个颇为有益的分析视角。

3. 呼应于公共信用信息立法趋势

信息规制工具的“三分法”，不仅是学理上的一种主张，而且在实践中也逐渐成为制度设计者的一种分类共识。在这方面，可以在近年来我国推进社会信用体系建设的有关文件或者立法之中得到直观的体现。比如，2014 年 6 月国务院发布的《社会信用体系建设规划纲要（2014—2020年）》（国发〔2014〕21 号），在规定“健全信用法律法规”的部分，专门提出了要求“建立信用信息分类管理的制度”，其中具体规定“依法推进信用信息在采集、共享、使用、公开等环节的分类管理”。同样地，2016 年 3 月公布的《国民经济和社会发展第十三个五年规划纲要》，在第 71 章“完善社会信用体系”中，专门设置了第 1 节“健全信用信息管理制度”，其中也提出了在采集、共享、使用、公开等环节实施分类管理这一要求。在上面

---

① 参见王锡锌、黄智杰：《论失信约束制度的法治约束》，载《中国法律评论》2021 年第 1 期。

② 参见张涛：《智慧警务背景下公安机关处理个人信息的规范建构》，载《公安学研究》2023 年第 1 期。

③ 与之类似，丁晓东教授在比较了欧陆与美国两种迥异的个人信息保护保护模式之后，主张中国应当走第三条道路，并将其称作“行为主义规制”模式，具体是指从个人信息的收集、存储、处理的各个环节展开差异化的制度设计与权利配置。参见丁晓东：《个人信息保护：原理与实践》，法律出版社 2021 年版，第 83 页。从所论述的内容来看，这在某种程度上也是行政过程论的另一种表述。

列举的四个环节中,信用信息的“采集”与“共享”其实可以合并作为信息的归集来加以认识,因为对于获得共享信息的行政机关来说,这其实也是一种信息获取的过程,故二者可以对应于本书所称的“归集型信息工具”;而使用与公开分别对应于监管型信息工具与公示型信息工具。可见,以上两份顶层规划文件对社会信用体系建设诸环节的分类,与信息规制工具的“三分法”的思路其实是高度吻合的。这一分类在一定程度上也对中央层面有关立法的制定工作产生了积极影响。①

除了中央层面的探索外,当前在地方层面也涌现了一大批旨在调整和规范公共信用信息管理活动的立法。这些地方立法无疑与行政法意义上的信息规制工具之间存在更为紧密的关联。② 因此,用地方层面的公共信用信息立法所调整的信息处理过程为例加以说明,说服力更强。笔者收集了“北大法宝”数据库中收录的现行有效的地方层面公共信用信息立法,③并对它们所调整的信用信息管理环节作了梳理(见表3-1)。

---

① 例如,2021年7月30日,国家市场监管总局同时发布了两个部门规章——《市场监督管理严重违法失信名单管理办法》以及《市场监督管理行政处罚信息公示规定》,旨在推动以信用信息为基础的市场监管长效体制的建立。从这两部规章规范的重点内容看,前者着重调整归集型信息工具,后者主要涉及公示型信息工具,体现出了将两种信息工具“分而治之”的立法构建思路,部分地贯彻了“三分法”的思维。

② 按照《社会信用体系建设规划纲要(2014—2020年)》(国发〔2014〕21号)的规定,社会信用体系包含了政务诚信、商务诚信、社会诚信和司法公信四个领域的布局,这些领域中涉及的信息,并非全部与行政法意义上的信息规制活动有关,尤其是其中的司法公信领域的信息,与行政法意义上的信息规制活动关联较弱。

③ 具体检索方式是,在“北大法宝”数据库上,以“公共信用”为标题关键词进行搜索,在其中的“地方法规”模块中,读取所显示的地方性法规与地方政府规章的检索数据,二者初步检索结果分别为9件和13件。但是,在上述两个初步数据中,包含了已经失效的立法信息。其中,失效又细分为两种情形:一是立法在制定后进行了修改,以新法取代旧法,例如《上海市公共信用信息归集和使用管理办法》在2018年修订之后取代了2016年所制定的同名旧法;二是立法在制定后被其他新命名的立法或上位法所取代,例如2019年制定的《辽宁省公共信用信息管理条例》因2021年《辽宁省社会信用条例》的出台而被废止。考虑到这一领域的立法迭代更新较快,用现行有效的立法加以说明更具有说服力。因此,笔者将已失效的立法排斥在统计范围之外,仅梳理现行有效的立法,分别收集到5部地方性法规与8部地方政府规章。最后检索与统计日期为2023年7月13日。

表 3-1 地方公共信用信息立法中规定的信息规制环节

法规范位阶	立法名称	制定或修订年份	调整的信息规制环节
地方性法规	陕西省公共信用信息条例	2011 年制定	公共信用信息的征集、披露和使用
	泰州市公共信用信息条例	2016 年制定	公共信用信息的归集、披露、应用和监督管理活动
	浙江省公共信用信息管理条例	2017 年制定	公共信用信息的归集、披露、使用及其管理活动
	内蒙古自治区公共信用信息管理条例	2021 年制定	公共信用信息归集、披露、应用及其管理和服务活动
	青海省公共信用信息条例	2021 年制定	公共信用信息的归集、开放、使用及其管理活动
地方政府规章	福建省公共信用信息管理暂行办法	2015 年制定	公共信用信息的征集、披露、使用及其监督管理活动
	杭州市公共信用信息管理办法	2016 年制定	公共信用信息的归集、应用和相关管理活动
	深圳市公共信用信息管理办法	2017 年制定	公共信用信息的归集、披露、使用和监督管理
	福州市公共信用信息管理暂行办法	2017 年制定	公共信用信息的征集、披露、使用及其监督管理活动
	上海市公共信用信息归集和使用管理办法	2018 年修订	公共信用信息的归集、使用和相关管理活动
	北京市公共信用信息管理办法	2018 年制定	公共信用信息的归集、公布和使用及其相关管理和服务等活动
	汕头经济特区公共信用信息管理办法	2018 年制定	公共信用信息的归集、披露、使用和管理活动
	广州市公共信用信息管理规定	2024 年修订	公共信用信息的归集、披露、使用、修复及其管理活动

不难发现,将公共信用信息的管理过程划分为归集、披露和使用三个环节,构成了绝大多数地方立法的交叠共识。有不少地方立法虽然在这三个环节以外,还涉及修复、监督等延伸性的管理活动,但正如前述分析已经指出的,这些环节仅是制度运行末端的矫正性环节,与本体意义上的运行环节之间存在差异,不宜将其放入。有个别立法尽管从字面上看没有完整涵盖三个运行环节,但其实仍然贯彻了"三分法"的思路。例如,《上海市公共信用信息归集和使用管理办法》(2018 年修订)无论从立法名称还是从该法第 2 条所列举的调整范围看,均只规定公共信用信息的归集与使用,似乎遗漏了披露环节,但仔细阅读仍可以发现,这部分立法还是涉及信息公开的内容,具体表现为在该办法第二章"信息归集"中专设了一条(第 16 条),规定了公共信用信息的公开事项,此外还专设一章(第三章"信息查询"),对公共信息的查询制度作了详细的规定。从这一意义上来看,上海的这一立法的名称及其对调整范围的规定,多少带有名不副实的问题,在未来的制度完善中,有必要予以调整优化。①

综上来看,无论是在中央顶层设计文件中,还是在当前地方层面出台的公共信用立法中,归集、披露和使用这三个环节的划分成为了基本共识,堪称这些文件或立法的"最大公约数"。本书将信息规制工具划分为归集型信息工具、公示型信息工具以及监管型信息工具,也主要是从实践部门的上述有益探索中获得启发,并以此为基础作了一些修正。

(二)"三分法"的具体内容之展开

"三分法"的提法,多少带有抽象、简化的意味。相比于所使用的名称

---

① 在这方面,江苏省和北京市的有关规范变迁,可以提供这方面的经验参鉴。2004 年,江苏省人民政府办公厅发布了《江苏省公共信用信息归集和使用暂行办法》(苏政办发〔2004〕114 号),从这一规范性文件的名称中可以看出,它同样只涉及信息的归集和使用两个环节,但在该文件的第 2 条所规定的调整范围中,明确规定其调整信息的归集、公布、使用等活动,这同样有立法名称无法涵盖调整内容的问题。为此,在 2018 年江苏省人民政府重新制定该文件时,将文件名称调整为《江苏省公共信用信息管理办法(试行)》(苏政发〔2018〕23 号,在 2023 年被废止),由此解决了名不副实的问题。另一个立法实例是,现行有效的《北京市公共信用信息管理办法》(2018 年),其前身实际上是 2002 年北京市人民政府出台的《北京市行政机关归集和公布企业信用信息管理办法》,从这两部新旧规章的名称对比中也可以看出,将其名称调整为公共信用信息管理办法,是更为周延和准确的说法。

或者术语，更为重要的是界定归集型信息工具、公示型信息工具和监管型信息工具各自指涉的内容。

1. 归集型信息工具的界定

从上文的表3－1中可以看出，对于信息规制工具的第一个处理环节，目前的地方立法中普遍使用了“归集”这一术语加以指称，这与早期地方立法（如2011年制定的《陕西省公共信用信息条例》、2015年制定的《福建省公共信用信息管理暂行办法》）中曾使用的“征集”概念，以及2014年、2016年中央层面两份规划文件中使用的“采集”概念，呈现出了分野。实际上，在近期中央层面发布的一些推进社会信用体系建设的文件中，也逐渐开始使用“归集”这一概念。[①] 不过遗憾的是，对于什么是信息的归集，上述中央文件或者地方立法都缺乏明确的界定。从它们实际表达的内容来看，语义也存在差异。

值得注意的是，在一些地方行政机关发布的行政规范性文件中，对信息归集行为的含义给出了明确的定义。这些定义尽管不无商榷的空间，但为我们讨论信息归集活动的含义提供了有益的素材。《北京市食品药品安全监管信用体系建设管理办法（试行）》（2014年）第40条将信息归集界定为信息的“即时收集、录入、定期反馈、及时维护、按周期更新以及适时公布等活动”。《烟台市物业服务企业信用信息管理办法》（2022年）第6条将信息归集界定为收集、记录、分类和储存这四个子环节。《辽宁省医疗保障基金监管信用管理暂行办法》（2023年）则界定为采集、整理、储存、处理等子环节。综合以上三个规范性文件中的定义，并结合学术界一些学者的阐释，[②]将信息的收集、记录、整理、储存、维护更新纳入到信息归集这一范畴之中，应该是各方都能接受的共识所在。

---

① 例如2020年国务院办公厅发布的《关于进一步完善失信约束制度构建诚信建设长效机制的指导意见》（国办发〔2020〕49号）提出：“进一步规范和健全失信行为认定、记录、归集、共享、公开、惩戒和信用修复等机制。”2022年中共中央办公厅、国务院办公厅印发的《关于推进社会信用体系建设高质量发展促进形成新发展格局的意见》提出：“准确界定信用信息记录、归集、共享、公开范围和失信惩戒措施适用范围。”

② 例如有学者将信息的归集界定为信息的提供、更新维护、信息的对接等内容。参见叶湘榕：《公共信用信息归集和使用的地方规则比较研究》，载《征信》2014年第11期。

除此之外,本书还主张将信息的“共享”一并划入到信息归集这一环节之中。在这一点上,目前无论是在学界还是在实务界,都不乏有明确的反对之声。就学术界而言,有学者就明确主张信息的归集与信息的共享之间存在差异,认为前者是信息的单向聚合,而后者是信息的多向流动。[①]就实践而言,不少中央和地方的规范性文件将信息的归集活动与共享活动在逻辑上并列放置,[②]亦展现出二者有别、不可混同的立场。其实,信息的共享具有类似于古罗马神话中的雅努斯(Janus)神那样的“双面孔”特征,它对不同的主体具有不同的意蕴:对于位居信息发出者角色的行政机关来说,信息的共享属于信息的公开或披露活动;而对于扮演着信息接收者角色的行政机关来说,信息的共享活动无异于信息的获取,或者说是信息的间接收集活动。[③] 如果关注到后一面向,那么将其纳入信息归集的范畴之中,仍然是合适的。

综上所述,本书将归集型信息工具界定为行政机关在规制活动中对信息的收集、记录、整理、储存、共享、维护更新等活动。

2. 公示型信息工具的界定

公示型信息工具对应于中央层面发布的社会信用体系建设文件以及地方层面的公共信用信息立法中所提及的信息披露或公开环节。这里之所以使用“公示”这一术语,取“示众”之意,意在突出其服务于社会公众决策和行动参考这一面向的内容。在以往的研究中,也有学者采用了“公示”这一术语。[④]

---

① 参见郑晓军:《反思公共数据归集》,载《华东政法大学学报》2023 年第 2 期。特别需要指出的是,从这篇文章的论述中可以看出,该学者对于归集的界定是在极为狭窄的意义上使用的,专指行政机关及其他公共组织将数据统一汇总到数据主管部门或其设立的数据库。而本书所讨论的信息归集,并不仅限于信息向数据库或专门的数据监管部门汇集,因而外延要大于这篇文章所讨论的范围。

② 例如,2022 年中共中央办公厅、国务院办公厅印发的《关于推进社会信用体系建设高质量发展促进形成新发展格局的意见》,2021 年修订的《安全生产法》第 78 条以及 2018 年制定的《江苏省公共信用信息管理办法(试行)》(现已废止),均采取了将信息的归集与共享相并列的提法。

③ 有学者也持此观点。参见张新宝、葛鑫:《个人信息保护法(专家建议稿)及立法理由书》,中国人民大学出版社 2021 年版,第 212 页。

④ 参见黄锫:《行政执法中声誉制裁的法律性质与规范形态》,载《学术月刊》2022 年第 5 期。在这篇论文中,作者将行政执法中的声誉制裁划分为确认型、公示型和处罚型三种类型。

在外延上，公示型信息工具具体包括向社会公开以及供公众查询这两种信息发布方式。这与地方公共信用信息立法中所规定的信息披露方式大致相同，[①]唯一的区别是，这些地方立法还将信息共享列为信息的披露方式之一，而如前所述，信息的共享已被纳入归集型信息工具之中，因此不再作为公示型信息工具的信息发布方式。

综上，可以将公示型信息工具界定为：行政机关将所归集的信息向社会公开或者供公众查询，以服务于社会公众参与社会经济活动需要的一种工具。

3. 监管型信息工具的界定

所谓监管型信息工具，是指行政机关通过信息的发布手段对信息主体直接产生处罚、强制等监管效果的一种规制活动。要把握这一类工具的内涵，需要重点辨析如下两对关系的范畴：

第一，厘清监管型信息工具与失信惩戒措施之间的关系。我国在近十余年间开启了大规模的社会信用体系建设，在此过程中，失信惩戒措施广为使用，法学界也对此给予高度关注，可谓“倾注了洪水般的墨水”，[②]然而它与信息规制工具之间的关系经常被混淆，亟须作进一步的厘清。失信惩戒措施也被称为信用监管措施，[③]是指针对被认定为失信的人员，有关机关在后续对其所采取的不利监管措施。在国家发改委和中国人民银行印发的《全国失信惩戒措施基础清单（2022 年版）》（发改财金规〔2022〕1917 号）中，共列举了 14 类失信惩戒措施，其中可以由行政机关

① 如《浙江省公共信用信息管理条例》（2017 年）第 15 条规定了公开、查询和政务共享这三种信息披露方式。

② 此处借用了王泽鉴教授的话。王泽鉴教授最初使用这句话的语境是，评论德国法侵权法上在违法性判断问题上有关行为不法与结果不法的争论。参见王泽鉴：《侵权行为》（第 3 版），北京大学出版社 2016 年版，第 273 页。

③ 沈岿教授坦言，在信用惩戒实践中采取的诸项措施，并非全部契合于“惩戒”的语义，因此，将信用惩戒称作信用监管措施，是更为恰当的术语。但考虑到前者的说法已经约定俗成、广为接受，最终仍然沿用了信用惩戒的说法。参见沈岿：《社会信用惩戒的禁止不当联结》，载《暨南学报（哲学社会科学版）》2021 年第 11 期。另外，值得注意的是，有一些地方立法中也曾出现过将信用惩戒措施与信用监管措施交替使用的做法。例如《宿迁市社会信用条例》（2019 年）第 30 条规定：“对信用状况被评价为失信的社会信用主体，国家机关、法律法规授权具有管理公共事务职能的组织可以在法定权限范围内，采取下列惩戒或者监管措施……”不过，在《宿迁市社会信用条例》（2021 年修订）中，又回归到“失信惩戒措施”这一表述。

来实施的惩戒措施，包括限制市场或行业准入、限制任职、限制消费、限制出境、限制升学复学、限制申请财政性资金项目、限制参加评先评优、限制享受优惠政策和便利措施、纳入重点监管范围等措施。这份文件同时还允许地方层面通过制定地方性法规的方式补充规定惩戒措施，例如，《江苏省社会信用条例》（2021 年）第 46 条就补充了撤销相关荣誉、在公共资源交易中减分等惩戒措施。其实，在实践中，失信惩戒措施还远不止上述这些种类，依据全国人大常委会法工委的摸排和梳理，失信惩戒措施的种类高达百余种。[①] 需要注意的是，失信惩戒措施尽管与本书所述的监管型信息工具都共用了“监管”一词，但实际上二者的作用机理是有区别的：监管型信息工具是指利用信息的发布直接起到行政处罚、行政强制等监管效果，而失信惩戒措施是指以信息为基础实施后续的监管。在监管型信息工具中，真正的监管效果出自信息的发布本身。典型例子，如通报批评，通报本身直接产生了声誉惩戒的效果；而在失信惩戒措施中，真正起到监管功效的是最终附加的具体惩戒措施，而信息只是起到了基础性的判断媒介作用。[②] 例如，对失信人员采取行业禁入，在这一实例中，对失信人员产生直接监管效果的是禁入措施本身，而非前端的失信人员认定或公开行为。因此，不能将作为信息规制工具的监管型信息工具与失信惩戒措施发生混同，后者只要不是直接利用信息发生监管作用的，[③]就不能

---

① 张晓莹：《行政处罚的理论发展与实践进步——〈行政处罚法〉修改要点评析》，载《经贸法律评论》2021 年第 3 期。

② 黄锫教授将信息扮演的此种角色形象地称作“链接”作用。参见黄锫：《行政执法中声誉制裁的法律性质与规范形态》，载《学术月刊》2022 年第 5 期。

③ 实际上，绝大部分失信惩戒措施情形并非构成信息规制工具。对此可以举两个实例加以印证。其一，2022 年 11 月，国家发改委、中国人民银行牵头起草完成了《中华人民共和国社会信用体系建设法（向社会公开征求意见稿）》，在该征求意见稿第 90 条第 2 款之中，明确规定了行政机关可以实施的 8 类失信惩戒措施，其中仅有第 1 项“集中公示不良信息”可以视作是监管型信息工具，其余 7 种失信惩戒措施仍然是传统意义上的行政管理措施。其二，2011 年 12 月，国家食品药品监督管理局发布《餐饮服务单位食品安全监管信用信息管理办法》（国食药监食〔2011〕493 号），该文件第 11 条规定，对于被纳入餐饮服务食品安全不良信用记录名单的企业，监管部门可以采取 3 种重点监管措施，分别是增加监督检查频次、量化分级等级降级、向社会曝光。其中，仅有“向社会曝光”存在被解释为属于监管型信息工具的可能性，且其前提是此类曝光的目的是对案涉企业实施惩戒。如果该曝光是以向消费者提供有用信息为目的的，仍然不构成监管型信息工具，而是公示型信息工具。

被划入“监管型信息工具”的范畴之中。

第二，厘清监管型信息工具与公示型信息工具之间的关系。监管型信息工具借助信息发布实施监管的特点，决定了它在客观上容易与公示型信息工具发生混同。二者的区分点在于：(1)面向的主体不同：监管型信息工具主要是针对信息主体即被公布的行政相对人一方而言的，而公示型信息工具主要是面向接收信息的社会公众实施的。(2)作用机理不同：监管型信息工具保留了传统公权力运作“执法如山”的强制性特征，即监管效果直接来自行政机关的公权力运作，其中使用的“管”字彰显了传统行政权作用的特征；而公示型信息工具即便在客观上发生了对被公布方的不利效果，这种效果也主要来自社会评价（即社会性制裁而非行政制裁），行政机关仅发挥提供信息、放任信息传播的作用，扮演的是“执法如水”的柔性角色，其中使用的“示”字突出了它借力于社会公众而非运用自身权力的特征。(3)制度设计的具体要求也相应地有所不同，比如，监管型信息工具要求信息主体实名，控权力度从严，而公示型信息工具不强制要求信息主体实名，控权力度亦可放缓。

（三）可能面临的质疑及回应

对信息规制工具所作的“三分法”甫一提出，便会面临来自如下两个方面的质疑意见，需要作出回应。

1. “三分法”能否穷尽对行政实践中的各种信息规制工具的分类？

需要坦承的是，“三分法”更多是基于理想类型的一种整理，它在“抓拍”信息规制的真实实践图景并转化成为影像之时，难免会存在失真的问题，因而可以说，以此分类作为对实践的检视，在一定程度上会存在削足适履的问题。但尽管如此，归集型信息工具、公示型信息工具与监管型信息工具的分类，还是覆盖了信息规制实践的绝大部分应用场景。只要我们没有苛求“一网打尽”式的分类观念，那么以此“三分法”作为探寻制度分类优化方案的基石，仍然是较为妥当的。

2. “三分法”是否真实地反映了信息规制工具的运作样貌？

在分析失信惩戒这一制度的运作特征时，有不少学者认为，不对外披露也不进行共享，而是单纯为行政机关内部掌握的失信记录在实践中是极为罕见的，[①]甚至有学者断言，此类止步于归集环节的信息工具在行政实践中是根本不存在的，在列入“黑名单”以后，必然会延伸至后续的公布环节。[②] 应该说，上述观察在失信惩戒实践的语境下是妥当的。但问题在于，行政上的信息规制活动的“疆域”要远宽泛于失信惩戒，实践中有些信息规制工具事实上是止步于信息归集环节的，例如行政备案、交通违法记分等，都构成了这方面的例证。

可能还有人会提出，是否真正存在仅“公示”的信息工具，而不涉及信息的归集或监管？这其实是对“三分法”的误解。本书所作的类型划分，并非是说公示型信息工具只有信息的公示环节、监管型信息工具仅有信息的监管环节。实际上，就事物的本质而言，归集型信息工具、公示型信息工具与监管型信息工具呈现出一种可称为“制度折叠”的运行样貌，即：在公示型信息工具中蕴含着信息的“归集＋公示”的折叠结构，最终展示给人的是借助信息的公示为社会公众提供有用信息；同样，在监管型信息工具中也包含着信息的“归集＋公示＋监管”的折叠结构，但最终对外呈现的则是借助信息公示对信息主体的监管。用更为形象的话来归纳，三者呈现出类似于俄罗斯套娃一样的运作样貌：无论是公示型信息工具还是监管型信息工具，它们内部均嵌套着归集型信息工具。将同时包含归集与公示环节的信息工具按其规制目的不同，分别称为公示型信息工具和监管型信息工具，尽管其名称的表述或许容易引人误解，但按照行政行为的吸收原理，[③]上述称谓及分类在学理层面依然是能够成立的。

四、“三分法”与行政法学总论体系的融合

信息规制实践的兴起及展开，无疑站立在了公共行政改革的潮头，并

---

① 参见沈岿：《论失信惩戒的行政诉讼可诉性》，载《中国应用法学》2023 年第 2 期。

② 参见王锡锌、黄智杰：《论失信约束制度的法治约束》，载《中国法律评论》2021 年第 1 期。

③ 所谓行政行为的吸收关系，是指在前后相继的行政行为中，前一行政行为因后一行政行为的出现而被覆盖，从而失去其独立性的一种法律状态。对此原理更为详细的阐释，参见胡建淼：《行政法学》（第 5 版），法律出版社 2023 年版，第 212－214 页。

在一定程度上对在过去百余年的时间长河中形成的具有稳定框架、日益封闭化的行政法学总论体系产生了冲击,有助于推动后者的反思与革新。[①] 早在1997年,经济合作与发展组织(OECD)在其发布的《监管改革报告》中就指出,政府的运作有着一个天然的倾向,即在规制措施出台以后,缺乏对措施本身的持续追踪和评估。很多被载入到教科书中的规制措施,大都源自于20世纪初,随着时间的推移,经济和社会条件发生了很大的变化,这些原初有效的规制措施,可能已经变得无效甚至有害,亟须对其展开审查、更新,并废除其中有害的或不必要的规制措施,以便找到针对变迁后的环境加以迅速应对的措施。[②] 在信息时代的背景下,以信息规制为代表的新型工具在行政实践中被广泛运用,这已经不再仅仅是技术层面的手段转化问题,其价值也并非只是提升行政效率,相反,它有助于进一步推动行政法治模式的转型,因而迫切需要新时代的行政法学将其纳入研究范围之列。[③] 但在"实践—理论"的双向互动框架之下,同样值得注意的是,除了要关注信息规制工具对行政法学总论体系的影响之外,亦应关注既有理论体系对信息规制实践的权力驯服价值,以此为基点推动信息规制工具的制度优化与调适。正如朱芒教授所提醒的:"当讨论'面向行政的行政法'等命题之时,如何避免行政(规制)法制建设脱离法治国家基本目的的走向,是中国行政法学研究者必须面对的课题。"[④]

其实,信息规制工具作为隶属于新行政法学"阵营"中的新生事物,如何将规制理论与传统行政法学特别是行政行为形式论相共处与协调,一

① 这合乎有学者所提出的开放性、回应型行政行为体系的观念。该学者主张,行政行为的体系应当向实践性知识开放,向法学以外的学科开放,进而应将信息技术等科学知识纳入到行政执法实践中,促进行政行为体系自身的"新陈代谢"。参见宋功德:《聚焦行政处理——行政法上"熟悉的陌生人"》,北京大学出版社2007年版,第230页。这一段论述在讨论信息规制实践推动行政行为体系发展的语境下极为贴切。

② 参见经济合作与发展组织编:《OECD国家的监管政策:从干预主义到监管治理》,陈伟译,法律出版社2006年版,第6页。

③ 参见姜明安:《新时代中国行政法学的转型与使命》,载《财经法学》2019年第1期。

④ 朱芒:《中国行政法学的体系化困境及其突破方向》,载《清华法学》2015年第1期。

直是新行政法学发展过程中的焦点性议题。从国外有关新行政法的讨论文献来看，主流观点认为，二者并非截然对立、水火不容的事物，运用传统的行政行为形式论或者释义学的方法，[①]在增进对事物本质的认识、减轻思维负担、加强法治化调控方面仍然能够发挥出积极作用。例如，德国新行政法学领域的代表性学者施密特·阿斯曼（Eberhard Schmidt-Aβmann）教授认为，作为新行政法学核心的规制理论，并不是要完全取代传统行政法释义学的地位，毋宁是拓展其关注视野，从原先囿于与行政行为相关的视野，扩展到整个行政过程之中。[②] 日本学者大桥洋一教授也持类似的看法，他首先比较了传统行政法学（他称为“行为形式理论”）与新行政法学（他称为“手法论”）之间的区别，认为前者关注对每个行政行为的规范依据、行政程序、法律效果、司法审查的分析，侧重于解释论层面的阐释，而后者致力于在实务中寻求解决问题的具体手法，是以政策论、立法论为目标的应用型理论。但与此同时，大桥洋一教授也明确指出，手法论与行为形式理论之间绝非具有排斥关系。[③] 上述见解也得到了我国学者的应和。比如，陈越峰教授就认为，传统的行政行为形式论在我国方才起步，当前仍远未达到“弃之如敝履”的条件。[④] 刘刚博士则更为乐观，他展望道，传统行政法学的概念、原则与制度在经过扩张性解释

---

① 严格地讲，行政行为形式论与行政法释义学之间并非并列关系，而是部分与整体的关系。但行政行为形式论作为行政法释义学中历史最为悠久的部分，它构成了行政法释义学中的核心组成部分，也是体现行政法释义学思考特征的典范要素。参见李洪雷：《行政法释义学：行政法学理的更新》，中国人民大学出版社 2014 年版，第 12 页。

② 参见林明锵：《德国新行政法》，台北，五南出版股份有限公司 2019 年版，第 59 – 60 页。在另一本个人独著的书中，施密特·阿斯曼教授更为全面地阐释了新行政法学体系的图景，一言以蔽之就是“传统加上新制”：传统释义学包括概念法学的思考并不被放弃，但已经丧失了在行政法体系中支配一切的地位，在融入管制分析后，部分原有的行政法释义学体系也需要重新加以调校。参见［德］施密特·阿斯曼：《秩序理念下的行政法体系建构》，林明锵等译，北京大学出版社 2012 年版，第 21 页。

③ 参见［日］大桥洋一：《行政法学的结构性变革》，吕艳滨译，中国人民大学出版社 2009 年版，第 48 页。

④ 参见陈越峰等：《行政法教义学：体系与方法》，北京大学出版社 2022 年版，第 35 页。有学者在分析失信惩戒制度的法治化调控时，也专门指出了传统的行政行为形式论在规范权力和保障权利方面的重要价值。参见谭冰霖：《处罚法定视野下失信惩戒的规范进路》，载《法学》2022 年第 1 期。

之后，具有容纳和整合新生事物的可能性，新行政法学的讨论终究只是一个具有过渡性的阶段，最终仍然需要返回至传统行政法学的分析轨道上来。①

一旦在传统的行政行为形式论仍具有“剩余价值”这一点上达成共识，那么问题也紧接而至：它如何与新兴的信息规制工具融合共生？对此，有单列设置与拆分融入这两种处理思路。前者是指将信息规制工具作为一个整体，列为单独的一类的行政行为，使之与其他的行政行为相并列；后者是将信息规制工具拆分并融入到已有的类型化行政行为框之中。本书主张的信息规制工具“三分法”，贯彻了后面一种处理思路，并能克服整体式纳入思路所存在的诸多缺陷。

（一）信息规制工具融入行政行为体系的方式：拆分式而非整体单列

要将实践中纷繁复杂的信息规制工具纳入既有的行政法学体系之中，这并非易事。有关这一点，首先可以从政府信息公开活动融入我国行政法学体系的过程及其产生的争议中，获得一些经验启示。众所周知，在诸种行政行为活动形式中，与信息规制工具最具有亲缘关系的，当属政府信息公开活动。我国在2007年颁布《政府信息公开条例》之后，如何将这一新兴的行政活动放入已有的行政法学体系之中，成为了一项迫切需要解决的任务。从已有的行政法教科书的处理来看，有的仍然延循旧例，将其作为行政程序中的一项具体制度加以介绍。② 有的则已经将其纳入行

---

① 参见刘刚：《德国的新行政法学》，载《清华法律评论》编委会编：《清华法律评论》第7卷第2辑，清华大学出版社2014年版，第36－37页。

② 参见姜明安主编：《行政法与行政诉讼法》（第6版），北京大学出版社、高等教育出版社2015年版，第345－348页。这一教科书的初版也是将信息获取制度纳入到“行政程序”一章中，作为行政程序的基本制度加以介绍，可见二者在体例上并无变化（对比姜明安主编：《行政法与行政诉讼法》，北京大学出版社、高等教育出版社1999年版，第277页）。将政府信息公开制度作为行政程序制度加以阐述的教科书或专著，参见应松年主编：《当代中国行政法》（第6卷），人民出版社2018年版，第2503－2605页；《行政法学与行政诉讼法学》编写组：《行政法学与行政诉讼法学》（第2版），高等教育出版社2018年版，第252－257页；马怀德主编：《行政法学》，中国政法大学出版社2009年版，第150－152页。

政行为体系中加以阐释。① 还有的教科书同时融合了上述两种处理方式，一方面将政府信息公开行为作为行政行为论中的独立一章进行叙述，另一方面在这一章的开篇仍然不忘提醒读者，对信息公开制度应“将其放在整个行政程序法治的大背景中加以思考”。② 此外，还有学者考虑到政府信息公开制度在整个行政法学体系中定位不明的状况，干脆放弃将其编写入教科书。③

上述将政府信息公开活动纳入行政法学体系之中的尝试，尽管处理方式各有差异，但都主要是从公民监督政府这一传统的知情权面向来把握政府信息公开这一制度的。而一旦切换到政府规制的功能视域中，以上教科书中的体系处理方式就显得捉襟见肘了。也正因为此，在不少国内外的教科书中，开始出现了在政府信息公开制度以外专门论及信息规制工具的做法。例如，在一本主流的美国行政法教科书中，对于负面信息披露行为放置在“非正式行政程序”（第五章）中加以介绍，并与该书第四章“信息的公开和获取”（即信息公开法制）相区别开来。作者在介绍负面披露的功能时，将提醒消费者风险或危害事项作为其首要功能，此外还指出，该披露行为具有对被公布方施加制裁以及促成合规的功能。④ 我国也有学者采取类似的处理方式。比如，在姜明安教授独著的教科书中，一方面在“行政程序”编中设置专章讨论政务公开制度（第 22 章），另外还在“行政行为”编中专门设置了独具特色的一章“行政监管”（第 17 章），该章与行政立法、行政执法、行政司法、行政处理等传统行政活动的章节

① 参见章剑生：《现代行政法总论》（第 2 版），法律出版社 2019 年版，第 211－212 页（在“行政事实行为”中阐释）；胡建淼：《行政法学》（第 5 版），法律出版社 2023 年版，第 685－695 页（在“中性行政行为”中阐释）。

② 杨登峰：《行政法总论：原理、制度与实案》，北京大学出版社 2019 年版，第 218 页。

③ 参见余凌云：《行政法入门》，中国人民大学出版社 2022 年版。在这本书的“前言”部分，余凌云教授专门说明了为何舍弃介绍政府信息公开制度的缘由，其主要考虑是“政府信息公开行为无法类型化，在行政法体系上相对独立。”余凌云：《行政法入门》，中国人民大学出版社 2022 年版，“前言”第 2 页。

④ 参见［美］罗纳德·M. 莱文、杰弗瑞·S. 拉博斯：《行政程序法精要》，苏苗罕译，中国法制出版社 2022 年版，第 113－114 页。

相并列,[①]体现出试图调和传统的行政法学与新兴的政府规制之间张力的一种可贵学术探索。其中,该书在阐述行政监管手段时,就提及了公布行政义务违反者名单、信息披露等信息规制工具。[②]

以上教科书中对信息规制工具的处理,其实都是将信息规制工具视作一个整体纳入到行政法学体系之中的。当学者们所关注的信息规制工具的种类较为单一、有限之时,上述处理是妥当的,不易发生争议。[③] 问题在于,信息规制工具本身是一个颇为驳杂的体系,它的实践图景要远广于上述学者所论及的负面信息披露、公共警告等情形,其中不乏诸如行政处罚、行政强制等已经得到类型化的行政行为。如果将其单列为独立的一类行政行为,不仅容易造成这一类型的臃肿肥大,而且在逻辑上会与其他类型化的行政行为发生交叉。因此,将其单列处理的妥当性是值得商榷的。关于这一点,可以用当前信息规制工具领域最为活跃、也是最能体现出信息工具复杂性的失信惩戒措施为例加以说明。尽管在学术界不乏有个别观点认为应将失信惩戒作为行政行为体系中的一种独立行政行为来看待,[④]但主流观点还是对此持否定态度。否定的理由除了考虑到失信惩戒措施本身所包含的措施具有复杂性、单列处理不可避免会与已有的类型化行政行为发生交叉以外,还考虑到在配套性的专门立法于短期内无法出台的背景下,这种单列的方式存在绕过既有的控权制度,进而导致权力运行失控的巨大风险。张翔教授在评析近年来失信惩戒制度在实践中“野蛮扩张”这一现象时,就不无担心地指出,目前的失信惩戒制度已经演

---

① 参见姜明安:《行政法》,北京大学出版社 2017 年版,第 397 - 411 页。

② 参见姜明安:《行政法》,北京大学出版社 2017 年版,第 406 页。

③ 比如,在德国行政法学教科书中设置了专门的章节,对公共警告活动这一类行政行为作出论述。参见[德]哈特穆特·毛雷尔:《行政法学总论》,高家伟译,法律出版社 2000 年版,第 393 - 397 页。这种将单一的信息规制工具融入到行政行为体系,并不容易引发争议。

④ 参见刘文凯:《信用行政惩戒不宜定性为行政处罚》,载《政法论坛》2023 年第 3 期。该文作者主张对失信惩戒视作为一个有机整体进行整体定性。有学者采取了更为激进的分类方式,认为信用责任是在传统的民事责任、行政责任和刑事责任以外的第四种独立的责任形式,这尽管并非是专门针对失信惩戒行为而言的,但同样体现出了在传统的法律制度以外“另起炉灶”的思路。参见刘俊海:《信用责任:正在生长中的第四大法律责任》,载《法学论坛》2019 年第 6 期。

变为一种具有高度统摄力、集成性的新型行政制裁类型,这穿透了既往单行的行政行为立法对行政处罚、行政许可、行政强制等行政行为所树立起的制度框架与功能区隔,对于基本权利的保障构成了重大威胁。[①]

其实,从类型化行政行为发展成熟的一般规律来看,一种新型的行政活动要被公认为一种独立的行政行为类型,一般需要经历三个阶段,分别是:(1)同类行政活动在实践中反复出现,为人们积累了足够的认识素材;(2)运用法学方法对行政活动进行归类、概括等逻辑化处理;(3)通过立法和判例将该行政活动固化、确认。[②] 目前,信息规制工具总体上仍然处于上述第一个发展阶段,因而将其单列为独立的一类行政行为的时机并不成熟。[③] 在此背景下,开展上述第二个阶段的工作,即运用行政法释义学的方法对其作出分类并分别进行定性,是当前更为迫切需要开展的工作。质言之,以拆分式而非整体单列的方式将信息规制工具融入到行政行为体系之中,是当前更为妥当的选择。

(二)"三分法"贯彻拆分式融入思路

本章所提出的归集工具、公示工具与监管工具的"三分法",其实正是贯彻了将信息规制工具拆分融入行政行为体系的建构思路。在作出上述分类以后,三类信息规制工具可以被相应地放入到行政确认、政府信息公开、行政处罚、行政强制等类型化的行政行为框之中,[④]使得信息规制工具在经过分阶段拆解之后,分别被纳入到相应的法律制度"笼子"中运行,[⑤]促进信息规制权力运行的理性化,切实地维护行政相对人的权利。

---

① 参见朱宁宁:《何为"失信"尚无明确法律界定,应尽快出台国家层面失信惩戒法律规范》,载《法制日报》2019 年 6 月 18 日,第 5 版。

② 参见叶必丰:《行政行为原理》,商务印书馆 2014 年版,第 61 – 63 页。

③ 可以印证该判断的一个制度层面的例证是,最高人民法院 2020 年发布了《关于行政案件案由的暂行规定》(法发〔2020〕44 号),在这一系统梳理行政行为类型的文件中,仍然没有将信息规制工具作为独立的一类行政行为来看待。

④ 对于这些行为的定性,本书第四章、第五章、第六章还会展开详细地论证。

⑤ 当然,应当承认的是,有一些行政行为(如行政确认)的制度"笼子"还没有完全编制好,还有一些行政行为(如政府信息公开、行政强制等)的制度"笼子"尽管已编制好但并不显得十分合身。这些都意味着后期还有进行制度调适的必要。

其实,从晚近立法层面的动向来看,“三分法”同样与之相契合。在2021年《行政处罚法》修订的过程中,自始至终存在一种呼声,即要求将实践中普遍运行的失信惩戒措施明确界定为行政处罚种类,进而受到该法的调整与约束。最终,立法机关经过慎重研究以后,没有对该措施是否为行政处罚作出全有或全无的判断,而是采纳了拆分处理的方式。[①] 从《行政处罚法》(2021年修订)的具体条文规定来看,立法机关对失信惩戒措施作出了拆分式规定(见表3-2)。

表3-2　《行政处罚法》涉及的信息规制工具与“三分法”的对应性

信息规制手段	涉及条文	法律属性判断	对应的工具分类
通报批评	第9条等	行政处罚	监管型信息工具
公开行政处罚决定	第48条	行政事实行为(政府信息公开活动)	公示型信息工具
列入失信名单	无	未明确,但至少现阶段不是行政处罚	归集型信息工具

第一,对于失信惩戒中运用的通报批评这一信息规制工具,立法机关明确将其作为行政处罚的种类写入该法第9条之中。据此,这一信息规制工具的法律属性被明确为行政处罚行为,其运作也自然要受到该法所确立的规则的调整。

第二,对于行政处罚决定的公开行为,立法机关将其纳入该法第48条之中加以调整,但回避对其属性作出正面的界定。但鉴于《行政处罚法》(2021年修订)第48条的规定系直接从《政府信息公开条例》(2019年修订)第20条中“拷贝”过来的,[②]可以合理地推断出,该行为属于政府

① 参见张晓莹:《行政处罚的理论发展与实践进步——〈行政处罚法〉修改要点评析》,载《经贸法律评论》2021年第3期。

② 参见许安标主编:《中华人民共和国行政处罚法释义》,中国民主法制出版社2021年版,第139页。

信息公开活动,并且立法机关倾向于将其定性为行政事实行为。①

第三,对于列入失信名单的行为,该法没有作出规定,据此也没有涉及对其法律属性的判断和运作规则的构建。但既然该行为没有被纳入《行政处罚法》(2021 年修订)第 9 条的行政处罚种类之中,至少在现阶段可以确定的是,它不是行政处罚行为。②

立法机关的以上三种分类处理,尽管并未系统地回应信息规制实践的全部图景,但还是分别触及了监管型信息工具、公示型信息工具以及归集型信息工具这三种类型。可见,立法机关同样拒绝将信息规制工具整体地纳入行政行为框架之中,而是贯彻了拆分处理的思路。由此可见,本书所主张的"三分法",跟立法机关的处理思路也是高度契合的。

---

① 黄海华认为,公布违法事实属于行政事实行为。参见黄海华:《新行政处罚法的若干制度发展》,载《中国法律评论》2021 年第 3 期。

② 黄海华认为,列入黑名单在理论上应当被定性为行政处罚,但由于社会信用法草案还在研究起草的过程中,该行为的法律性质仍有待未来的法律予以明确。参见黄海华:《新行政处罚法的若干制度发展》,载《中国法律评论》2021 年第 3 期。

第四章　归集型信息工具研究

归集型信息工具构成了整个信息规制工具体系中的“基础工程”。其实,信息的归集,并非是在信息时代背景下才涌现出来的新兴议题。一直以来,信息被视作国家治理的基础性要素,是影响政府监管绩效的核心变量。[①] 能否占有有效的信息,是政府由组织层面的形式权威(formal authority)转化为行动层面的实质权威(real authority)的关键所在。[②] 在传统的行政管理场景中,全面、准确地获取信息,对于行政机关而言具有不言而喻的意义。诸如“信息之于规制,犹如血液之于生命”“信息是燃料,离开它,行政机器就无法运转”等说法,[③]都十分形象地表达出了信息获取对于促进行政机器的良性运转所具有的不可或缺之价值。在近年来我国出版的一些行政法教科书或专著中,已逐渐开辟专门章节讨论行政调查或行政检查活动,[④]这从一个侧面印证出信息收集工作日益凸显的重

---

① 参见吴元元:《食品安全信用档案制度之建构——从信息经济学的角度切入》,载《法商研究》2013 年第 4 期。

② 参见周雪光:《中国国家治理的制度逻辑:一个组织学研究》,生活 · 读书 · 新知三联书店 2017 年版,第 94 – 95 页;兰小欢:《置身事内:中国政府与经济发展》,上海人民出版社 2021 年版,第 27 – 34 页。

③ 余凌云:《行政法讲义》(第 3 版),清华大学出版社 2019 年版,第 215 页。

④ 参见应松年主编:《当代中国行政法》(第 4 卷),人民出版社 2018 年版,第十九章“行政检查”;余凌云:《行政法讲义》(第 3 版),清华大学出版社 2019 年版,第七章“行政调查”;章剑生:《现代行政法专题》,清华大学出版社 2014 年版,第四章“行政检查”;章志远:《行政法学总论》(第 2 版),北京大学出版社 2022 年版,第十三章第二部分“行政调查论”;等等。

要性。不过,不同于传统行政场景中主要依赖行政调查、检查、统计等手段收集信息,在信息时代,随着计算机、互联网、大数据等现代科技的发展,行政机关的信息归集活动无论是在量上还是在质上均得到了实质性的扩展升级,举凡信息的收集、记录、整理、储存、共享、维护更新等活动,皆可纳入其调整范围之中。这一方面更加巩固了信息归集活动在整个行政管理活动中所处的重要地位,[①]但另一方面也给行政权的合法、有效运作带来了诸多新的挑战,成为行政法学上亟待作出回应的一个课题。

本章首先梳理归集型信息工具的具体构成,从核心性工具与支撑性工具两个方面描绘出该工具呈现的基本"脸谱"。其次,讨论该工具在行政行为体系中的定位问题,主张将其纳入行政确认这一类型化的行政行为之中加以规范。在此基础上,遵循新行政法学"双线并举"的思路,分别讨论归集型信息工具有效运作的要件与合法性框架问题。最后,对信息归集中的两个争议问题作延伸性的思考。

一、归集型信息工具的构成

归集型信息工具具体由核心性工具和支撑性工具这两个不同层次的内容构成。前者是归集型信息工具的主体部分,在实践中由行政备案、记分、信用记录等若干工具组成,这些工具缘起于行政改革浪潮,并在实践发展过程中逐渐与社会信用体系建设的需求对接起来,同时注重利用计算机、网络、大数据等新兴科技手段来提升自身的治理效能,从中展现出一道愈加注重科技手段应用的清晰谱系。后者则是辅助、推动核心工具有效运行的配套性工具,包含公益告发、有奖举报等具体制度。

(一)核心性工具

从我国的实践运作来看,核心性的归集型信息工具分布十分广泛。

---

① 有德国经济行政法学者就此评论道,经济信息的统计一直以来构成了经济行政活动的一个基石,而随着信息社会的到来,其已经从统计领域延伸到了信息的收集、评价、传播等环节,其重要性日益提升。参见[德]罗尔夫·斯特博:《德国经济行政法》,苏颖霞、陈少康译,中国政法大学出版社 1999 年版,第 207 页。这一观察结论同样适用于其他行政领域。

从时间线来看，它跨越了传统与现代：一方面，在既有的行政行为体系中，便已存有其身影；另一方面，在新兴的行政行为中，它又有更为密集的呈现。具体而言，主要包含如下三种类型。

1. 行政备案

在归集型信息工具的体系中，行政备案无疑是最为传统的一类工具，它长久地存在于我国的行政管理实践之中，且在为数众多的行政立法中都有直观的体现。[①] 随着行政管理改革的不断深入发展，它也经历了功能角色的变迁：从计划经济年代几乎与行政审批相混同的附属性角色，到过去十余年间行政审批制度改革过程中逐渐变为替代行政审批的工具，再在未来有进一步被打造成行政机关实施事中事后监管的独立手段之发展趋向。[②] 严格说来，当前立法与实践中被冠以“行政备案”的行政行为，并非全部都属于信息归集工具：一方面，从运行环节看，行政备案除了归拢汇聚信息以外，还涉及对信息的评价、后续公开等环节，因而呈现出对多种信息规制工具加以组合运用的特色；[③]另一方面，从权力形态看，行政备案还存在与行政许可等其他行政行为交叉混同的问题，借助备案之名行使许可等其他权力之实、人为抬高审核门槛等问题，在一定范围内仍然存在。[④] 尽管如此，对信息的归集仍然构成了行政备案制度中最为基础的功能。这也契合于“备案”一词的原初语义，因为在《现代汉语词典》上，它被界定为“向主管机关报告事由存案以备考察”。[⑤] 在我国法学

---

① 有学者曾在 2022 年 5 月间做过一个统计，梳理出我国涉及行政备案的法律、行政法规分别有 110 多部、270 多部。参见王由海：《行政备案的实践类型与法治化路径》，载《法商研究》2023 年第 1 期。可见，调整行政备案事项的行政立法的体量总体上是比较大的。

② 参见高小芳：《作为新型信息规制工具的行政备案：角色变迁、功能定位与效能保障》，载《中国行政管理》2021 年第 9 期。

③ 参见王青斌、王由海：《作为规制工具的行政备案：规制机理与效果优化》，载《浙江学刊》2022 年第 5 期；高小芳：《作为新型信息规制工具的行政备案：角色变迁、功能定位与效能保障》，载《中国行政管理》2021 年第 9 期。

④ 相关观察与梳理，参见张红：《行政备案存在的问题与立法构想》，载《广东社会科学》2021 年第 4 期；王克稳：《我国行政审批制度的改革及其法律规制》，载《法学研究》2014 年第 2 期。

⑤ 中国社会科学院语言研究所词典编辑室编：《现代汉语词典》（第 5 版），商务印书馆 2005 年版，第 59 页。

界,也通常将行政备案的核心功能理解为行政机关对行政相对人所报送的材料予以收集、整理、存档备查,以便为行政机关的决策与执法提供信息基础。[①]

从现行有关行政备案的立法规定看,制度设计者也确实主要围绕着信息归集这一核心功能展开制度设计,以期破解在行政管理实践中行政机关与行政相对人之间广泛存在的信息不对称问题。例如,根据《食品安全法》(2021 年修订)第 30 条的规定,食品生产企业制定的企业标准严于国家标准或者地方标准的,须将该企业标准报送至省级卫生行政部门进行备案。按照立法机关的解释,省级卫生行政部门在收到企业报送的备案材料后,应当立即给予登记,除非发现所报送备案的企业标准存在违反法律法规或者低于国家标准或地方标准的情形。[②] 实践中一般认为,这一备案制度设立的目的在于方便卫生行政部门了解企业标准的动态情况,为将来制定、修改国家标准或地方标准等决策收集必要的信息。[③]

在近年来国家陆续推行行政审批制度改革、"放管服"改革、优化营商环境等监管革新措施的背景下,行政备案制度中所蕴含的信息归集这一核心功能,以其所具有的放松管制、优化政府与市场关系的优势,正日益获得重视。在这方面,企业项目投资领域的监管方式改革直观地体现了这一转向。在计划经济年代,我国在企业项目投资领域长期实行审批制。2004 年,《国务院关于投资体制改革的决定》(国发〔2004〕20 号)发布,决定对于不使用政府投资建设的企业项目,一律不得再实行审批制,而是根据不同情况,分别实行核准制和备案制,且将核准制的适用范围严格限定在基于社会公共利益维护需要的情形之中,其他项目一律实行备案制。国务院制定的《企业投资项目核准和备案管理条例》(2016 年)进一步规

---

① 参见张红:《论行政备案的边界》,载《国家行政学院学报》2016 年第 3 期;朱最新、曹延亮:《行政备案的法理界说》,载《法学杂志》2010 年第 4 期;王克稳:《论行政审批的分类改革与替代性制度建设》,载《中国法学》2015 年第 2 期。

② 参见信春鹰主编:《中华人民共和国食品安全法解读》,中国法制出版社 2015 年版,第 77 页。

③ 参见沈岿:《食品安全、风险治理与行政法》,北京大学出版社 2018 年版,第 144 页。

定，对于不涉及国家安全、全国重大生产业布局、战略性资源开发以及重大公共利益等事项的企业投资项目实行备案管理制度，此类企业投资项目在开工前，须向备案机关报送企业基本情况、项目名称、建设地点、建设内容、总投资额等信息；已备案项目信息发生较大变动时，企业应及时告知备案机关；备案机关与其他监管部门之间还要建立信息共享机制，实现信息的共享。[1] 从以上规定可以清晰地看出，备案机关在行政管理中主要履行收集、储存、共享企业投资项目相关信息的职能。《企业投资项目核准和备案管理办法》(2023 年修订)第 41 条还进一步规定，项目备案机关在收到企业报送的法定全部信息后即为完成备案，换言之，备案机关并无是否通过备案的裁量权。综上可以看出，强化信息归集的角色、弱化传统的同意和控制职能，正成为未来行政备案制度的发展方向。

2. 记分

所谓记分，是指行政机关按照一定的标准，对行政相对人的特定信息按照分值量化评价后予以记录的一项法律制度。换言之，它是通过"转码"的方式来归集信息的一种行政法制度。

最为典型的记分制度，当属道路交通领域的累计记分制度。之所以要在传统的行政处罚等制裁体系之外另行引入这一记分制度，主要目的在于弥补和克服传统制裁方式规制效果有限、威慑不足的问题。为此，在 1996 年公安部发布的规章《机动车驾驶证管理办法》第 25 条中，就设立了针对发生交通事故或违章的机动车驾驶人实施驾驶证记分管理的制度。2003 年制定的《道路交通安全法》第 24 条对于道路交通违法行为的累计记分制度给予了规范确认，同时从惩戒与激励两个方面，对累计记分的关联制度作了更为全面的规定：就惩戒方面而言，规定了累计记分达到规定分值后可以实施扣留机动车驾驶证、道路交通安全法律法规教育等措施；就激励方面来说，规定了累计记分周期内无记分的可以延长机动车驾驶证审验期之举措。此后，国务院发布的《道路交通安全法实施条例》

---

① 参见《企业投资项目核准和备案管理条例》(2016 年)第 3 条、第 13 条、第 14 条、第 17 条。

(2017年修订)第23条至第26条以及公安部发布的《机动车驾驶证申领和使用规定》(2021年修订)进一步细化规定了道路交通违法累计记分制度,其中除了明确惩戒性措施以外,还不乏有在每个记分周期均未达到12分的情况下予以延长机动车驾驶证有效期等激励机制。[①] 除了公安交管领域外,此类累计记分制度还被延伸应用到其他行政领域之中。比如,海事管理机构对于违反水上交通安全的行为以及船舶违法污染水域的行为,也实行与公安交管领域颇为相似的累计记分制度。[②] 再如,在食品安全治理领域,也有一些地方行政机关推行了针对食品安全违法行为的记分制度。[③]

就制度的具体运作过程来看,记分实际上包含了三个环节:一是对作为记分适用事由的行政相对人的违法事实加以收集;二是对照记分标准给出相应的记分值;三是一旦记分值积累到一定的程度,便会联动触发相应的惩戒措施,或者在相应周期内没有任何记分分值以及记分分值未达最高分值的,会引发对行政相对人的奖励措施。在上述三个运行环节中,第三个环节实际上是记分制度实施以后产生的延伸性、联动性后果,这些奖惩措施实际上需要借助行政机关另行实施其他独立的行政行为方能实现,而并非是在记分之后当然地能引发出的独立法律效果。[④] 因此,真正构成记分制度之本体的,其实是前两个环节,而这两个环节分别属于行政机关对信息的收集与整理工作,它们属于典型的信息归集活动。由此可见,记分制度完全符合归集型信息工具的含义。

明确了记分制度作为归集型信息工具的定位及其运作过程,对于厘

---

① 参见《机动车驾驶证申领和使用规定》(2021年修订)第26条。

② 参见《船员条例》(2023年修订)第48条;《船员违法记分办法》(海船员〔2015〕600号)。

③ 北京市食品药品监督管理局发布的《北京市食品药品安全监管信用体系建设管理办法(试行)》(2014年),针对不同的食品安全违法信息设置了不同的扣分标准,并借鉴公安交管领域的做法,引入了记分周期等类似制度。

④ 比如,机动车驾驶证累计满12分后引发扣留机动车驾驶证这一联动法律效果,必须有赖于行政机关作出扣留决定才能达成。又如,在机动车驾驶证的6年有效期内,如果每个记分周期均未达到12分,可以换发有效期长达10年的机动车驾驶证,但这一法律后果有赖于公安交管部门作出换证的行政决定方能实现,而不是在记分之后就能自动实现的法律效果。

清和阐明该制度的法律属性具有积极的助益。长期以来，我国法学界对于《道路交通安全法》(2021 年修订)第 24 条确立的这一累计记分制度的法律属性是什么，存在广泛的争议。对此，在学说上存在行政处罚说、行政事实行为说、一般行政管理措施说、行政许可监督行为说、行政确认说、程序性行政行为说等众多观点。[①] 在这其中，行政处罚说与行政事实行为说是相互对峙的两种主流学说。[②] 而如果认识到记分的上述三个环节的运行特点，就不难发现，以上两种学说都是值得商榷的。一方面，记分并非完全是负面的，如前所述，推行记分制度，对于被记分的行政相对人也具有积极的意义，比如在数个记分周期内未满 12 分的，可以依法延长机动车驾驶证有效期，因此记分本身并非完全是惩戒性的，将其定性为行政处罚并不准确。[③] 另一方面，记分也并不只是对相对人违法事实的汇总，如前所述，它还包含了量化为分值这一“转译”环节，也即包含着对行政相对人评价的内容，故将其定性为行政事实行为也是不恰当的。因此，对于记分行为的法律属性的界定，还需要在行政处罚说与行政事实行为说这两种学说之外寻求其他更为妥当的制度定性。[④]

3. 信用记录

信用记录是近年来获得更为广泛使用的一类信息归集工具。它是指

---

① 对有关学说的系统整理，参见王学辉、王亚栋：《论作为行政处罚种类的交通违法记分》，载《西部法学评论》2019 年第 3 期；刘春：《交通累积记分行为法律性质辨析》，载《河北科技师范学院学报(社会科学版)》2014 年第 3 期。

② 持行政处罚说的代表性文献，参见黄海华：《行政处罚的重新定义与分类配置》，载《华东政法大学学报》2020 年第 4 期；王学辉、王亚栋：《论作为行政处罚种类的交通违法记分》，载《西部法学评论》2019 年第 3 期；万红：《道路交通违法记分的法律属性与立法完善》，载《中国人民公安大学学报(社会科学版)》2014 年第 4 期。持行政事实行为说的代表性文献，参见王贵松：《论行政处罚的制裁性》，载《法商研究》2020 年第 6 期。

③ 否定道路交通管理领域累计记分的行政处罚定性，还有一个更具说服力的理由。《道路交通安全法》(2021 年修订)第 24 条第 1 款规定，公安交管部门对于道路交通安全违法行为，“除依法给予行政处罚外，实行累积记分制度。”从这一条款的表述看，累计记分与行政处罚相并列，从形式逻辑的角度来看，累计记分不是行政处罚，否则这一条款内部便会存在矛盾之处。有实践部门就从这一体系解释的角度切入，论证道路交通管理领域的累计记分制度不是行政处罚。参见公安部道路交通安全研究中心编：《公安交通管理行政诉讼判例评析与执法提示①》，北京大学出版社 2015 年版，第 18 页。

④ 本章下一部分会对记分行为的行政确认定性展开论证。

有关机关对行政相对人的信用信息(包括守信与守法信息)加以整理和认定的一种法律制度。实际上,无论是从名称还是操作方法看,它都与记分之间存在一定的共通之处和衔接性。[①] 但与记分不同的是,信用记录不仅适用的领域更广,而且所归集的信息也更为丰富,运行形态呈现出更为多样化的状况。具体而言,它在实践中又包含了如下三种具体情形:

一是列入失信名单。失信名单俗称“黑名单”,是指有关机关将失信人员的相关信息经由汇总整理后编制而成的名录,该名录将在后续的行政管理过程中作为行政机关实施惩戒的依据。在我国开展社会信用体系建设的过程中,编制失信名单作为实施信用监管不可或缺的前置性管理措施,在实践中有着极为广泛的运用。而且,现有不少立法已经对此作出了规范。例如,《企业信息公示暂行条例》(2014 年)第 17 条规定了市场监管部门编制企业经营异常名录、严重违法企业名单这两项失信名单的要求。[②] 对此,国家市场监管总局还进一步发布了《企业经营异常名录管理暂行办法》(2014 年)、《市场监督管理严重违法失信名单管理办法》(2021 年),进一步细化了市场监管领域两份失信名单的有关规定。以《市场监督管理严重违法失信名单管理办法》(2021 年)为例,该规章对食品安全、药品与化妆品、医疗器械、质量安全、侵害消费者权益、公平竞争等领域的严重失信名单的编制作出了详细规定,此外还提出了将这些名单与其他行政管理部门进行信息共享、特定情形下移出名单等要求。[③] 这些内容都十分鲜明地体现出了列入失信名单作为归集型信息工具的特色。

二是建立信用档案。在推进社会信用体系建设的整体大背景下,建

---

① 有实务部门人士就曾探讨过交通违法累计记分制度融入社会信用体系建设中的可能性。参见王媛媛、张永:《论交通违法记分信息在社会诚信体系建设中的运用》,载《道路交通管理》2015 年第 3 期。此外,在前面引述的《北京市食品药品安全监管信用体系建设管理办法(试行)》(2014 年)中所建立的记分制度,实际上也是在加强信用体系建设的背景之下推行的,在这一份文件中,还明确规定了“黑名单”这一信用记录制度,可见二者之间存在密切的关联。

② 值得注意的是,2024 年国务院修订通过的《企业信息公示暂行条例》第 18 条将旧条例中的“严重违法企业名单”改称为“市场监督管理严重违法失信名单”。

③ 参见《市场监督管理严重违法失信名单管理办法》(2021 年)第 4 - 11 条、第 16 - 21 条。

立信用档案也成为了较为常见的一类归集信息的基础性工具。严格说来，它与上一种情形——列入失信名单之间存在较大程度的交叉重叠，但相比较而言，建立信用档案是更具基础性的一项信息归集工具，这一点，在一些立法中能捕捉到些许端倪。[①] 早在2004年制定的《劳动保障监察条例》中，就引入了信用档案制度，该法第22条明确规定，劳动保障行政部门应当在劳动保障领域建立用人单位的守法诚信档案。《旅游法》（2018年修订）第108条也有类似的规定，要求旅游主管部门和有关部门应将违反该法规定的旅游经营者和从业人员计入到信用档案之中。而对信用档案制度更为成熟地加以运用的，当属食品安全治理领域。在近年来食品安全监管形势日渐严峻，而依靠传统的执法手段以及开展运动式专项整治又无法取得良好执法绩效的背景下，推行食品信用档案制度，成为了监管部门破解食品安全领域“治乱循环”困境，实施常态化治理的关键性制度设计。[②] 2009年制定的《食品安全法》第79条对食品安全信用档案制度首次作了规定，在此后该法的修订中，对这一制度作出了一些调整。依据现行《食品安全法》（2021年修订）第113条的规定，县级以上市场监管部门建立的食品安全信用档案，所记录的内容包括行政许可颁发情况、日常监督检查结果、违法行为查处情况等信息，[③]这些信息实时进行更新，并对情节严重的食品安全生产经营者，还可以向投资主管部门、证券监督管理机构等部门进行通报。这些规定均契合于信用档案作为信息归集工具的属性，它作为一项基础性工具，服务于后续有关机关实施信用

---

① 以食品安全信用档案为例，《食品安全法实施条例》（2019年修订）第66条规定，国务院食品安全角度管理部门会同有关机关，“结合食品生产经营者信用档案，建立严重违法生产经营者黑名单制度。”从这一表述中可以看出，食品生产经营者信用档案构成了失信名单（黑名单）制度实施的前提与准备。

② 参见吴元元：《食品安全信用档案制度之建构——从信息经济学的角度切入》，载《法商研究》2013年第4期。

③ 除了以上法律明确规定的记录信息外，按照权威机关的释义，食品安全信用档案的内容还可以包括认证机构的认证情况、消费者的投诉举报情况等信用信息。参见信春鹰主编：《中华人民共和国食品安全法解读》，中国法制出版社2015年版，第296页。

评级评价、差异化监管、联合惩戒等信息增值利用的需要。[①]

三是出具信用报告。所谓信用报告,是指有权机关将行政相对人的信用情况经过汇总分析后,向授信机构、本人或者国家机关所出具的评价报告。目前,信用报告在民商事交易活动,尤其是在金融信贷领域中有着广泛使用,而未来还要进一步将其结果应用于行政管理领域之中。[②] 尽管信用报告的出具工作不乏有一些地方行政机关参与的身影,[③]但更具影响力的报告出具主体是中国人民银行及其下属单位、派出机构。对于前者,其行政行为的属性是明确的;而对于后者,其究竟属于行政行为还是民事活动,值得作进一步的探讨。按照中国人民银行发布的《个人信用信息基础数据库管理暂行办法》(2005 年)第 2 条的规定,中国人民银行负责设立征信服务中心,承担个人信用信息基础数据库的建设、日常运行和管理工作。目前,住所地位于上海浦东新区的中国人民银行征信中心,具体负责金融信用信息基础数据库(征信系统)的建设、运行与管理,在机构性质上,它属于中国人民银行的直属事业单位。[④] 但与此同时,中国人民银行征信中心还按照国务院发布的《征信业管理条例》(2013 年)的规定,以第三方征信机构即民事主体的身份,[⑤]从事包括出具征信报告等在内的征信业务。[⑥]

---

① 参见孙娟娟:《信用制度的基础建设与法治之道:食品安全信用档案构建》,载《中国市场监管研究》2021 年第 8 期。

② 参见国家发改委、中国人民银行、中央编办发布的《关于在行政管理事项中使用信用记录和信用报告的若干意见》(发改财金〔2013〕920 号)。

③ 例如,广东省在推进证明事项清理的过程中,通过在“信用广东”网站上依申请生成集中式的信用报告(名称为“无违法违规证明版信用报告”),代替了传统以线下方式逐一向行政机关申请无违法证明事项的做法。参见吴哲、唐柳雯:《我省率先探索实施一份信用报告代替百份企业证明改革 信用报告改革破解“证明难”》,载《南方日报》2023 年 6 月 29 日,第 A5 版。

④ 参见《[中国人民银行征信]中心概况》,载中国人民银行征信中心网站,http://www.pbccrc.org.cn/zxzx/zxgk/gywm.shtml,最后访问日期:2023 年 7 月 15 日。

⑤ 按照《征信业管理条例》(2013 年)第 6 条的规定,征信机构的设立需要符合《公司法》规定的公司设立条件,同时还要满足注册资本金、股东信誉、信息安全保障设施设备等方面的审慎性条件。

⑥ 参见《个人信用报告介绍》,载中国人民银行征信中心网站,http://www.pbccrc.org.cn/zxzx/grzx/202209/b093568226804f13832e979641f0431d.shtml,最后访问日期:2023 年 7 月 15 日。另据 2014 年 5 月发布的《中国人民银行征信中心关于个人查询本人信用报告实施收费的公告》,对个人每年查询本人信用报告达两次以上的情形,中国人民银行征信中心实施收费,这可以从另一侧面印证出该中心在出具征信报告。

这就导致在出具信用报告方面,中国人民银行征信中心存在监管与经营服务的双重角色,有“既当裁判员又当运动员”之嫌。在实践中,除了中国人民银行征信中心外,中国人民银行下设的派出机构也在从事出具信用报告的工作,这同样存在将两种角色混同的问题。按照《征信业管理条例》(2013 年)第 26 条第 3 款的规定,一旦行政相对人不服所出具的信用报告,“可以直接向人民法院起诉”,但这一条款并未明确可以提起的是行政诉讼还是民事诉讼。从司法实务看,因征信报告信息有误导致侵犯信息主体权益的,当事人基本上都是通过提起民事诉讼寻求救济,且主要告的是信息提供者(如金融机构),而作为信息归集方的征信中心即便作为共同被告参与其中,法院通常也以其不具有针对信用信息的审查义务为由,拒绝判决其承担民事责任。① 有个别当事人曾试图提起行政诉讼,但法院均不予受理,理由包括不属于行政审判权的作用范围、②不符合《行政诉讼法》规定的起诉条件等。③ 笔者认为,这些判决的观点是值得商榷的。从中国人民银行征信中心、中国人民银行派出机构的监管职能来看,出具信用报告的活动对于信用主体而言具有支配性,特别是在大数据抓取、分析等技术手段的加持之下,更是凸显了这些信息归集活动对于行政相对人的支配性色彩。因此,应将这些机构出具信用报告的行为定性为行政行为,进而纳入到行政诉讼的途径中加以救济,否则,便存在“公法遁入私法”之嫌。而且,从诉讼标的、被告确定、举证责任等方面综合考量,

---

①　参见闫申:《信用报告错误中征信机构责任的建构》,载《征信》2022 年第 6 期。实践中,确实有这方面的案例加以印证。例如在袁琳琳与江苏泰州农村商业银行股份有限公司泰山支行、中国人民银行征信中心一般人格权纠纷案中,袁琳琳不服个人信用报告中错误记载的个人贷款逾期情况信息,将江苏泰州农村商业银行股份有限公司泰山支行、中国人民银行征信中心一并列为民事诉讼的被告,诉至人民法院。法院最终判决被告江苏泰州农村商业银行股份有限公司泰山支行更正信息,但同时认为:“被告中国人民银行征信中心作为征信管理部门根据商业银行提供的信息建立并管理个人信用信息基础数据库,其对原告遭受的损害并未有过错,不应承担责任。”江苏省泰州市海陵区人民法院民事判决书,(2018)苏 1202 民初 2393 号。

②　参见张某某不服中国人民银行东营市中心支行出具信用报告案,山东省东营市东营区人民法院行政判决书,(2014)东行初字第 59 号。

③　参见成都市青白江区钉丝厂与中国人民银行成都分行信用服务、信用报告行政行为纠纷上诉案,四川省成都市中级人民法院行政裁定书,(2013)成行终字第 291 号。

寻求民事诉讼这一救济途径对于信用主体权益的有效救济而言是极为不利的。

（二）支撑性工具

归集型信息工具的有效运作，除了要发挥行政机关一方的能动角色之外，还要致力于调动行政相对人一方的积极性，引导其主动地向行政机关提供信息。这也是信息规制工具作为公私合作型行政手段的题中应有之义。对此，需要设立相关的配套性制度加以保障。例如，《消费者权益保护法》（2013 年修订）第 19 条规定，经营者发现其商品或者服务存有缺陷以致于有人身、财产安全危险的，应立即向有关行政机关报告。但在现实中，经营者基于自身利益的考量，在履行上述信息报告义务上的动力并不足。对此，需要引入辅助性的信息收集工具，引导社会上的其他主体主动向行政机关提供信息，以弥补行政机关与行政相对人之间的信息不对称情况。

在归集型信息工具的体系中，支撑性工具的角色即主要被定位于协助行政机关收集信息，推动信息的充分流动。它主要包含如下两种类型。[①]

1. 公益告发

公益告发又称内部告发、“吹哨”，是指隶属于某一组织的成员将其基于职务优势所掌握的特定信息对外检举、揭露，以期保护公共利益的一种活动。例如，在日本食品安全治理领域，大量食品伪造、伪装等事件的披露，几乎都是通过内部职员的揭露而公之于众的，可见它在弥补监管部门的信息劣势方面发挥了极其重要的价值，为此，日本国会在 2004 年还制定了专门的《公益通报者保护法》，对此类行为作出规范。[②] 我国《食品安

① 2019 年 9 月国务院发布的《关于加强和规范事中事后监管的指导意见》（国发〔2019〕18 号）第十七部分提出，要建立“吹哨人”、内部举报人等制度，并对举报人员进行奖励。这一规定与本部分所讲述的两种支撑性工具正好形成对应。

② 参见王贵松：《日本食品安全法研究》，中国民主法制出版社 2009 年版，第 158－161 页。

全法》(2021 年修订)第 115 条第 2 款也在参酌域外经验的基础上,[①]引入了对公益告发者进行保护的规范,该条款规定,举报人举报所在企业的,该企业不得以解除劳动合同、变更劳动合同或其他方式对其实施打击报复。值得注意的是,公益告发尽管多存在于私营性的劳动关系领域,但它实际上也可适用于公共部门的雇佣关系之中。[②] 这两个领域中的公益告发规则在立法设计上应当有所区分,比如普通劳动者的保密义务与公务员的保守工作秘密义务之间就存在差异。[③] 总言之,公益告发制度游走于雇佣信赖关系维系、公共利益保护、告发者权益保障等多重复杂利益的博弈之中,且要在公私雇佣部门之间进行适度区分,因此需要出台相应的制度对其作出审慎的规范。

2. 有奖举报

与公益告发不同,有奖举报活动多面向的是与被举报主体不具有隶属关系的社会公众。而且,两者在制度设计上也有差别:公益告发侧重于通过消极的保护(如加强告发者信息保密以避免受报复)来引导告发者减轻顾虑,促使其能够向行政机关提供信息;而有奖举报则是通过提供奖励金、表彰等积极保护来诱导举报者主动向行政机关提供信息。有奖举报在我国食品安全监管、税收稽查、交通违法查处等领域中已经得到了较为广泛的运用。而且,不少实践部门也注重建章立制,出台了专门对此类活动予以调整的立法或规范性文件。例如,早在 2000 年 1 月,国家外汇管理局就发布了《举报外汇违法案件奖励试行办法》,该办法对举报外汇违法案件的奖励方式、标准、保密等事项作了明确的规定。有奖举报究其本质而言是一种信息提供机制,更为确切地讲,是在公权力机关与举报者之

① 依据该法制定机关的权威解释,我国《食品安全法》(2021 年修订)第 115 条第 2 款在起草过程中借鉴了日本《公益通报者保护法》(2004 年)、美国《吹哨人保护法》(1989 年)等域外的有益经验。参见信春鹰主编:《中华人民共和国食品安全法解读》,中国法制出版社 2015 年版,第 301 - 302 页。

② 参见李飞:《法律如何面对公益告发? ——法理与制度的框架性分析》,载《清华法学》2012 年第 1 期。

③ 对此更为系统的梳理,参见姜峰:《反思“母法论”宪法观——以美国法中雇员言论的公私之别为例》,载《苏州大学学报(法学版)》2022 年第 4 期。

间的一种信息交易机制,因此,既需要关注公权力的信息需求,也应满足举报者的利益需求。[①] 以此加以对照,现行不少有奖举报制度还未能真正把握该制度作为信息归集工具的特点,存在过度重视公权力机关的单方需求、疏于对举报者的需求予以关照的问题,在未来需要作出进一步的优化完善。

二、归集型信息工具在行政行为体系中的定位:行政确认

在展开对归集型信息工具的阐释之前,首先需要明确这一类型的信息工具在行政法学体系中的合理定位。因为只有明确了该工具的行为定性,才能为后续的法律适用乃至具体制度设计奠定基础。从以往的实践看,在这个问题的认识上,可谓众说纷纭。例如,在道路交通违法累积记分制度的法律属性判断上,就存在行政处罚说、行政事实行为说、行政确认说、一般行政管理措施说、行政许可监督行为说、程序性行政行为说等多种观点,给这一法定制度的适用带来了困难。此外,法律属性的不明确,还直接影响到了对归集型信息工具的制度设计。比如,对于在社会信用体系建设中被实践部门广泛使用的列入失信名单(俗称列入"黑名单")这一行为,2021 年修订的《行政处罚法》在立法文本层面回避了对其是否为行政处罚作出明确判断,立法机关的态度是,将这一问题交由未来出台的社会信用体系建设立法来解决,由其作出更为周全、科学、明确的法律属性判断。[②] 当前,尽管社会信用体系建设立法也已被提上议事日程,然而,各方对列入失信名单这一行为的性质仍然存在广泛分歧,这一争议状况对立法的顺利推进产生了消极影响,使得制度设计者不得不只能继续采取对其法律属性回避判断的立场。在这一点上,在 2022 年 11 月国家发改委和中国人民银行牵头起草并公布的《中华人民共和国社会信用体系建设法(向社会公开征求意见稿)》中表现得极为明显。在该征

---

① 参见应飞虎:《食品安全有奖举报制度研究》,载《社会科学》2013 年第 3 期。

② 参见张晓莹:《行政处罚的理论发展与实践进步——〈行政处罚法〉修改要点评析》,载《经贸法律评论》2021 年第 3 期。

求意见稿第90条第2款中，首先列举了国家机关有权采取的诸种失信惩戒措施，其中第4项明确规定了“依法依规纳入严重失信主体名单”这一归集型信息工具，但紧接着在该条第3款中又规定，“前款规定的失信惩戒措施中属于行政处罚的，应当按照行政处罚有关规定执行”。从上述规定可以看出，对于“依法依规纳入严重失信主体名单”这一失信惩戒措施是否属于行政处罚，征求意见稿仍然存在模糊处理、“打太极”的问题。因此，现阶段对于归集型信息工具展开法律属性的探讨仍然具有必要性，有利于凝聚各方共识，确保社会信用体系建设立法的顺利推进。

在现有的类型化的行政行为体系中，与归集型信息工具最为接近的行政行为，当属行政确认行为。在本部分中，将首先分析行政确认的含义及其本质特征，继而论证归集型信息工具符合行政确认的含义与特征，最后讨论归集型信息工具与行政确认理论之间的调适问题。

（一）行政确认的含义及其本质属性

一般认为，行政确认是指行政机关对行政相对人的法律地位、法律事实、法律关系进行审查、甄别、认定，并宣誓其法律效力的一种具体行政行为。[①] 行政确认属于行政机关承担的一项颇为传统的职能。在理论上，按照内容的不同，通常将行政行为划分为三种类型，分别是命令性行政行为、权利形成性行政行为与确认性行政行为。其中，命令性行政行为是指以命令或禁止令形式要求行政相对人实施作为、不作为或者容忍的行为；权利形成性行政行为是旨在建立、改变或消灭具体法律关系的行为；而确认性行政行为是指对行政相对人的权利或资格进行的确认。[②] 可见，行政确认是行政机关承担的三大核心职能之一。正因为此，在我国传统的行

① 参见罗豪才、湛中乐主编：《行政法学》（第2版），北京大学出版社2006年版，第209页；胡建淼：《行政法学》（第5版），法律出版社2023年版，第207－208页；《行政法学与行政诉讼法学》编写组：《行政法学与行政诉讼法学》（第2版），高等教育出版社2018年版，第194页。

② 参见［德］哈特穆特·毛雷尔：《行政法学总论》，高家伟译，法律出版社2000年版，第393－397页。我国学者也有大体类似的划分。例如，张焕光研究员和胡建淼教授认为，行政行为究其功能而言可以划分为三类，分别是赋予或剥夺权利、科以或免除义务、证明或确认关系。参见张焕光、胡建淼：《行政法学原理》，劳动人事出版社1989年版，第218页。

政法教科书中,一般也都有关于行政确认的内容介绍。比如,在我国改革开放后编写的第一本行政法统编教材——《行政法概要》中,在“行政措施的内容”之下,就对认可、确认、证明等行政确认行为作了初步的介绍和梳理。[①] 在此后出版的第二代行政法学教科书和第三代行政法学教科书中,则设置专门的篇章,将行政确认作为一种独立的类型化行政行为作了专门的阐释。[②] 尽管如此,相比于针对权利形成性行政行为的成熟化研究而言,学界对于确认性行政行为的研究仍然是较为薄弱的。

当前,在我国的行政立法或有关规范性文件中,已经出现了不少旨在调整行政确认活动的规定。依据晚近有学者的梳理,它们在立法上以确定、认可认证、证明、登记、行政鉴定、认定、界定、鉴证、检验、检疫、检定等众多不同的形式出现,并分布于不同层级的立法之中。[③] 在晚近地方层面出台的一些行政程序立法中,还试图对行政确认的实体与程序事项作出统一的规范。典型例子如 2022 年出台的《江苏省行政程序条例》,作为全国首部以地方性法规形式制定的统一行政程序立法,该法在第六章“行政执法”中专设一节(第六节),对行政确认的定义及其执法公示、告知程序、决定形式等程序问题作了规定。此外,在规范行政诉讼案件案由的司法文件——《最高人民法院关于行政案件案由的暂行规定》(法发〔2020〕44 号)中,将行政确认作为独立的一类行政行为作了规定。

值得探讨的是,立法上为何要给行政机关配置行政确认这一职权?对于这一基础性的问题,在以往的行政法学研究中殊少给予过关注。这需要回到“行政确认的本质属性为何”这一原点性问题之上方能作出解答。从理论上讲,之所以要赋予行政机关实施行政确认的职权,核心目的在于借助其独特的履职优势,为经济社会活动提供一定的信誉保证,这是行政确认难以为其他行政行为所替代的特殊功能和价值之所在。对此,

---

① 参见王珉灿主编:《行政法概要》,法律出版社 1983 年版,第 116 – 188 页。

② 参见罗豪才主编:《行政法学》,中国政法大学出版社 1989 年版,第 173 – 177 页;姜明安主编:《行政法与行政诉讼法》,北京大学出版社、高等教育出版社 1999 年版,第 197 – 202 页。

③ 参见应松年主编:《当代中国行政法》(第 4 卷),人民出版社 2018 年版,第 1343 页。

可以从如下两个方面展开进一步的认识。

第一,行政确认是由行政机关提供的一种信誉保证。在市场交易和社会交往活动中,为抵御无处不在的风险,当事人往往需要政府对其活动进行一定程度的“背书”。例如,在机动车交易的场合,卖方将机动车交付给买方,在法律上已经能产生所有权转移的法律效果,然而,卖方可能“一物二卖”,因此,对于买方来说,还需要通过将机动车的物权转移事宜向车辆登记管理部门申请,由后者办理转让登记,方能发生对抗第三人的法律效果。[①] 在这一事例中,车辆登记管理部门的权属登记这一行政确认活动,[②]实际上扮演的是为物权交易活动提供信誉保证、发挥公示公信作用的功能。可见,提供信誉保证构成了行政确认活动的本质属性。

第二,行政确认须依赖于行政机关的履职优势展开。行政确认是行政机关介入经济社会活动中,对市场竞争、组织自律等活动实施的一种干预。为了理顺政府与市场、社会之间的关系,行政机关在开展行政确认之时介入范围不宜过广、介入程度不宜过深,只能在与其履行职责具有密切关联的情形之中方能实施。行政确认实际上是行政机关充分利用其履职优势有节制地介入市场经济与社会管理中的一种行政活动。此处所提到的“履职优势”,既可以是来自行政机关独特的专业能力,也可以是基于其特殊的权力作用。从我国市场经济发展的规律看,行政机关已经从早期对经济社会活动介入过广过深的状态中退身出来,相应地,行政确认也逐步缩小了其作用范围,在诸如公证、机动车安全技术检验以及产品、服务、管理体系的认可等领域中,行政机关已经不再行使其行政职能,而是交由

---

① 参见《民法典》(2020 年)第 224 条、第 225 条;《机动车登记规定》(2021 年修订)第 25 条。

② 在机动车登记领域,除了车辆的注册登记属于行政许可外,其余的机动车登记业务都属于行政确认。对于这一点,有法院在判决中给予了明确的认可。参见酒泉荣泰橡胶制品有限公司诉酒泉市公安局交通警察支队机动车变更登记纠纷案,甘肃省酒泉市肃州区人民法院(2014)酒肃行初字第 40 号行政判决书。关于机动车的注册登记,最高人民法院行政审判庭王振宇法官认为它具有双重属性,除了属于对上路资格的准许(行政许可)外,它还具有物权登记(行政确认)的属性。参见王振宇:《行政许可案件审理八十一讲(上)》,载最高人民法院行政审判庭编:《行政执法与行政审判》(第 47 辑),中国法制出版社 2011 年版。应该说,这一“双重属性说”更具说服力。

通过市场化、社会化的方式加以运作。[①] 但是,在一些特定的领域,行政机关仍然保留着特殊的履职优势,因而仍需保留其行使行政确认之职能。典型例子,如公安机关对道路交通事故的认定。交通事故的场景具有转瞬即逝、事后难以还原的特点,这就决定了在第一时间承担事故处理职责的公安机关交通管理部门,在认定事故责任方面有天然的履职优势。因此,赋予该机关对事故责任认定的行政确认职能,[②]使其对事故的成因作出信誉上的背书,是具有充分的正当性的。

(二)归集型信息工具的行政确认属性证成:以列入失信名单为例

上面的分析已经指出,行政确认的本质是行政机关提供的一种信誉保证机制。而这种信誉的本质其实是一种信息传递机制,即行政机关通过对信息的收集及后续加工,为行政相对人的特定法律事实、法律地位、法律关系进行“背书”和赋能。由此可见,归集型信息工具与行政确认的本质属性是完全吻合的。在现有的行政行为体系中,归集型信息工具应当被定性为行政确认行为。

为了进一步证成归集型信息工具作为行政确认行为的法律属性,不

---

① 依据《公证法》(2017 年修订)第 6 条的规定,公证机构是依法设立,独立行使公证职能,独立承担民事责任的证明机构。依据《道路交通安全法》(2021 年修订)第 13 条第 2 款和《道路交通安全法实施条例》(2017 年修订)第 15 条的规定,对机动车的安全技术检验实行社会化运作,由机动车安全技术检验机构实施,机动车安全技术检验机构对机动车检验结果独立承担法律责任。《认证认可条例》(2023 年修订)第 13 条和第 22 条规定,认证机构及其认证人员对其作出的认证结果独立负责,且认证机构不得与行政机关存在利益关系。

② 在实践中,由于公安机关忌惮于在作出事故认定后成为被告,《道路交通安全法》(2021 年修订)第 73 条明确规定,公安机关交通管理部门作出的交通事故认定书是“作为处理交通事故的证据”,据此回避了其作为具体行政行为的属性。在《全国人民代表大会常务委员会法制工作委员会关于交通事故责任认定行为是否属于具体行政行为,可否纳入行政诉讼受案范围的意见》(法工办复字〔2005〕1 号)中,全国人大常委会也明确指出,交通事故认定行为仅在处理交通事故案件中作为证据使用,“不属于具体行政行为”。这些观点主要是从避免公安机关当行政诉讼被告的实践立场出发所作的分析,存在倒果为因、“屁股决定脑袋”的问题,其中带有强烈的行政部门利益本位、立法受行政“绑架”的色彩,是值得商榷的。其实,在此之前,《最高人民法院公报》2002 年第 5 期上刊载的罗伦富不服道路交通事故责任认定案的裁判要点,已经对该行为的法律属性作出了明确的判断:“道路交通事故责任认定是公安交通管理机关依照道路交通有关法律授权,针对造成交通事故的行为作出的,确定肇事者责任大小,影响当事人权利的一种行政确认行为。”有关道路交通事故认定行为法律属性判定中的“证据说”与“行为说”之争及评析,参见余凌云:《改进道路交通事故纠纷的解决机制》,清华大学出版社 2017 年版,第 70－80 页。

妨以目前实践中最为常见的一类核心性信息归集工具——列入失信名单为例展开说明。[①] 如前所述,列入失信名单又被俗称为列入“黑名单”,围绕该行为的定性,在学术界和实务界存在广泛的争议。其中,“行政处罚说”与“行政事实行为说”构成了笔者所主张的“行政确认说”的两个主要“论敌”。因此,欲证立列入失信名单行为的行政确认行为之法律属性,需要“先破后立”,即先出指出行政处罚说与行政事实行为说所存在的问题,进而从正面论证其行政确认的属性。

1.“行政处罚说”存在的问题

在 2021 年《行政处罚法》的修订过程之中,至始至终存在一种颇为主流的呼声,即主张将列入失信名单这一行政活动纳入行政处罚的法定种类之中,并受《行政处罚法》的约束。[②] 但从最终通过的《行政处罚法》(2021 年修订)第 9 条的规定来看,立法机关没有明确认可该行为的行政处罚属性。即便如此,曾参与过该法修订工作的黄海华在新法通过后仍然撰文,继续呼吁将列入“黑名单”行为定性为行政处罚,[③]这实际上与其在立法过程中主张将该行为纳入行政处罚种类之中的观点是一脉相承的。[④]

主张将列入失信名单或者“黑名单”定性为行政处罚,其核心的立论理由不外乎如下两点:(1)认为一旦将这些名单对外公布,会对被公布方

① 关于另外两类核心性的信息归集工具——行政备案与记分,目前实践和理论中的主流观点也是认为它们属于行政确认行为。其中,对于行政备案,最高人民法院发布的第 58 号指导案例——戴世华诉济南市公安消防支队消防验收纠纷案的裁判要点明确指出,该案系争的建设工程消防验收备案结果通知包含有对于消防竣工验收合格与否的评定,因此该行为“具有行政确认的性质”。对于记分行为,有学者在分析道路交通违法累计记分制度的法律性质时,也认为该行为应当被定性为行政确认。参见胡建淼:《行政法学》(第 5 版),法律出版社 2023 年版,第 408 页。限于篇幅,本章对这两类核心性信息归集工具的法律属性不再展开详细论证。

② 代表性的主张,参见田林:《行政处罚与失信惩戒的立法方案探讨》,载《中国法律评论》2020 年第 5 期。类似的观点,参见王锡锌、黄智杰:《论失信约束制度的法治约束》,载《中国法律评论》2021 年第 1 期。

③ 参见黄海华:《新行政处罚法的若干制度发展》,载《中国法律评论》2021 年第 3 期。

④ 参见黄海华:《行政处罚的重新定义与分类配置》,载《华东政法大学学报》2020 年第 4 期。该文主张,在《行政处罚法》的名誉罚中明确增加“列入黑名单”这一处罚种类,使之与警告、通报批评相并列。

的声誉会产生颇为严重的不利效果，因此，它符合作为行政处罚核心特征的“惩戒性”要求。[①] 但是，这一观点混淆了信息的归集与信息的公开这两个环节之间的应然区分，上述观点所主张的惩戒性，实则发生于公开环节，这是因信息的公开（而非归集）所直接带来的惩戒后果。换言之，在仅列入失信名单但不对外公开的情形下，[②]就难以符合行政处罚的定性。这就恰恰论证了单纯的列入失信名单行为不属于行政处罚行为，而是一种行政确认行为。有关这一点，即便是持行政处罚说见解的学者，也曾在不经意间流露过此类判断。[③] （2）认为列入黑名单对行政相对人造成的不利效果是由行政机关所直接造成的。有文章提到，实践中声誉不利行为具有多样性，并有意识地将列入“黑名单”与公布违法事实行为相区别，认为前者因行政机关的行为直接导致了对信息主体的声誉减损，属于行政处罚行为；而后者属于对违法事实的客观描述，其对信息主体所产生的声誉减损是因社会评价而非行政机关的行为直接导致的，因而应被定性为行政事实行为。[④] 但是，这一观点存在如下两个方面的问题：其一，该见解其实是在行政事实行为与具体行政行为相对立的分析框架下展开的，主张列入“黑名单”不是行政事实行为，进而推此及彼，认为着眼于行政机关有目的地加以处理的特征，应当将其纳入具体行政行为的定性之中。然而，具体行政行为的种类分布极广，证成了列入“黑名单”行为的具体行政行为定性，不能当然地得出它属于行政处罚而非其他具体行政行为之定性结论。其二，从运作机理来看，列入“黑名单”之后产生的负面评价效果其实也并非完全是由行政机关所导致的，而是由行政机关引导叠加社会评价复合而成的，在这其中，行政机关更多扮演的是确认信

① 参见田林：《行政处罚与失信惩戒的立法方案探讨》，载《中国法律评论》2020 年第 5 期；王锡锌、黄智杰：《论失信约束制度的法治约束》，载《中国法律评论》2021 年第 1 期。

② 这一情形尽管在当前的失信惩戒实践中是罕见的，但在同属于信息归集工具的道路交通违法累计积分中，是颇为常见的。

③ 有学者在分析信用管理机关开展诸如一般失信、较重失信、严重失信等信用等级评价活动时，就明确认为这属于行政机关依据有关法规范对特定法律事实开展的行政确认行为。参见王锡锌、黄智杰：《论失信约束制度的法治约束》，载《中国法律评论》2021 年第 1 期。

④ 参见黄海华：《新行政处罚法的若干制度发展》，载《中国法律评论》2021 年第 3 期。

息的间接性角色，声誉不利效果仍然主要是由社会评价所直接导致的，在这一意义上来说，列入“黑名单”行为与公布违法事实行为之间并无本质性区别。

其实，对于列入失信名单或“黑名单”这一类行为，当前之所以广泛地存在行政处罚这一错误定性，主要源于我们对这一概念所指涉的外延存在分歧，或者在不经意间产生了混同。在实践中，列入失信名单或者“黑名单”是一个拥有较长“波段宽度”的概念：就其狭义而言，仅指向单纯的列入行为（即本章所分析的作为信息归集工具的列入）；就其广义而言，指向的是“狭义列入＋公开”；在实践中，甚至还存在一种最广义的理解，使其同时包含“狭义列入＋公开＋联合惩戒”等运行环节，此时的列入失信名单或者“黑名单”，其语义指涉就宽泛到几乎与“失信惩戒”“信用监管”等术语无异。[①] 当学界在讨论行为定性时，如果不注重区分以上各个不同层次的概念，难免“鸡同鸭讲”，在此背景下，得出列入失信名单或者“黑名单”属于行政处罚的定性结论，自然也就不足为奇了。

如果仔细研读现有关于列入失信名单或者“黑名单”的法律属性判断的重要论著，实际上也能发现论者们对于上述不同层次的概念在做一些区分。例如，胡建淼教授对于“黑名单”的系列研究，在法学界颇有影响力。在一篇公开发表的文章中，胡建淼教授虽然用副标题《行政机关实施“黑名单”是一种行政处罚》鲜明地表达了“行政处罚说”的立场，但其实在具体论证上，胡建淼教授仍然作了有意识的区分。一方面，他坦言，行政机关的列入“黑名单”的情况非常复杂，只有在以行政相对人违法为前提，并且直接导致行政相对人的合法权益受到限制或剥夺的情况下，才属于行政处罚。另一方面，他又指出，将“黑名单”公布于网上，构

---

① 在一项早期开展的有关行政“黑名单”的代表性研究中，有论者就注意到该制度在实践中所扮演着的不同功能，并将它划分为惩罚性、警示性、备案类和普法类四种类型，并分别探讨了它们的法律性质定位。参见刘平、史莉莉：《行政“黑名单”的法律问题探讨》，载《上海政法学院学报（法治论丛）》2006年第2期。尽管以上这些分类并不完全准确，但其中所提及的备案性“黑名单”，就相当于笔者此处所讲的列入“黑名单”行为。

成精神罚；后续如果被限购限贷等，构成资格罚；如果被限制出国旅游，则构成人身罚。[①] 可以看出，胡建淼教授所言的列入“黑名单”，其实是在广义或者最广义上使用的，即包含列入“黑名单”（狭义）之后的公开以及后续链接的一系列制裁措施，而正是这些列入以后的措施，才是导致其被定性为行政处罚的原因。换言之，如果只是单纯地将行政相对人列入“黑名单”（狭义），本身并不足以构成行政处罚。[②] 遗憾的是，后续很多学者可能只是关注到了这篇文章的标题，而没有深究论者所主张的“行政处罚说”的限定条件与立论基础，以致后续“以讹传讹”不断，由此在一定程度上支撑了“行政处罚说”在行为定性方面的通说地位。基于上述的分析，这种错误的认识亟待加以纠正。

2.“行政事实行为说”存在的问题

主张列入失信名单的行为应当定性为行政事实行为，这多发生于行政机关在作出行政处罚后将这一信息归集到信用平台的场景之中。在这种情形下，由于受到“一事不二罚”原则的束缚，就难以再将此类失信名单的列入行为定性为行政处罚，在此背景下，就有观点主张运用行政事实行为或者类似的概念工具来定性列入行为。

例如，在吴某某诉北京市东城区城市管理综合行政执法局行政处罚案中，吴某某未经许可，擅自在在北京市东长安街 33 号北京饭店门口售卖小国旗，被北京市东城区城市管理综合行政执法局处以没收案涉小国旗的行政处罚。与此同时，东城区城管局还依据《北京市公共信用信息管

---

① 参见胡建淼：《“黑名单”管理制度——行政机关实施“黑名单”是一种行政处罚》，载《人民法治》2017 年第 5 期。

② 在 2015 年发表的一篇论文中，胡建淼教授便已明确指出，如果在“黑名单”管理中，只是作了名单记录而没有后续的进一步措施，这只是属于一种登记制度而已。参见胡建淼：《对现实中三种管理事例的法治思考》，载《行政管理改革》2015 年第 12 期。而在 2021 年发表的另一篇论文中，胡建淼教授对于不同情形下行政机关实施“黑名单”行为的性质作了更为清晰和系统的界分。他指出，行政机关列入“黑名单”并加以公开，或者有关部门依据这一“黑名单”实施限权性措施，均属于行政处罚行为；而如果行政机关在将行政相对人列入“黑名单”后不对外公开且有关部门不采取后续的限权性措施，则其性质仅为行政确认行为。参见胡建淼：《论“行政处罚”概念的法律定位——兼评〈行政处罚法〉关于“行政处罚”的定义》，载《中外法学》2021 年第 4 期。

理办法》的规定，将吴某某的上述违法设摊的信息作为不良信息，归集到公共信用信息服务平台。吴某某不服上述行政处罚决定以及违法信息被列入平台的行为，提起行政诉讼。本案一审北京市东城区人民法院以及二审北京市第二中级人民法院均认为，东城区城管局将吴某某的不良信息列入公共信用信息服务平台，属于行政处罚的附随行为，该行为不单独对吴某某的权利义务产生实际影响，据此驳回了吴某某的诉讼请求。[①] 在这一案例中，对于列入信用平台这一行政活动，尽管法院并没有明确地提出行政事实行为这一定性，而是用“行政处罚之后的附随行为”“不对权利义务产生实际影响”加以评价，但二者事实上仍然遵循了大体一致的判断。该判决可供商榷之处在于，将行政处罚信息录入信用平台，不宜定性为对信息主体不产生实际影响。因为在大数据时代，数据具有典型的增值利用、扩大影响的特征，在将该信息归集到平台后，其对行政相对人权利义务造成的影响是直接的、广泛的，因此不宜定性为仅构成一种附随影响。

对于列入失信名单行为的法律属性判断，如果是在信息流动不充分的传统年代，认为它属于行政事实行为，是具有一定的正当性的。然而，置身于当前所处的信息化、大数据时代以及国家强力推动社会信用体系建设的整体背景下，上述观点不免落后于时代发展需要，成为了陈腐之见。因此，走出传统的“行政事实行为说”之窠臼，主张该行为本身构成一个独立的具体行政行为，正逐渐成为理论界和实务界的共识。例如，有学者就直截了当地指出，对于信用信息被行政机关记入信用平台这一行为，应当将其定性为具体行政行为。[②] 更值得注意的是，当前已经有不少立法对列入行为作了具体行政行为的定性。典型例子如《企业信息公示暂行条例》(2024 年)第 23 条规定：“公民、法人或者其他组织认为政府部门在企业信息公示工作中的具体行政行为侵犯其合法权益的，可以依法申请

---

① 参见北京市第二中级人民法院行政判决书，(2019)京 02 行终 1365 号。

② 参见罗培新：《社会信用法：原理 · 规则 · 案例》，北京大学出版社 2018 年版，第 150 页。

行政复议或者提起行政诉讼。”这一条文中所提及的“企业信息公示工作”,包含了这部行政法规第17条所规定的列入经营异常名录、严重违法企业名单等活动。从列入失信名单行为被纳入行政复议、行政诉讼救济的渠道的规定来看,其不应当被定性为行政事实行为。而依据《市场监督管理严重违法失信名单管理办法》(2021年)第13条第1款以及第23条的规定,市场监管部门在作出行政处罚决定时,应当对是否将行政相对人列入严重违法失信名单单独作出决定,而对于当事人被列入或移出该名单的决定不服的,可以依法申请行政复议或提起行政诉讼。这里要求在列入失信名单时单独作出行政决定书,更为鲜明地体现出了此类行为属于具体行政行为而非行政事实行为的定性。

从当前的司法实践来看,对列入失信名单纳入到行政复议、行政诉讼的受案范围,已经成为越来越多行政复议机关和法院的共识。[①] 在一些案例中,法院还对此类行为不属于行政事实行为作出了判断。在上海邦特尔文化传媒有限公司诉上海市长宁区人力资源和社会保障局拖欠农民工工资“黑名单”决定案中,上海邦特尔文化传媒有限公司因拖欠劳动者工资,上海市长宁区人力资源和社会保障局依法对该公司作出责令补发拖欠工资的决定,同时依据人力资源社会保障部发布的《拖欠农民工工资“黑名单”管理暂行办法》(人社部规〔2017〕16号)的规定,对邦特尔公司作出将其列入拖欠农民工工资“黑名单”的决定书,同时依法在上海市人社局网站上作了公布。邦特尔公司不服该“黑名单”决定,提起行政诉讼。在诉讼答辩过程中,长宁区人社局主张该列入名单行为不可诉,理由是“黑名单”决定依附于先前的行政处理决定书之上,它并未创设、改变或者重新确定原告的权利义务。对此答辩意见,法院并未采纳,而是认可了其

---

① 代表性案例,参见黄小军与长沙市工商行政管理局天心分局、长沙市工商行政管理局列入工商系统信用黑名单及行政复议纠纷案,湖南省长沙市天心区人民法院(2015)天行初字第52号行政判决书。在该案中,黄小军对长沙市工商行政管理局天心分局将其列入工商系统信用黑名单的行为不服,分别提起行政复议和行政诉讼法,复议机关和法院均予以受理。

可诉性。[①] 从中可以推断出，法院否定将列入失信名单的行为定性为行政事实行为。类似地，在上海图域文化发展有限公司诉上海市静安区市场监督管理局等列入企业经营异常名录决定及行政复议决定案中，图域公司不服静安区市场监管局将其列入企业经营异常名录的行为，先后申请复议以及提起行政诉讼，复议机关和法院均受理了该案，[②]从中也可以推断出，行政复议机关和法院均拒绝对其作行政事实行为的定性，而是将其视作具体行政行为。尤其值得注意的是，法官在该案判词中尽管没有对列入决定不属于行政事实行为作出明确的定性，但是在审理该案的法官事后所撰写的案例评析中明确指出，该决定属于声誉罚。[③] 尽管如笔者接下来要分析指出的，将该决定定性为声誉罚仍然不够妥当，正确的定性应为行政确认行为。但从法官错误定性的“声誉罚”中至少可以看出，法院否定将列入决定简单地定性为行政事实行为。

3. 采用“行政确认说”的理由

本书认为，在列入失信名单行为的定性上，应当采取“行政确认说”，这是因为在该行为中，包含着对信息进行汇集、认定、“背书”等要素，它完全符合行政确认行为的基本特征。有学者在分析市场监管领域的列入企业经营异常名录行为的定性时，也正是从这一角度主张它属于行政确认行为。[④]

此外，对于列入失信名单的行政确认定性，还可以从与之类似的两类信息规制工具——行政通报、出具信用报告的类比中，获得进一步的

---

① 参见上海邦特尔文化传媒有限公司诉上海市长宁区人力资源社会保障局拖欠农民工工资“黑名单”决定案[上海市高级人民法院参考性案例第 139 号(2022 年)]。

② 参见上海市闵行区人民法院行政判决书，(2019)沪 0112 行初 242 号。

③ 参见张秋萍、李震：《“失联”企业列入企业经营异常名录行为的可诉性分析与合法性审查——图域公司诉上海市静安区市场监督管理局、上海市市场监督管理局列入经营异常名录行政行为案》，载国家法官学院、最高人民法院司法案例研究院编：《中国法院 2021 年度案例 · 行政纠纷》，中国法制出版社 2021 年版。

④ 参见章晓涵：《将企业列入经营异常名录行为的性质认定与审查标准——上海某文化发展有限公司诉上海市静安区市场监督管理局等列入企业经营异常名录决定及行政复议案》，载最高人民法院行政审判庭编：《行政执法与行政审判》第 86 集，中国法制出版社 2023 年版。

确证。

第一，与行政通报行为的定性类比。

所谓行政通报，是指行政机关将行政相对人的违法事实经过整理后公之于众的一种行政活动。从当前司法实践来看，已经有不少法院对行政通报行为作了行政确认的定性。

例如，在上海味利皇食品有限公司不服上海市卫生局卫生监督通报案中，一审上海黄浦区人民法院指出："被告下属的卫生监督所作为食品卫生监督部门，以《卫生监督简报》的形式通过新闻媒体向社会作出《关于上海味利皇食品公司生产的无糖月饼引起食物中毒的通报》，其性质是一种履行法定职责的行政管理行为……完全符合具体行政行为的构成要件。"[①]虽然这一判词仅表达出食品安全通报作为可诉的具体行政行为之立场，但颇有意思的是，在由作为该案审判长的黄浦区人民法院法官陈国生撰写的该案案例评析中，明确指出这是行政确认行为："通报的内容确认了原告生产的无糖月饼引起食物中毒的特定事项，并实际设定了原告必须接受消费者退货的义务，直接涉及企业的名誉和财产权益，符合《行政诉讼法》第十一条规定的受理条件。据此，通报行为应当视为是一种可诉的行政确认行为，属于人民法院行政诉讼司法审查的范围。"[②]

与上一判决中人民法院在表达"行政确认说"时采取的隐晦含蓄立场不同，在图符（北京）航空遥感信息技术有限公司与国家测绘地理信息局行政通报纠纷上诉案中，法院明确指出了行政通报行为的行政确认属性。在该案中，图符公司无测绘资质从事测绘活动，但在被行政机关查处时，违法行为已经超过了两年的处罚追责期限。对此，国家测绘地理信息局在所属系统内对上述违法行为进行通报，并通过其官方网站上的政务公

---

① 上海市黄浦区人民法院行政判决书，（1999）黄行初字第3号。

② 陈国生：《上海味利皇食品有限公司不服上海市卫生局卫生监督通报案》，载国家法官学院、中国人民大学法学院编：《中国审判案例要览（2000年商事审判暨行政审判案例卷）》，中国人民大学出版社2002年版。不过，王贵松教授对此行政确认的定性持有疑虑，认为这与具体行政行为要求针对特定行政相对人实施这一要件有所不合，至少法官对此并未作出详细的论证。参见王贵松：《食品安全风险公告的界限与责任》，载《华东政法大学学报》2011年第5期。

开栏目,对该通报进行了公开。北京市第一中级人民法院一审认为,“被诉通报中认定图符公司实施了无测绘资质而从事测绘活动的违法行为,但鉴于已经超过行政处罚的追责时效,决定不再给予行政处罚。因该项内容已经明确表示不再给予行政处罚,故被诉通报不应属于行政处罚,而仅为对违法行为的一种确认。考虑到这一确认行为客观上对图符公司造成了不利影响,宜将其纳入行政诉讼的审查范围”。[①] 北京市高级人民法院二审也维持了上述一审意见。

从上述两则行政通报案例中可以看出,行政机关实施的行政通报,其运作都可以划分为两个阶段:一是对行政相对人的违法信息进行收集、整理与确定,二是对外公开。上述法院认为行政通报构成行政确认行为,其着眼的都是第一个阶段,而第二阶段的对外公开,实际上是作为通报行为生效的外化要件而存在的,扮演的是对行政相对人的送达角色(类似于公告的送达)。由此可见,在行政通报中,对违法信息的归集已被明确为行政确认属性,那么同理,列入失信名单也应当作相似的行政确认定性。

第二,与出具信用报告的定性类比。

当前,在行政证明事项清理与优化营商环境的改革背景下,广东、上海等地相继出现了用行政机关出具信用报告替代传统上出具无违法证明的改革举措。[②] 由于行政证明属于典型的行政确认行为,从二者功能相承接的角度来看,出具信用报告也应当被视作具有行政确认的属性。那么进一步而言,与出具信用报告类似的列入失信名单行为,自然也可以被纳入行政确认的定性之中。

4. 可能的质疑及回应

一旦将列入失信名单定性为行政确认行为,可能会受到的质疑是,这是否就意味着该类行为在任何情况下均为可诉?进一步的质疑意见或许

---

① 北京市高级人民法院行政判决书,(2017)京行终 5070 号。

② 参见广东省人民政府办公厅 2021 年 7 月印发的《信用报告代替企业无违法违规证明改革实施方案》(粤办函〔2021〕233 号);上海市人民政府办公厅 2023 年 2 月印发的《关于推行市场主体以专用信用报告替代有无违法记录证明的实施方案》(沪府办规〔2023〕6 号)。

为:如果行政机关在采取列入失信名单行为以后进一步实施对外公开行为,那么是否就意味着行政相对人可以针对列入行为与公开行为分别起诉?如果分别起诉,是否会带来诉讼资源的浪费?其实,上述担忧是不必要的。因为行政确认的定性与该行为的可诉性之间并无必然的联系。

一方面,并非所有的行政确认行为均为可诉行政行为。尽管在最高人民法院印发的《关于行政案件案由的暂行规定》(法发〔2020〕44号)中列有"行政确认"这一类型的案由,但是这并不意味着在任何情况下行政确认行为都是可诉的。在理论上一般认为,行政确认包含了两种类型,分别是独立性行政确认与附属性行政确认。[①] 其中,只有前者是可诉的,后者并不具有可诉性。对此,最高人民法院办公厅印发的《行政审判办案指南(一)》(法办〔2014〕17号),明确表达了此种区分立场:"行政机关依职权就特定事实作出确认,并将其作为行政处理决定事实根据的,该确认行为不能成为独立的诉讼客体,但其直接对公民、法人或者其他组织的权利义务产生实质影响的具有可诉性。"

另一方面,也不能因为某一行为不可诉甚或是意图人为地将其排除在诉讼救济大门之外,就否认其作为行政确认行为的属性。如前所述,实践中为了将诸如交通事故认定等行为排除在行政诉讼受案范围之外,就创设出了所谓的"证据说"之定性,否认此类活动的行政确认属性,这是典型的倒果为因式的做法,也是短视的功利主义选择。

回归到此处讨论的列入失信名单行为定性这一主题之上,笔者主张将其定性为行政确认,并非意味着它在任何情形下均为可诉。在列入失信名单这一行为作出以后,如果行政机关又实施了后续的公开名单甚至采取进一步的失信惩戒措施,此时,作为行政确认行为的列入行为就会被后续的行为所吸收,进而不再具有独立的可诉性。这也合乎行政确认的内在特征。[②] 因此,担心因定性为行政确认行为而将列入失信名单全部纳

① 参见应松年主编:《当代中国行政法》(第4卷),人民出版社2018年版,第1337-1338页。

② 胡建淼教授指出,可吸收性是行政确认行为的基本特征之一。参见胡建淼:《行政法学》(第5版),法律出版社2023年版,第663页。

入行政诉讼范围，是不必要的。

（三）归集型信息工具与行政确认理论的调适

生动活泼的行政实践与定型化的行政行为形式论之间构成了一种双向互动关系。因此，归集型信息工具并非只是简单地应用行政确认理论，还具有丰富行政确认图景、促使对后者的反思、推动后者的发展之作用。

在以往的行政确认理论中，一般根据确认内容的不同，将行政确认划分为财产权确认、主体资格确认、身份关系确认、行为能力确认、事故责任确认等类型。[①] 在以上这些分类中，归集型信息工具难以直接归入其中。例如，如果是针对自然人信息的归集活动，似乎可与上面分类中的“身份关系确认”建立起微弱的联系，但实际上，这一归入也是较为牵强的，因为传统上一般认为，“身份关系确认”只包括婚姻登记和收养登记这两类，无法进一步延展到人格利益之上。当涉及组织的信息归集活动时，确实可以与上面分类中的“财产权确认”建立其一些关联。但上述处理均非根本之计。最为妥当的做法，应当是将针对信息的确认单列为独立的一种类型，并独立地开展制度设计，如此方能因应信息时代中对于信息确认的发展要求。

关于上面提出的单列一类的主张，还可以从行政确认制度的发展趋势角度做一些补充论证。如前所述，在市场化、社会化改革的浪潮中，行政机关正在逐步从一些传统的行政确认领域中撤退。主张将信息归集型确认单列为一种行政确认，似乎与行政确认适用领域逐渐萎缩的趋势之间是背道而驰的。但实际上，上述看法并不准确。归集型信息工具这一行政确认活动在未来非但不必缩减，反而需要进一步发展壮大，除了因为它适应了信息时代的独特发展需求以外，更为重要的理由在于，这一类行政活动在本质上涉及信息生产活动，而信息生产具有一个鲜明的特点——规模经济特点，即所收集到的信息，如果交给大规模的人员使用，

① 参见刘平：《行政执法原理与技巧》，上海人民出版社 2015 年版，第 165 – 171 页。

相比于交给小群体人员使用而言，其生产成本并不会增加。[1] 因此，在信息归集领域，交由公共组织而非私人来承担是更为合适的制度设计，这样既能让信息在最大范围内惠及广大公众，亦能使得平摊到每个人后的信息生产成本达到最低水平。因此，在未来，信息归集将成为行政确认领域最为重要的适用版块之一，其实践需求只会增强，不会降低。正因为此，在行政确认体系中，存在将其单独设置为一种类型的必要性。

三、归集型信息工具有效运作的要件

在新行政法学的视野中，尽管对行政活动的关注总体上呈现出合法性与有效性双线并举的格局，但更为突出的是对制度有效性实现条件的探究。正如新行政法学的旗手性人物施密特·阿斯曼教授所指出的："所有法律均以其有效性为目标。法学不能满足于对个别法律规定及法律制度作诠释性之整理，法学也必须就其发生效力之条件加以探究。"[2]由于归集型信息工具在整个信息规制体系中处于基础性的地位，其是否能够有效地归集到信息，直接决定了后续的公示型信息工具、监管型信息工具能否顺利运作。在此背景下，对归集型信息工具有效运作的要件加以探讨，就具有了特别重要的意义。笔者认为，归集型信息工具的有效运作应当满足如下四个方面的要件。

（一）信息具有行政上的有用性

有用性是指行政机关所归集的信息应当有助于实现其所追求的行政管理目标的实现。对于那些在行政上根本不具备利用价值的信息，行政机关不得收集，也禁止要求行政相对人提供。尽管相比于其他行政管理手段而言，信息规制工具总体上的运行成本更低，但这并不意味着该工具的运作不需要支付行政成本。实际上，在信息的收集、维护、更新以及数据库的建立、运营等方面，行政机关每年为此付出的成本仍然是十分高昂

---

① 参见张维迎：《信息、信任与法律》，生活·读书·新知三联书店2003年版，第256－257页。

② ［德］施密特·阿斯曼：《秩序理念下的行政法体系建构》，林明锵等译，北京大学出版社2012年版，第20页。

的。而如果进一步将行政相对人为此配合信息的归集所投入的时间、精力、人员配备等成本纳入考量范围，那么这一信息归集活动的运行成本就显得十分巨大，[①]更加不容小觑。因此，在制度经济学上认为，只有当行政机关收集信息能以低成本的方式进行，或者系为执行法律所必须时，信息收集活动才是必要的。相反，在市场机制能有效实现资源配置的场合，行政机关的信息收集活动就是没有必要或者无效的，此类收集活动更多只是在满足其维持既定工作习惯的需要。[②] 遗憾的是，官僚制运行的一个显著特点恰恰是，行政机关具有维续既定信息归集做法的本能倾向，不仅对所归集的信息是否真正能为自身所用以及是否满足效益原则要求缺乏审慎评估，而且还会不顾及市场主体的信息提供成本，层层加码，要求后者提供越来越多的信息，最终导致市场主体的不堪重负。[③]

从我国以往的行政管理实践看，信息的行政有用性这一要件并未得到很好地执行。典型例子如在司法行政系统中长期实行的要求未执业的法律职业资格证书进行备案这一做法。按照司法部 2002 年发布的《法律职业资格证书管理办法》（现已废止）第 17 条的规定，对于已经取得法律职业资格证书但尚未从事法律职业的人员，须在每年的第一季度，持法律执业资格证书的副本到地级市司法行政机关办理年度备案。地级市司法机关行政机关在办理备案业务后，还需要进一步将年度备案情况上报至省一级的司法行政机关。上述规定确立了未执业的法律职业资格证书持有人每年向司法行政机关报备信息这一制度。值得追问的是，出台这一制度，制度设计者究竟意图达到何种管理目的？掌握了尚未执业的持证人信息，是为了便于后续推送精准服务，引导乃至督促这些人员尽快执业？还是便于对今后此类证书的新增发放进行总量控制，以期防止法律

---

① 例如，在行政统计调查领域，广大市场主体需要按照《统计法》等立法的规定，配合统计行政部门定期填写统计报表中涉及的经济运行指标，这一社会成本是巨大的。

② 参见[美]丹尼尔·F. 史普博：《管制与市场》，余晖等译，格致出版社、上海三联书店、上海人民出版社 2017 年版，第 69 页。

③ 参见邢会强：《信息不对称的法律规制——民商法与经济法的视角》，载《法制与社会发展》2013 年第 2 期。

从业人员规模的饱和以及防范恶性竞争？显然，上述两种有关备案制度有用性的阐释，都是经不起推敲的。一方面，获得了法律职业资格证书，持证人有权自行决定是否进一步从事法律职业，司法行政机关无权对其自主选择进行干预。另一方面，法律职业资格这类证书不属于应实行总量调控的许可证件。只要依法通过法律职业资格考试，司法行政机关就应当发放该资格证，不得以该证书总量已经饱和为由予以拒绝。即便要防范法律服务市场的恶心竞争，也应当从调控更为下游的许可证书（如律师执业证）角度入手。举一个不甚恰当的类比：如果要解决城市交通拥堵的问题，更为恰当的做法应当是对机动车号牌实行总量控制，而不是对机动车驾驶证实行总量控制。由此看来，对未执业的法律职业证书进行年度备案，是缺乏正当性理由的。或许也正因为此，长期以来，各地司法行政机关对于持证人未依法备案的做法展现出了相当的容忍度，甚至在司法行政系统内部，也逐渐形成了此类证件不需要备案的共识。[①] 司法部2020年新发布的《法律职业资格管理办法》，也已经悄然废止了此前的规定，不再要求备案，不少地方司法行政机关据此明确地发出了停止受理该证书备案的通知。[②] 这也从另一个侧面印证出了这一制度缺乏行政上的有用性。

当然，对于归集型信息工具有用性这一要件的解释，应当进行从宽把握。有些信息在归集之初未必就会立刻显示出其价值，但随着时间的推移，特别是伴随着大数据分析技术的运用，其价值就会逐渐显现出来，此类具有潜在利用价值的信息，仍然在可以归集的信息范围之列。至于如何对信息的行政有用性展开衡量，笔者认为，需要建立对信息的定期评估

---

① 在苏州市司法局官网的法律职业资格证书年度备案栏目中，明确写道："经请示上级管理部门答复：新的《法律职业资格管理办法》出台前，是否备案没有强制要求，对证书暂时可以不备案。"访问网址为：http://sfj. suzhou. gov. cn/sfj/ndba/nav_tt. shtml，最后访问日期：2023 年 7 月 21 日。从这段话中不难看出，在《法律职业资格管理办法》（2020 年）出台以前，法律职业资格证书的年度备案工作事实上就已经停止了。

② 参见 2021 年 1 月 19 日发布的《天津市司法局关于取消法律职业资格证书年度备案和变更备案的通知》；2021 年 3 月 1 日发布的《河南省司法厅关于取消法律职业资格证书年度备案和变更备案的通知》；等等。

制度作为配套性制度。对信息规制实效性的评估，一直以来是该工具运用过程中所存在的一个短板。当前出台的很多信息规制工具，其实效性究竟如何，总体上仍然停留在依靠经验直觉粗略判断的层面，缺乏精细的、具有说服力的实证研究数据的支撑。[①] 对归集信息是否具备行政有用性的评估，应当将其放置在信息规制实效性评估的整体视角内给予考量，并将其作为实效性评估中的一个重要指标展开设计。而且，这种评价应当是贯穿始终的、动态的。不仅在信息被放入归集目录之前应当展开评估，而且在信息被纳入到归集范围以后，也应当定期地对信息是否具有持续利用价值展开追踪。因为有些信息在归集之初或许是具有行政上的利用价值的，但随着时间的推移，特别是当其他替代性行政手段实现了其价值以后，就应当将该信息排除在归集目录以外，以防止过度消耗归集信息的行政成本和社会成本。

（二）信息应当“应归尽归”

信息是驱动信息规制机器引擎的基础性“燃料”。这一燃料库是否准备充足，直接决定了这类规制工具能否发挥出成效。因此，归集信息的全面性和充分性，便成为了确保归集型信息工具有效运作的不可或缺的要件。其实，这一要件也并非是在信息时代下才涌现出来的，在传统的行政调查活动中，调查的职权主义便要求行政机关对信息展开全面的调查。[②] 但在信息时代的背景下，行政机关对于信息归集的需求变得愈发迫切。在此背景下，在近年来的信息规制和数字政府建设实践中，已经有一些地方明确地提出了要求实现公共信息或政务数据“应归尽归”的要求。例如，《宁夏回族自治区人民政府关于加强数字政府建设的实施意见》（宁政发〔2023〕17 号）就指出：“自治区各职能部门对行业数据归集治理承担

---

① 萨拉蒙就直截了当地指出，对于信息干预的有效性或者效率判断，目前更多停留在猜测的层面，缺乏扎实的实证评估。信息政策直观地给人以成本较低的观感，但是其究竟取得了哪些实际效果，缺乏成本收益的精确分析，这是未来需要着重加强的工作。参见［美］莱斯特·M. 萨拉蒙主编：《政府工具：新治理指南》，肖娜等译，北京大学出版社 2016 年版，第 210 页。

② 参见余凌云：《行政法讲义》（第 3 版），清华大学出版社 2019 年版，第 231 页。

主体责任,数字化管理机构对全区政务数据归集管理承担统筹责任,推动政务数据资源应归尽归。”怀化市人民政府办公室印发的《怀化市推进数字经济发展实施意见》(怀政办发〔2023〕8 号)、白城市人民政府办公室印发的《贯彻落实吉林省“4 个建设工程”进一步优化营商环境若干措施的通知》(白政办发〔2023〕2 号)等文件,也都提出了类似的公共信息或政务数据“应归尽归”的要求。这些实务中发出的声音,是值得理论界给予高度重视的。

要求归集型信息工具的运作遵循“应归尽归”的原则,这一观点甫一提出,将不可避免地会引发诸多理论争议。特别是在针对非匿名化的自然人信息(即个人信息)的归集上,上述观点的妥当性可能会受到更加激烈的批判。一种具有代表性的质疑意见认为,一旦要求将信息尤其是个人信息尽可能归集到行政机关,将使个体彻底丧失对于信息的自决和控制权利,进而形成个体被公权力深度支配控制的状况,甚至有滑向如乔治·奥威尔的小说《1984》中所描述的监控国家深渊之风险。[①] 另有观点也是基于个人信息保护的立场,认为传统行政调查领域的职权主义要求应当让位于个人信息保护的需要。[②] 不过,正如本书第二章已经分析过的,上述质疑意见乃是建立在传统的个人信息自决权的理论基础之上的,主张个体对信息的绝对化控制,这既不现实,亦无法适应信息时代和大数据时代对于信息深度利用的需求。诚如美国耶鲁大学法学院教授巴尔金(Jack M. Balkin)指出,作为福利国家(Welfare State)和安保国家(National Security State)的自然延伸结果,监控型国家(National Surveillance State)的形成在现代社会中已经成为一种难以阻遏的趋势,它无论是在保护社

---

① 对此担忧的系统阐释,参见赵宏:《从信息公开到信息保护:公法上信息权保护研究的风向流转与核心问题》,载《比较法研究》2017 年第 2 期。类似的质疑,参见郭瑜:《个人数据保护法研究》,北京大学出版社 2012 年版,第 178 - 181 页(作者主张,遏制个人数据的无限制汇集,是个人数据保护法最为重要的任务之一,并主张将个人数据处理有限原则确立为个人数据保护的核心原则。尽管如此,作者也坦承,这是与信息技术的本质最具有矛盾性的一个原则)。

② 参见洪家殷:《公务机关资料之搜集与个人资料之保护》,载《东吴法律学报》2019 年第 4 期。

会公众免受恐怖袭击、预防普通犯罪方面还是在提供社会服务方面，都发挥着愈发不可替代的角色，因此，问题已经不是我们是否需要这样的一个监控型国家，而是我们将拥有何种版本或样式的监控型国家。[①] 我国学者亦总结道，发端于前大数据时代的规制个人信息收集活动的核心原则——最少够用原则，无论在私法领域还是在公法领域都已经备受挑战，政府应尽可能充分地收集个人信息时，使信息库呈现出一定的冗余度，以便为后续对信息的挖掘及增值利用奠定基础。[②] 之所以会发生这种转向，其实是出于理论上对个人信息属性的重新定位。不同于在传统时代将个人信息主要视作个人可以支配的权利客体，在大数据和信息化时代，个人信息被重新定位为一项公共物品，它具有公共性特征，这种公共性不仅表现为具有商业方面的利用价值，而且具有诸如社会风险治理等方面的促进社会公共福祉的意义，这就决定了建立在传统私权观念基础上的个人信息自决权无法再继续适用，相应地，基于信息主体的自决权而形成的以规范信息收集环节为中心的规制模式，就存在重大缺陷，由此，规制信息的使用比规制信息的收集来得更为重要。[③] 换言之，在信息的归集与后续的使用上，应当适用差异化的规则，[④]总体上贯彻一种“备而慎用”的制度设计理念。质言之，一方面应允许对信息进行充分归集，另一方面需要通过对后续使用环节的加强监管，代位性地承担起维护行政相对人权益之使命。这与英国学者舍恩伯格和库克耶在分析数据处理时提出的规制重

---

① 参见［美］杰克·巴尔金：《基于信息的治理：美国宪法能否回应大数据时代的挑战?》，康向宇译，载张志铭主编：《师大法学》2019 年第 1 辑，法律出版社 2020 年版。

② 参见林鸿潮：《个人信息在社会风险治理中的利用及其限制》，载《政治与法律》2018 年第 4 期。

③ 同上。

④ 在实践中，有的信息规制工具在制度建构上就没有体现出归集环节与后续公开环节进行差异化设计的思路。例如，《厦门市市场监督管理局关于贯彻落实国家市场监督管理总局国家药品监督管理局国家知识产权局加快建设全国统一大市场实施方案的工作措施》（厦市监综规〔2023〕3 号）提出要推动信用信息“应归尽归、应示尽示”，此处将在归集与公示的问题上适用同等的原则，是有问题的。在理论界，也有学者并未区分信息归集环节与公示环节的差异性。例如，有学者在分析信用惩戒制度的未来优化时，就主张信息的归集和公开均应当适用“最低、适当”原则。参见卢护锋：《信用惩戒滥用的行政法规制——基于合法性与有效性耦合的考量》，载《北方法学》2021 年第 1 期。

心环节转变的观点形成了呼应,这两位学者认为,在大数据时代,应当制定与此前的时代相区别的数据保护政策,在这一新模式之下,应当将规制的重心放在对数据使用者的行为规制之上,而非在收集数据之初固守信息主体同意之规则,这样的权利配置方案有利于激发出数据的利用价值,[①]同时也能妥善平衡好信息利用与权利保护之间的关系。

其实,要求行政机关在信息的归集环节做到"应归尽归",在我国已经不再只是单纯的理论层面的一种设想。相反,它在诸多的行政领域立法中已经有一定程度的体现。

在这方面,《个人信息保护法》的出台,无疑首先具有"风向标"的意义。作为一部同时调整私主体和国家机关信息处理活动的立法,《个人信息保护法》(2021 年)在第二章"个人信息处理规则"中专设一节(第三节),对于国家机关处理个人信息的特别规则作了规定。在该法的制定过程中,一审草案曾一度规定,国家机关处理个人信息原则上应当履行"告知 + 同意"的规则,但在正式通过的立法中,仅保留了告知规则,取消了同意规则(见表 4 - 1)。由于《个人信息保护法》(2021 年)第 4 条规定,个人信息的处理包含了收集、存储等活动,上述规则的变化,十分鲜明地释放出了在国家机关的个人信息归集活动中弱化个人同意障碍、促成信息依职权归集之信号。在这一点上,《个人信息保护法》(2021 年)的规定与此前颁布的《网络安全法》(2016 年)、《全国人民代表大会常务委员会关于加强网络信息保护的决定》(2012 年)等立法中确立的同意规则相比,亦展现出了鲜明差异。[②]

---

① 参见[英]维克托·迈尔—舍恩伯格、肯尼斯·库克耶:《大数据时代:生活、工作与思维的大变革》,周涛译,浙江人民出版社 2013 年版,第 220 页。

② 依据《网络安全法》(2016 年)第 41 条第 1 款的规定,网络运营者收集个人信息,应当征得被收集者的同意。由于该法并未将网络运营者限定于私主体之上,因而国家机关作为网络运营者收集个人信息,同样需要受到这一条款的约束。同样地,在《全国人民代表大会常务委员会关于加强网络信息保护的决定》(2012 年)第 2 条也规定,网络服务提供者和其他企业事业单位收集公民个人信息,应当征得被收集者的同意。

表 4-1 国家机关处理个人信息的同意规则变迁

<table>
<tr><th>《个人信息保护法》
一审草案</th><th>《个人信息保护法》
正式通过文本</th></tr>
<tr><td rowspan="2">第 35 条:“国家机关为履行法定职责处理个人信息,应当依照本法规定向个人告知并取得其同意;法律、行政法规规定应当保密,或者告知、取得同意将妨碍国家机关履行法定职责的除外。”</td><td>第 35 条:“国家机关为履行法定职责处理个人信息,应当依照本法规定履行告知义务;有本法第十八条第一款规定的情形,或者告知将妨碍国家机关履行法定职责的除外。”</td></tr>
<tr><td>第 13 条:“符合下列情形之一的,个人信息处理者方可处理个人信息:……(三)为履行法定职责或者法定义务所必需……依照本法其他有关规定,处理个人信息应当取得个人同意,但是有前款第二项至第七项规定情形的,不需取得个人同意。”</td></tr>
</table>

即便是在个人信息归集领域最为敏感的地带——公民指纹信息录入,我国 2011 年修订后的《居民身份证法》第 3 条第 3 款也明确规定了在公民申领、换领、补领居民身份证时应录入指纹信息之要求。在域外,此类信息归集活动被认为存在违宪之虞,[①]我国也有学者从实质合法尤其是比例原则的角度对这一做法提出过批评,[②]但至少从我国立法上的上述规定来看,立法机关对于敏感个人信息的归集还是呈现出了颇为宽松的立场。另据这部立法的起草者的考察,在颁布这一规定时,全世界共有 100 多个国家或地区实行身份证制度,其中有 56 个国家或地区在身份证中加入了指纹信息,另有一些国家尽管在中央层面缺乏统一录入要求但在地方层面引入了类似的做法;而且,我国公安机关在办理身份证业务时录入指纹信息,仅采集若干指纹特征点信息,这些信息不能在事后被还原成图像,因此能够确保所录入的公民指纹信息的安全性。[③] 综合以上情况来

① 2005 年 9 月 28 日,我国台湾地区“司法院”作出的大法官释字 603 号解释文即认为,此种做法构成违“宪”。

② 参见张红:《指纹隐私保护:公、私法二元维度》,载《法学评论》2015 年第 1 期。

③ 参见杨焕宁:《关于〈中华人民共和国居民身份证法修正案(草案)〉的说明——2011 年 10 月 24 日在第十一届全国人民代表大会常务委员会第二十三次会议上》,载《全国人民代表大会常务委员会公报》2011 年第 7 号。

看，我国强制要求录入公民指纹信息的规定，总体而言仍然是较为妥当的。

而最能体现我国对信息归集活动采取的宽松立场的实例，当属遍布于各公共场所之中的公共监控。随着“天网工程”“雪亮工程”等工程的实施，公共摄像头已经遍布于公共空间中的各个角落，[①]它们在维护社会治安、固定证据以解决民事纠纷等方面发挥着积极的意义。从社会公众的一般心理来看，对此类摄像头的设置也表现出较高的容忍度。[②]《个人信息保护法》（2021 年）第 26 条也规定，在满足维护公共安全所必需、遵守国家有关规定并设置显著提示标识的情况下，可以安装图像采集设备，换言之，此时个人信息保护的要求，让位于维护公共安全的需要。其实，正如有学者所指出的，即便在现代社会的权利保障视野中，真正值得保护也是个人身份不被行政机关持续地识别、追踪的自由，而非免受行政机关观察的自由，因此，与其保护公民免受公共监控的观察，不如保护公众的匿名期望、防止其身份信息被不合理地识别来得更为妥当和现实。[③] 这一点，实际上《个人信息保护法》也有所体现。尽管从《个人信息保护法》（2021 年）第 26 条的规定来看，立法机关对于在公共场所安装图像采集设备和安装个人身份识别设备作了并列式的相同规定，但是立法机关也明确提出，由于具有人脸识别功能的设备涉及捕捉个人的生物特征信息，对其使用应当受到更为严格的限制，一般只能在反恐、维护国家安全和侦

---

① 据统计，截至 2014 年，中国官方设置的摄像头已经高达 1 亿个左右，相当于平均每 14 个公民拥有一个摄像头。另外有统计称，中国人平均每天暴露在摄像头的次数超过 500 次。参见程啸：《个人信息保护法理解与适用》，中国法制出版社 2021 年版，第 242 页。

② 或许是在东亚民众的心理中，对于秩序的需求超越了对隐私权的期待，为此可以解释，为何公众对于公共空间中的监控呈现出高度的容忍度。日本朝日新闻社曾在 2004 年做过一份社会调查，访谈公众对于商店、街道和其他人员聚集场所设置安防摄像头的态度，结果有 89% 的被调查者对此持赞成态度，持反对意见的仅有 7%。而此前读卖新闻社于 2003 年所作的一份社会调查也显示，有 88% 的民众对于在繁华街区和商店街道设置摄像头持赞成意见。对此，日本学者不无感叹地评价道，对于安防摄像头的设置争议，尽管在法学界不乏争论，但在广大国民心中，却受到了压倒性的支持。参见［日］田村正博：《警察行政法解说》，侯洪宽译，中国人民公安大学出版社 2016 年版，第 239 页。

③ 参见郑晓军：《论公共监控的功能边界》，载《中国法律评论》2022 年第 5 期。

查犯罪的情况下才可安装和使用。[①] 据此也可以反衬出立法机关对待公共监控信息采集活动相对宽松的立场。

当然,要求信息"应归尽归",也并非要将信息无条件地、不加区分地归集起来,而是要满足一定的条件。首先,所归集的信息应具备前面所指出的行政有用性这一要求,禁止将无用的信息归集起来,否则只会造成信息库的"虚假繁荣"景象,同时给有用信息的便利化检索及后续利用带来困难。其次,对于由不同主体所掌握的同一信息,应当贯彻"一次提供"原则,防止多头采集行为的发生,即在要求其中一个主体提供信息后,同一机关不得再向其他主体要求归集相同的信息。最后,在信息的归集上,行政机关还要注重充分利用已有的信息库资源,如果通过检索既有的公共信息或数据库资源便能够获取信息的,行政机关也不得重复采集。[②]

(三)信息应当具有准确性

毫无疑问,信息的准确性也是确保归集型信息工具有效运作的重要条件。前面所提出的信息"应归尽归"之主张,意图使所聚合的信息能够充分地发挥出价值,但这其实需要满足若干前提条件。其中一个前提条件便是要求所归集的信息应当是准确的。在此,可以运用群体决策领域著名的孔多塞陪审团定理(Condorcet Jury Theorem)加以说明。依据该定理,在集体决策中,如果单一个体作出正确决策的概率能够超过50%,那么集体决策的概率就要超过每一个单独个体决策正确的概率,甚至随着集体成员规模的不断扩大,集体决策的正确概率将不断增长,最终逼近于100%。换言之,此时集体决策要优于个人决策,大集体决策的质量要高于小集体。[③] 然而,孔多塞陪审团定理还有一个常为人们所忽略的"阴

① 参见杨合庆主编:《中华人民共和国个人信息保护法释义》,法律出版社2022年版,第81页。

② 在这方面,有立法已经作出了明确的禁止性规定。例如《广东省统计条例》(2022年)第22条第2款规定:"政府统计机构和有关部门开展统计调查时,应当充分利用省政务大数据中心的公共数据,不得重复搜集。"

③ 参见[美]凯斯·R. 桑斯坦:《信息乌托邦:众人如何生产知识》,毕竞悦译,法律出版社2008年版,第26-27页。

面”,即如果个体犯错的概率超过50%,那么此时在进行集体决策是犯错的概率也会高于个体犯错的概率,甚至随着集体成员规模的扩展,群体犯错的概率将不断增加,直至将作出正确决策的概率逼近于0。[①] 上述正反两方面的定理,也可以用我们的日常经验加以印证。俗话说“众人拾柴火焰高”,显然这句话中强调所拾之物为柴火,且应当是干柴。如果所拾之物为湿柴或者阻燃物,那么火焰可能就越来越小,直至熄灭。尤其是在当前所处的大数据时代的背景下,错误的信息一旦被归集,会产生成倍地放大其错误效应,[②]这不仅会严重干扰行政机关作出正确决策,还会对信息主体产生持久的不利影响。此外,它还会严重挫伤公众对于此类信息规制工具的信赖,损害政府的公信力,长此以往下去,将产生类似于寓言故事《狼来了》中所揭示的那种管制困境,导致信息规制工具无法再奏效。[③]正是在这一意义上,有学者将准确原则视作政府利用信息进行治理的根本性要件,[④]是十分有道理的。

从以往的行政实践看,在确保所归集的信息具有准确性方面,我国行政机关仍有不小的差距。例如,在深州水有限公司与株洲市卫生局不合格产品公告纠纷案中,株洲市卫生局下属的株洲市卫生防疫站在对深州水有限公司生产的桶装纯净水进行抽样检测时,发现其细菌总数超过国家标准,据此以其生产的纯净水属于不合格产品为由,在《株洲日报》上作了公告。但事后证明,上述不合格的检测结论,是因检测人员所采取的抽样方法有误所致。在这次采样中,检测人员系从深州水有限公司办公室的饮水机龙头处采集了数据,而该饮水机本身存在被额外污染的可能。为此,株洲市卫生局再次派卫生防疫站工作人员到深州水有限公司,从密

---

① 参见[美]凯斯·R. 桑斯坦:《信息乌托邦:众人如何生产知识》,毕竞悦译,法律出版社2008年版,第30页。

② 有学者十分形象地指出,信息的归集就好比是将众多鸡蛋放在一个篮子里,它是对信息处理风险的聚合而非分散。参见郑晓军:《反思公共数据归集》,载《华东政法大学学报》2023年第2期。

③ See Richard S. Morey, *Publicity as a Regulatory Tool*, 30 Food, Drug, Cosmetic Law Journal 469(1975).

④ 参见吕艳滨:《信息法治:政府治理新视角》,社会科学文献出版社2009年版,第142页。

封的纯净水容器内进行抽样检测，结果发现所测纯净水完全符合国家标准。此后，株洲市卫生局将第二次检测结果在《株洲日报》作了公告，但尽管如此，由于此前的第一次公告对该公司造成了巨大的声誉影响，导致该公司在短期内就陷入濒临倒闭的境地。[①] 同样地，在2009年发生的“农夫山泉砒霜门事件”中，原海口市工商局在对农夫山泉公司旗下的两款饮料进行抽检时，发现其中总砷含量超标，为此向社会发布消费警示，提供社会公众注意规避风险。但事后证明，上述检测结论是因海口市工商局检测失误所致，经依法复检后，检测结果全部合格。但是，由于海口市工商局错误发布消费警示，给农夫山泉公司带来了巨大的声誉和财产损失，累计损失高达10亿元以上。[②] 以上两个案例均显示，行政机关在履行法定职责过程中，他们所归集的信息上存在不准确之处，并被后续的公开环节，将这种错误放大，从而给被公布方产生了难以估量的巨大损失。要避免此类案件的再发生，当务之急是提升所归集信息的准确程度。

当然，在适用准确性这一要件时，需要对其作出准确全面的理解。所谓信息的准确性，并非苛求所归集的信息在客观结果上需要达到真实无误。与其说是一个结果概念，不如说是过程性概念来得更为妥当。即在信息的获取和收集中，行政机关应当尽到与管理事务相称的审慎义务。特别是在风险预防的视野中，面对未知、不确定的风险，行政机关基于防范事后不可逆的损害后果的考量，可以在因果关系、损害后果等事实尚未最终确定的情况下，就先行展开相应信息的归集工作，进而应用于后续的信息公示、监管等活动之中。在此种情形下，在归集信息上只要行政机关尽到了足够审慎的义务，那么这些信息同样满足准确性之要求。德国联邦宪法法院在2002年作出著名的“警告葡萄酒掺乙二醇案”裁定中，明确采取了这种立场。在该案中，德国一些葡萄酒厂商为了实现更佳的口感，在葡萄酒中掺入了乙二醇，但剂量尚未达到使人立刻中毒的程度。但考

---

① 参见王国和、李太泉、刘续跃：《对一起因大桶饮用水质量公告引起行政诉讼的思考》，载《中国公共卫生管理》2000年第2期。

② 参见吴旦颖：《农夫山泉十亿元打水漂》，载《南方日报》2009年12月10日，第B8版。

虑到它对人体健康存在的潜在可能危害，德国联邦健康部发布了一份检测报告，其中详细地公布了含有乙二醇的葡萄酒的厂商、品名、含量等信息，以此对社会公众展开警告。这些厂商不服，提起诉讼。在判决中，德国联邦宪法法院指出，尽管信息内容的正确性是市场有效运作的基本条件，但国家机关在发布信息时，即便信息的正确性尚未最终确定，在特定情形下也有权加以发布。此时，发布行为的合法性取决于在信息发布之前，有权机关是否在可能范围内已经审慎地利用了可以获取的一切信息，听取了信息主体的意见，并且对信息的可靠性尽力作了查明。此外，在发布此类信息时，还需对信息接收者作出信息正确性无确定把握之提示，以便于后者审慎地作出自我判断和决定。[①]

（四）信息归集系统应当具备安全性、可信性

确立信息在归集环节的“应归尽归”原则，难免给信息主体留下将自己命运交给行政机关主宰之观感，极易引发社会公共焦虑。要缓解这种焦虑，确保所归集的信息在安全、可信的系统环境下存储和使用，亦是实现归集型信息工具有效性不可或缺的要件。否则，信息尽可能地被归集这一要求在推行过程中，很难获得社会公众的积极配合。

值得注意的是，在确保所归集的信息具备安全性方面，我国当前已有不少立法作出了规定。在这其中，最为系统的规定，当属全国人大常委会制定的《数据安全法》(2021 年)。尽管从名称上看，这部立法直接调整的是数据处理活动，但是依据该法第 3 条第 1 款的规定，其所称“数据”是指以电子或其他方式对信息的记录，可见数据处理与信息处理密不可分。在《数据安全法》(2021 年)中，除了建立一般性的数据安全制度、数据处理者的安全保护义务等规则外，还专门设置一章(第五章)，对国家机关和法律、法规授权的具有管理公共事务职能的组织的政务数据安全制度作了规范。除了中央立法以外，在地方层面出台的公共信用信息法规或规

① 参见《“警告葡萄酒掺乙二醇案”判决》，吴绮云译，载翁岳生编：《德国联邦宪法法院裁判选辑》(十一)，我国台湾地区“司法院”2004 年印行。

章中,通常也将信息的安全作为公共信用信息管理(包括信息归集环节)的基本原则之一作出规定,并且设置了一些具体的安全保障措施。[①] 在一些晚近颁布的地方立法中,还出现了以专章形式对信息安全事项作出规定的立法例。[②]

但是,从实践运作来看,我国在落实公共信息的安全管理工作方面,形势仍然十分严峻。例如,在《数据安全法》(2021 年)实施后不久,2022 年 7 月,有社交媒体就披露,上海公安数据库(SHGA. gov. cn)所归集的数十亿条公民个人信息遭遇泄露,这些信息包括姓名、地址、身份证、手机号、违法犯罪案件信息等,它们被流传至海外,国外黑客甚至还打出 10 个比特币的售价公开售卖这些信息,并披露了其中部分信息的详细内容。[③] 这一事例尽管并未获得官方机构的证实,但从所披露的信息来看,其真实性是颇高的。一旦被证实,这无疑是对刚刚实施的《数据安全法》(2021 年)的当头一棒。

从历史经验来看,缺乏安全性的信息系统所带来的社会后果与代价,是极其沉重的。例如,在 20 世纪 30 年代,荷兰政府为了推动政府管理和改善福利计划,对该国人口开展了全面登记,收集了每个公民的姓名、出生日期、地址、宗教信仰等个人信息。不幸的是,此后纳粹德国入侵荷兰,并占有了上述人口信息,这些信息在随后成为纳粹迫害荷兰籍犹太人的主要信息来源。由于该信息库全面收集了人口信息,最终导致该国被迫害的犹太人高达 73%,其比例远高于其他欧洲国家,如同时期比利时被迫害的犹太人比例为 40%,法国仅为 25%。此外,在荷兰境内的犹太难民由于免于受到信息登记,他们的境况要好于受到登记的荷兰籍犹

---

① 参见《上海市公共信用信息归集和使用管理办法》(2018 年修订)第 3 条、第 6 条、第 7 条、第 26 条;《浙江省公共信用信息管理条例》(2017 年)第 3 条、第 20 条。

② 参见《青海省公共信用信息条例》(2021 年)第四章"信息安全和权益保障"。

③ 参见《数十亿公民信息遭泄漏!公有云上的数据安全还有"救"吗?》,载"维科网"2022 年 7 月 6 日,http://mp. ofweek. com/bigdata/a556714422327;《史上最大数据泄露,黑客偷上海警察数据,叫价 20 万美元》,载"搜狐网"2022 年 11 月 2 日,https://www. sohu. com/a/601897392_120048898。

太人公民。①

除了安全性以外,所归集信息系统的可信性(trustworthy)也是事关归集型信息工具有效运作以及维系信息主体信赖的基础性要件。近年来,可信治理成为了信息规制、数据治理乃至未来新兴的人工智能领域中的热点探讨话题。② 一般认为,可信治理包含了对信息或数据的三个方面要求,分别是存储的可信性、处理的可信性以及外部访问的可信性,这些可信性要求尽管往往多是在私主体运营的信息库的语境下展开论述的,但其实对于公共行政领域的信息库运营也同样适用。③ 就本章讨论的信息归集活动而言,可信性具体包含着如下几个方面的要求:所存储的信息不易丢失或者被篡改;信息处理具有正确性;信息处理过程和结果具有可问责性,确保能够接受审计监督和溯源;等等。④ 如果对照以上这些要求,可以发现,我国当前公共数据库中的信息可信性仍然存在不小的差距。在此,可以以公安机关利用自动化行政系统为例加以说明。公安机关早在20世纪90年代末期就开始了大规模的电子政务建设,到目前为止,已经形成了“横向到边、纵向到底”的信息化工作格局。⑤ 然而,以司法案例为窗口加以观察可知,这些信息处理系统的运作表现还远未能够达到可信

---

① 参见[英]维克托·迈尔—舍恩伯格:《删除:大数据取舍之道》,袁杰译,浙江人民出版社2013年版,第175页。

② 以人工智能领域为例,2019年4月,欧洲委员会下设的人工智能高级别独立专家组发布了《可信性人工智能伦理指引》(Ethics Guidelines for Trustworthy AI),其中提出了可信人工智能的7个方面的要求。

③ 参见钱卫宁等:《区块链与可信数据管理:问题与方法》,载《软件学报》2018年第1期。对于公共行政领域信息库建设运营中的可信性问题,其实早在20世纪70年代便已经受到关注。为了应对公共行政领域计算机数据库应用日益普及化及其对个人信息保护产生的风险,美国政府成立了一个名为“个人数据自动化系统咨询委员会”的组织,该委员会在1973年发布了一份著名的报告,提出了“公平信息实践准则”(Fair Information Practice Principles)的五项原则,其中第五项便体现了数据可信性的要求,它要求公共组织中归集和使用的数据是可靠的,且必须采取预防措施来防止数据被滥用。“公平信息实践准则”为全球个人信息保护规则的研拟提供了最初的思想渊源和一个基础性框架,它对此后其他国家及国际组织提出的个人信息保护规则都产生了重要的影响。相关梳理,参见丁晓东:《论个人信息法律保护的思想渊源与基本原理——基于“公平信息实践”的分析》,载《现代法学》2019年第3期。

④ 参见钱卫宁等:《区块链与可信数据管理:问题与方法》,载《软件学报》2018年第1期。

⑤ 参见刘绪崇、苏欣、唐德权主编:《智慧警务:大数据环境下新时代公安信息化建设模式探索》,清华大学出版社2018年版,第3页。

性的要求(见表4－2)。由此可见,信息归集系统的可信性建设仍然任重道远。

表4－2　公安行政中的信息化系统违反可信性要求的代表性案例

可信性具体要求	违背可信性要求的实践案例	案例出处
存储的信息不易丢失	宜宾市公安交管部门在办理驾驶证管理业务时,由于公安机关交通管理信息系统升级,造成原告合法持有的驾驶证被系统自动注销,其驾驶证档案数据自动丢失	四川省宜宾市中级人民法院(2018)川15行终165号行政判决书
信息处理具有正确性	在公安人口信息管理系统升级的过程中,由于原告周本宝一直是未婚,系统自动将其与合法收养的孩子之间的关系由“父女”变更为“侄女”关系	山东省济南市中级人民法院(2014)济行终字第80号行政判决书
信息系统能抗故障干扰	大同市公安局经济技术开发区分局在办理一起治安处罚案件中,遭遇到办案系统故障停摆,最终被迫只能错误地用大同市公安局刑侦支队的办案系统办理案件	山西省高级人民法院(2019)晋行申48号行政裁定书
信息处理结果可以溯源	在南京青奥会期间,曹某向公安机关申请办理进宁车辆通行证,经办人员将驾驶员信息输入办理系统后,系统显示审核未通过,但系统没有显示不通过的具体原因。原告经多方了解后,才知晓是因其曾实施过骗贷行为所致	江苏省如东县人民法院(2014)东行初字第244号行政裁定书

四、归集型信息工具的法治化框架

对归集型信息工具实施法治化调控,有助于防范这一信息规制工具在实践运行中成为脱缰的野马,避免对行政相对人的权益造成过度的侵害。毋庸赘言,这是传统行政法学重点关注的议题。前面的论证已经表明,在行政行为形式论上,归集型信息工具应当被定位为行政确认行为,这一定性为后续对其实施法治化约束方案提供了基本准据。不过,应当看到的是,不同于公示型信息工具与监管型信息工具的制度设计有《政府信息公开条例》《行政处罚法》《行政强制法》等明确的单行行政行为立法可以适用或参照,行政确认制度长期处于分散、零碎的立法状况之中。①因此,找到了行政确认这一行为定性,就如同只是在大海航行中看到了灯塔中微弱的灯光,它在为归集型信息工具的制度设计提供确定性方面所能发挥的指引作用仍然颇为有限。对信息归集工具的法治约束方案的探寻,注定是一项充满挑战性的智识旅程。本部分将从法治原则、设定规则、程序制度等方面展开对归集型信息工具中的核心制度的阐释,②以此描绘出规范该工具的法治化框架。

(一)信息归集的基本原则:目的拘束原则

法律原则不仅是支撑和指导规则制定的基础性原理,而且在规则缺位时,还能发挥出填补法律规则漏洞的作用。也正因为此,从以往颁布的行政行为立法的经验来看,立法机关通常会在总则部分对指引该行政行为运行的基本原则作出规定。在设计归集型信息工具的法治化框架时,同样不能忽视法律原则对于这类信息规制活动的指引和规范作用。

在信息归集环节,最亟须确立的基本原则,当属目的拘束原则。它实际上是行政法上比例原则中的第一项子原则——适当性原则在信息归集领域的应用。在个人信息保护领域,目的拘束原则素有“帝王条

---

① 行政确认在立法上呈现出的这种分散、零碎状况,其实并不仅是我国立法上所独有的一种现象。从世界范围内看也是如此,迄今为止,尚未看到有国家或地区专门制定了调整行政确认活动的立法。另外,在世界各国或各地区的行政程序立法中,也鲜见有对行政确认制度作出调整的立法例。

② 需要说明的是,这三个方面的核心制度并未穷尽归集型信息工具法治化调控的全部制度细节。比如,传统行政法学颇为关注的救济环节,在此处未能展开。这主要是考虑到,在将归集型信息工具纳入行政确认行为后,其救济问题的分析可以借鉴行政确认的有关成果展开分析,对此,本章在第二部分中也已经作了分析,在此不赘。对于其他制度设计的要点,本书限于篇幅,也不再展开。

款”之誉，[①]其重要性地位可见一斑。对于这一原则，事实上在我国《个人信息保护法》(2021 年)上已有明确的规定。该法第 6 条第 1 款规定，“处理个人信息应当具有明确、合理的目的，并且应当与处理目的直接相关”，而该法第 4 条第 2 款又规定，“个人信息的处理包括个人信息的收集、存储、使用、加工、传输、提供、公开、删除等”，据此可以看出，目的拘束原则同样适用于我国个人信息的归集活动。不过，由于《个人信息保护法》(2021 年)所调整的仅仅是已识别或者可识别的自然人信息，因而在实定法层面，这一原则尚难以扩展到匿名化的自然人信息以及企业等组织的信息之上。对于后两类信息，在行政机关的信息规制领域同样有着广泛的应用，甚至可以说，它们的重要性要超过了个人信息。[②] 因此，目的拘束原则应当成为行政机关在归集所有信息(包括个人信息、匿名化的自然人信息、企业等组织信息)时均加以适用的一项基本原则。

对于归集型信息工具适用的目的拘束原则，应当从如下三个方面作进一步的理解和把握：

第一，行政机关在归集信息时应当明确地说明目的。强制要求行政机关说明归集信息的目的，除了满足信息主体的知情权利之外，还可以抑制行政机关在不计成本、不问信息是否有用等情况下过度收集信息的倾向，尤其是可以防御行政机关漫无目的地预存有关资料以备后用之做法。[③] 对于这一点，已经成为各国规范行政机关的信息归集活动的一种共识。例如，美国联邦国会在 1974 年颁布了旨在专门调整行政机关的个人

---

① 参见李惠宗：《个人资料保护法上的帝王条款——目的拘束原则》，载《法令月刊》第 64 卷第 1 期(2013 年)。

② 例如，德国《数据保护法》(2009 年修订)第 3a 条规定，对个人数据的收集、处理和使用，应当以尽可能最小化为目标。只要有可能并且付出的努力与所要求的保护水平相比具有合理性，个人数据就应当以化名和匿名化的方式进行。参见《德国数据保护法》，载刘金瑞：《个人信息与权利配置——个人信息自决权的反思和出路》，法律出版社 2017 年版，第 290 页。从上述规定中可以看出，对于自然人的信息而言，匿名信息相比于非匿名信息处于优先加以收集、处理和使用的地位。

③ 参见洪家殷：《公务机关资料之搜集与个人资料之保护》，载《东吴法律学报》2019 年第 4 期。

信息处理活动的立法——《隐私法》(The Privacy Act of 1974),其中明确规定,联邦行政机关在收集个人信息时,只能收集与其履行任务的目的相关和必要的信息,[①]同时应将收集信息的目的告知个人。[②]

第二,行政机关归集信息的目的应当特定。目的拘束原则运行的实效,在很大程度上取决于如何界定"目的"。对行政机关来说,其在归集信息时,极易用诸如维护公共利益、公共安全等宽泛的说辞作为正当化的理由。果真如此,那么目的拘束原则将沦为一项空洞化的原则,该原则旨在规范行政机关的信息归集活动的愿望也将落空。因此,应当禁止行政机关在缺乏特定目的的情况下收集信息,以防止法治国家的目标流于空转。[③] 行政机关向信息主体归集信息,应当具体地说明为何要归集该信息。以在道路上设置监控设施为例,行政机关应当以公告形式说明设置该设施的具体理由,例如,该路段交通事故频发需要为后续事故处理和责任认定固定证据、该路段超速现象严重需要固定证据用于后续对违法行为的查处等,或者说明相关立法或文件中所规定的反恐、维护学生人身安全等具体理由。[④] 相反,如果行政机关仅抽象地说明系为了维护公共利益或公共安全的需要,就难以达到设置目的特定化的要求。

第三,归集信息的目的不得任意变更。行政机关归集信息的目的一旦形成,在信息的后续处理过程中,不得任意地进行变更,否则也将掏空目的拘束原则的规范力。当然,鉴于行政机关所归集的信息在行政管理实践中具有较高的增值利用价值,如果严格将其限定于原初归集时所设

---

① See 5 U. S. C. § 552a(e)(1)(1974).

② See 5 U. S. C. § 552a(e)(3)(B)(1974).

③ 参见[日]小山刚:《"安全"与信息自我决定权》,吴东镐译,载王贵松主编:《宪政与行政法治评论》第6卷,中国人民大学出版社2012年版。

④ 《反恐怖主义法》(2018年修订)第27条第2款规定,地方各级人民政府根据防范恐怖主义袭击需要,可以组织、督促有关单位在主要道路、交通枢纽等区域安装公共安全视频图像信息系统。《国务院办公厅关于加强中小学幼儿园安全风险防控体系建设的意见》(国办发〔2017〕35号)指出,在校园周边探索实行安全区域制度,并在该区域内优先设置视频监控系统。

定的目的之上,不利于发挥出其在服务于公共福祉方面的价值。[①] 鉴于此,对于归集目的的变更可以作出适当的放宽,只要变更后的目的与原初目的具有合理关联,且符合信息主体的合理预期的,仍然应予认可。[②] 在这方面,也有域外例可以作为参鉴。日本《个人信息保护法》(2020 年修订)第 15 条第 2 款规定,个人信息处理者变更使用目的,不得超出与变更前的使用目的具有合理关联性的范围。[③] 欧盟 2018 年颁布的《通用数据保护条例》(GDPR)第 6 条第 4 款也规定,当变更后的目的与初始收集数据时的目的具有相容性,且在考虑如下因素的情形下,可以变更目的:变更后的目的与收集时的目的具有关联性;数据初始收集时的语境及数据主体与控制者之间的关系;对目的的变更落入数据主体计划进一步处理的结果范围内;采取加密与匿名化措施等恰当的保护措施;等等。[④]

需要进一步展开辨析的是,此处主张信息的归集应当适用目的拘束原则,是否意味着与上一部分所提出的信息"应归尽归"这一有效运作的要件是冲突的?其实,二者并不矛盾。首先,目的拘束原则仅仅是对行政机关的信息归集活动提出的一种较低要求,仅要求归集这一手段与所追求的目的相匹配,它并未实质性地抬升信息归集的门槛要件。其次,在笔者所主张的信息"应归尽归"方案中,也并非要求所有信息一律归集,而是要求所归集的信息首先满足具备行政上的有用性这一要件,而行政的有用性是可以与目的拘束原则中的"目的"相对应和衔接的。最后,目的拘

① 著名的大数据专家——英国学者舍恩伯格和库克耶对此有极为准确的判断:"大数据的价值不再单纯来源于它的基本用途,而更多源于它的二次利用……大数据时代,很多数据在收集的时候并无意用作其他用途,而最终却产生了很多创新性用途。"[英]维克托·迈尔—舍恩伯格、肯尼斯·库克耶:《大数据时代:生活、工作与思维的大变革》,周涛译,浙江人民出版社 2013 年版,第 197 页。

② 参见刘权:《论个人信息处理的合法、正当、必要原则》,载《法学家》2021 年第 5 期。

③ 参见《日本个人信息保护法》,刘颖译,载米良主编:《北外法学》2021 年第 2 期,社会科学文献出版社 2022 年版。

④ 参见《欧盟〈一般数据保护条例〉》,丁晓东译,载丁晓东:《个人信息保护:原理与实践》,法律出版社 2021 年版。

束原则的加入,事实上扮演了对个人信息的“最小化收集”原则与信息“应归尽归”要求之间的冲突加以调和的角色。我国《个人信息保护法》(2021 年)第 6 条第 2 款规定:“收集个人信息,应当限于实现处理目的的最小范围,不得过度收集个人信息。”这一条经常被直接解读为是有关个人信息“最小化收集”原则的规定。[①] 但实际上,从条文表述中可以清楚地看出,“最小化收集”原则的适用是有条件的,即必须以是否能实现处理目的为判准,而且在行政机关处理个人信息的领域,通过对“处理目的”的扩大解释,实际上可以对冲“最小化收集”原则的约束效果。如此一来,“最小化收集”原则与信息“应归尽归”要件这一对看似矛盾的要求,实际上是殊途同归的,它们都最终需要回归行政机关所处理的信息是否符合处理目的(是否具备行政上的有用性)这一原点问题上来。

(二)信息归集活动的设定规则

自《行政处罚法》(1996 年)颁布以来,伴随着《行政许可法》(2003 年)、《行政强制法》(2011 年)的踵继,立法上已然形成了通过确立合理的设定规则对特定行政行为进行源头控制的立法惯例,控权的效果也相当不错。因此,在对信息归集活动实施法治化调控时,也应当延用这一控权技术,对不同位阶的立法创设信息归集的权限进行合理分配。

从以往的研究看,对于归集型信息工具的设定权分配,学术界存在很大的分歧。以信用监管这一学界普遍关注的信息规制工具为例,在以往的学说上,对于如何设定该项权力存在两种截然对立的观点:一种观点认为,公共信用事项应当交由全国人大及其常委会或由其授权国务院制定框架性立法,由此,对于当前实践中普遍通过制定地方立法来调整公共信用管理事项的做法,作者提出了明确的批评意见。[②] 另一种观点则认为,对于在失信惩戒管理中实施的失信记录,由于它没有减损行政相对人的

---

① 参见杨合庆主编:《中华人民共和国个人信息保护法释义》,法律出版社 2022 年版,第 28 - 29 页;程啸:《个人信息保护法理解与适用》,中国法制出版社 2021 年版,第 92 - 93 页。

② 参见沈毅龙:《公共信用立法的合宪性考察与调整》,载《行政法学研究》2019 年第 1 期。

权益或增加其义务，故主张任何行政规范性文件都可以进行设定。[①] 其实，上述两种观点都有值得商榷的空间。一方面，失信记录尤其是独立实施的失信记录并非对行政相对人的权益没有影响，主张任何行政规范性文件都有权设定的观点既缺乏立论基础，也不利于对这一权力施加控制。另一方面，如果将失信记录的权限全部收束于法律和行政法规之上，不仅限制过严，而且对于当前地方层面已经普遍推行的此类活动也会带来巨大的冲击。因此，在归集型信息工具的权力设定问题上，亟须在上述两种对立的意见之间找寻到合理的平衡点。

由于归集型信息工具在行政行为论上已经被定性为行政确认行为，那么对其设定规则的探讨，不妨可以合理地借鉴以往针对行政确认设定权的讨论成果。依据胡建森教授的梳理，在现行立法中，行政确认一般交由法律、行政法规来进行设定，但他主张应区分行政确认行为的类型，对其设定规则作出差异化的安排。具体而言，对于独立性行政确认（如颁发结婚证），应当由法律和行政法规来设定；而对于附属性行政确认（如颁发法律职业资格证），考虑到其法律效果会被后面的行政行为（如律师执业证）吸收，故其设定基础应当从宽，凡是拥有实施后续行政职权的主体，都当然地享有对此类行政确认的设定权。[②] 此处通过区分行政确认是独立性行为还是附属性行为来差异化地配置设定规则，对于讨论归集型信息工具的设定规则，是富有启发意义的。但是，主张将独立性行政确认的设定权限定于法律、行政法规之上，仍然限制过严，无法对地方积极开展的信息归集实践给予正面回应。

综合以上因素，笔者建议，信息归集工具的设定应当实行如下方案：

---

① 参见沈岿：《社会信用体系建设的法治之道》，载《中国法学》2019 年第 5 期。值得注意的是，沈岿教授作出上述立论，实际上是有特定语境的，他之所以认为失信记录不对行政相对人的权利义务产生影响，核心理由是认为它们往往会被后续的公开等行为所吸收，换言之，与其说失信记录不影响权利义务，毋宁说它不独立地产生权利义务影响来得更为准确。正因为此，沈岿教授在分析公开失信记录的设定规则时，就主张其权限应当限定于法律、法规、规章之上。参见沈岿：《社会信用体系建设的法治之道》，载《中国法学》2019 年第 5 期。

② 参见胡建森：《行政法学》（第 5 版），法律出版社 2023 年版，第 666 页。

(1)对于独立性的信息归集工具,例如备案、记分或者单纯的信用记录,由法律、法规、和规章来设定。这类信息规制活动对信息主体有权利义务的影响,且影响程度与行政处罚行为不相上下,故可以参照《行政处罚法》所确立的权力设定方案,交由法律、法规和规章来设定。(2)对于附属性的信息归集工具,由于它们在实施后还会被后续的行政行为吸收,故对其设定可以从宽进行,上至法律、下至行政规范性文件,均可以设定。以上方案能在鼓励地方创新与施加合理的权力控制之间找到一个合理的平衡点。

(三)信息归集的程序规则

信息归集程序的合理架构,对于确保归集信息的准确性以及维护信息主体的权益具有十分重要的意义。信息归集的程序规则具体由两个部分构成:一是与传统行政行为共通的程序规则;二是信息归集所特有的程序规则。以下分述之。

1. 与传统行政行为共通的程序规则

尽管迄今为止,对于行政确认行为尚未有专门的立法对其程序规则作出规定,但既然是行政机关所作出的行政行为,那么诸如回避、告知、听取意见、说明理由等适用于传统行政行为之上的正当程序要求,自然也应适用于行政机关所开展的信息归集活动之上。从目前的信息归集实践来看,遵循以下两个方面的程序规则显得尤为迫切:

一是信息归集前的告知和听取意见程序。在信息时代,错误的信息一旦录入系统,存在后期删改困难、难以彻底消除不利影响等问题。因此,在信息归集的过程中,赋予行政相对人被告知以及后续对之发表陈述、申辩意见的机会,是极为重要的。从当前的实践运行来看,在落实信息被归集方的防卫权方面,仍然不甚理想。例如在广州市市政工程监理有限公司与广州市市场监督管理局、广东省市场监督管理局不予公示决定及行政复议决定案中,广州市市政工程监理有限公司监理的项目因发生坍塌事故受到处理,经广东省安监局上报,国家安监总局将广州市市政工程监理有限公司列入2018年第一批安全生产失信联合惩戒“黑名单”,

同时该信息被记录到信用中国(广东)平台。然而,在这一决定作出的过程中,并未通知广州市市政工程监理有限公司,也没有听取其意见。尽管在最终作出列入"黑名单"的决定时,国家安监总局以 2018 年第 6 号公告的形式作了公布,广州市市政工程监理有限公司名列其中,但事实上该公司并未实际知晓这一情况,直至该公司事后在向广东省市场监管局申请"守合同重信用企业"称号受阻时,方才知晓上述情况。[①] 在这一案例中,不仅行政过程中的告知和听取意见付之阙如,而且最终对决定的送达以公告而非个别送达的形式进行也是不妥当的。从目前信息归集领域的实践看,有的领域建立起了告知、听取意见等程序制度。[②] 而有的领域仍然没有建设到位,[③]对此需要按照正当程序原则的要求予以补充。

二是信息在归集时须作出一个正式决定。在当前的实践中,信息在归集以后,行政相对人长期不知晓,以至于错误信息长期存在于系统之中,既影响到行政相对人的权益及后续救济,[④]而且在这一错误信息的基础上,还不断地诱发出新的行政上的错误决定,无限度地放大错误决定带来的不良影响。要防范上述情况的发生,建立针对信息归集活动的正式决定程序势在必行。换言之,行政机关要想归集行政相对人的信息,应当以正式行政决定的形式作出,载明信息归集的目的、事实、理由、内容、救济权利等事项,同时应依法送达给行政相对人,以确保行政相对人的知情权、救济权等实现。实际上,在将信息归集定性为行政确认行为后,要求此类行政活动在完结之时最终作出一个行政决定,这本身也是行政确认

---

① 参见广州铁路运输中级法院行政判决书,(2019)粤 71 行终 4793 号。

② 例如人力资源社会保障部发布的《拖欠农民工工资"黑名单"管理暂行办法》(人社部规〔2017〕16 号)第 6 条规定,人力资源社会保障行政部门在将用人单位列入拖欠工资"黑名单"之前,应当提前进行书面告知,听取用人单位的陈述和申辩意见,经核对无误后方可列入"黑名单"。

③ 例如,在国家市场监管总局发布的《市场监督管理严重违法失信名单管理办法》(2021 年修订)中,就缺乏此类正当程序规则。

④ 有论者正是注意到实践中信息的归集往往停留在行政机关内部掌握,不为行政相对人知晓,据此将其性质定性为内部行政行为。参见刘平、史莉莉:《行政"黑名单"的法律问题探讨》,载《上海政法学院学报(法治论丛)》2006 年第 2 期。如果作出此种定性,那么在现行《行政诉讼法》《行政复议法》等救济框架下,此类行为将难以获得救济。

制度的题中应有之义。[①] 目前,在市场监管领域的失信名单管理领域,已然要求行政机关在归集信息时作出正式决定。国家市场监管总局发布的《市场监督管理严重违法失信名单管理办法》(2021 年修订)第 13 条规定,市场监管部门在作出行政处罚决定时,应当对是否将被处罚人列入严重违法失信名单作出决定,该决定应以列入决定书的形式作出,其中应载明事由、依据、惩戒措施提示、移出条件、救济措施等内容。这一规定值得未来的立法加以借鉴。

2. 信息归集所特有的程序规则

信息归集毕竟属于一项新型的行政活动,为此还需要设计一些符合其自身特点的程序规则:

一是信息主体对归集后的信息有权保持动态追踪。这一权利实际上是公开原则在信息归集领域的一种延伸性适用。换言之,信息主体对于归集活动享有的知情权利,不仅贯穿于信息归集的过程以及最终结果,还能延伸到信息被归集以后。之所以要建立这一延伸性的程序规则,是因为在信息被归集以后,该信息对于信息主体还会产生持续性影响,在这一点上,它迥异于传统的行政场景中权益影响止步于行政决定作出之状况。因此,保持信息主体对于所归集信息的持续追踪,是必不可少的制度设计。美国在 20 世纪 70 年代在个人信息保护领域确立的公平信息处理准则,便十分鲜明地体现出赋予信息主体动态追踪权利的色彩。1974 年美国联邦国会颁布的《隐私法》充分贯彻了该准则的内容。公平信息处理准则具体由五项原则组成,其对行政上营运的计算机数据库提出了如下要求:“(1)必须公开所存在的个人数据记录系统;(2)必须为个人提供一种途径,去发现记录中有什么与其有关的信息以及这些信息如何被使用;(3)必须为个人提供一种途径,去防止以某种目的获得的与其有关的信息,未经其同意而基于其他目的被使用或者获取;(4)必须为个人提供一

① 例如《江苏省行政程序条例》(2022 年)第 101 条第 2 款规定:“行政机关应当制作行政确认决定书或者核发相关证明。”

种途径,去更正或者修改与其有关的带有可辨识信息的记录;(5)对于可辨识的个人数据,任何组织的创设、维护、使用或者传播都必须确保数据使用的可靠性,并采取合理的预防措施,以防止数据的滥用。”[①]从这五项原则中,大都体现了信息归集系统须向信息主体公开、确保其知情并施加控制这一精神。为了确保归集信息向信息主体的开放,美国还在1982年专门修订了《隐私法》,规定《信息自由法》中规定的豁免公开情形,不得作为信息主体依据《隐私法》行使公开权利的阻却理由。[②] 这对于我国信息归集工具的制度建设也颇具启发意义。行政机关不得依据《政府信息公开条例》(2019年修订)所确立的过程性信息、“三安全一稳定”等豁免公开理由,妨碍信息主体查询公共信息系统中所归集的个人信息,对于这一点,有必要在未来的立法中给予明确规定。

二是精细化地设置信息的留存期限。对于被归集的信息,合理地设置信息留存的期限,其意义表现为如下三个方面:(1)能够对冲信息“应归尽归”的风险,缓解信息主体对信息归集活动的担忧。日本学者在评析安防摄像头抓拍行为的合法性时,就指出:“正是因为原则上不进行永久保存,所以才允许在不存在具体的犯罪侦查的必要性等阶段进行摄影,而且必须确保经过一定期限之后,所拍摄的图像信息被切实删除(否则的话,当初的摄影本身就不会得到认可)。”[③](2)通过设置留存期限,对于归集信息的行政机关也是一种督促,进而能够推动信息库资源动态调整,清除其中的无用信息,避免信息库无限膨胀。(3)维持人类社会的遗忘机制,从而给那些曾犯过错的人一个重新被社会接纳的机会。著名的大数据专家舍恩伯格(Viktor Mayer-Schönberger)就指出,在传统时代,遗忘是

---

① [美]皮特·L. 施特劳斯:《美国的行政司法》,徐晨译,商务印书馆2021年版,第363-364页。See also Priscilla M. Regan, *Legislating Privacy: Technology, Social Values, and Public Policy*, The University of North Carolina Press, 1995, pp. 75-76.

② 参见[美]理查德·J. 皮尔斯:《行政法》,苏苗罕译,中国人民大学出版社2016年版,第304页。

③ [日]田村正博:《警察行政法解说》,侯洪宽译,中国人民公安大学出版社2016年版,第246页。

常态，记忆则是例外，这种社会遗忘机制对于人类而言十分重要，它确保带有负面信息的主体能够拥有改过自新的机会，使其能顺利地融入社会、重返正常生活。遗憾的是，在数字时代，随着技术的进步，人类的遗忘能力受到了大幅削弱，为此，遗忘与记忆的原则例外关系被颠倒了过来。而要修正这种颠倒关系，促使遗忘的“复活”，设立信息的留存期限制度是至关重要的一种制度选择。[①] 实际上，在目前我国不少地方出台的公共信用信息立法中，对于信息的留存也作了不少有益的尝试。纵观这些地方立法，通过区分信息的内容（基础信息/不良信息）、归集对象（自然人/企业）设置了差异化的留存期限，同时，在留存期限届满之后，对于不良信息，还可以在区分信息主体是自然人还是企业的基础上，分别适用删除销毁措施以及不可查询的封存措施。[②] 除此之外，所归集的信息还可以根据使用价值的不同，设置差异化的留存期限。例如，在我国台湾地区，依据“警察职权行使法”（2011 年修订）第 10 条的规定，公共监控收集的资料一般应在资料制作完成之日起 1 年内进行销毁，但因调查犯罪或其他违法有必要保存的，不在此限。对于不涉及犯罪或违法的监控资料的保存期限，在该法的起草过程中，立法提案人曾主张保存期限为 3 年，但最终通过的立法将其缩减为 1 年。[③] 从中也不难看出，考虑到公共监控对于公民个人信息权益保护的特殊敏感性，立法者对于信息的留存期限作了从严掌握。综合以上立法经验，在未来信息留存期限的设置上，应当区分适用对象、实用价值、信息内容、管理领域等，设置差异化的期限，不宜作出“一刀切”式的规定。

三是科学地建立信息更正与修复制度。信息在被归集的过程中难免会出错，此时有必要设立信息更正制度。另外，按照教育和监管相结合以

---

① 参见［英］维克托・迈尔—舍恩伯格：《删除：大数据取舍之道》，袁杰译，浙江人民出版社 2013 年版，第 6、21－22、205－228 页。

② 参见叶湘榕：《公共信用信息归集和使用的地方规则比较研究》，载《征信》2014 年第 11 期。

③ 参见蔡震荣：《警察职权行使法概论》，台北，五南图书出版股份有限公司 2016 年版，第 154－155 页。

及行政合规的理念,在信息主体的不良信用信息被归集以后,如果该主体认真整改,不再具备社会危害性的,也可以对此类信息进行修复。在当前的信息规制实践中,信息更正与修复制度也已经在实践中铺开,[①]未来归集型信息工具在其程序设计上应当予以充分借鉴。其中,有一个技术性设计的细节值得探讨:信用信息在修复时,有权机关是径直将原先的不良信用信息予以删除,还是采取其他的修复方案?对此有学者认为,与其删去失信信息,还不如在归集信息中增加填写信用修复的正面信息来得更为可行。理由在于:一方面,随着信息的普遍共享,相关信息在很多时候已经脱离了原机关的控制范围,在技术层面通常无法真正将错误的信息删除干净;另一方面,即便能将相关信息删除干净,但就实际效果而言,也只能实现信息在公共平台的不可见,而非真正实现"全网删除"的效果。在此背景下,增加信息(增加一条修复记录)是更为可行的制度设计方案。[②] 笔者认为,这一观点充分考虑了不良信息被归集后难以通过删除达到彻底修复的特点,是颇为妥当的方案,值得在未来设计信息归集的程序规则时参考。

五、相关问题之展开

对于行政机关开展的信息归集活动,还有两个相关联的问题值得讨论:一是如何看待行政上的信息评价工作?二是对于行政上的信息共享机制构建如何认识?从当前的行政实践看,这两项工作在实践中已经得到普遍开展,但它们的合法性与正当性均值得作进一步的思考。

(一)行政上的信息评价之省思

所谓行政上的信息评价,是指行政机关对于所归集到的信息,运用一定的标准、方法等对这些信息展开评议,进而以等级划分、量化分值、奖惩标识等形式予以展示或表现的一种行政活动。它实际上是信息被归集以

---

① 参见国家发改委制定的《失信行为纠正后的信用信息修复管理办法(试行)》(2023 年)、市场监管总局制定的《市场监督管理信用修复管理办法》等。

② 参见戴昕:《声誉如何修复》,载《中国法律评论》2021 年第 1 期。

后的一种延伸性工作，是行政机关对信息所开展的一项增值利用活动。

应该说，在当前的信息规制实践中，此类信息评价工作已经较为普遍。例如，2016 年 7 月人力资源和社会保障部发布的《企业劳动保障守法诚信等级评价办法》（人社部规〔2016〕1 号），就将企业劳动保障守法诚信等级划分为 A、B、C 三个等级。而对信息评价工作应用范围更广、推进力度更大的领域，当属各地方层面出台的公共信用信息立法。例如《青海省公共信用信息条例》（2021 年）第 24 条规定，青海省发改委会同有关机构制定公共信用综合评价规范，“对市场主体开展全覆盖、标准化、公益性的公共信用综合评价”，并依法向社会公开评价结果。[①] 有一些地方甚至还专门出台了调整信用评价的地方立法，例如长春市政府以地方政府规章的形式颁布了《长春市房地产开发企业信用评价暂行办法》（2020 年修订），对房地产开发企业信用评价的主管机构、指标体系、评价程序等问题作了较为全面的规定。另外值得注意的是，在 2022 年 11 月国家发改委和中国人民银行牵头起草完成的《中华人民共和国社会信用体系建设法（向社会公开征求意见稿）》中，也专设一条（第 67 条），对公共信用评价事宜作出了原则性的规范，由此可见，在未来的社会信用体系立法中，信用评价制度也极有可能获得规范确认。

从理论上说，行政机关开展的所有信息规制工作，均非纯客观性的事实归集、信息传递活动。因为在信息的选择、发布等诸环节上，都不可避免地掺杂一些价值评判的因素，信息规制活动作为一种意图对市场和社会施加干预的工具，这其实是其本质属性使然。[②] 不过，在专门的信息评价工作中，行政机关则是将这种利用行政权力施加评价的色彩运用到了

---

① 对公共信用评价作出规定的地方立法还有很多，代表性的立法例，参见《陕西省公共信用信息条例》（2011 年）第 21 条、《北京市公共信用信息管理办法》（2018 年）第 25 条等。

② 有公共管理学者就准确地指出，信息工具在实践中有一种天然的倾向，即规制机关往往并未止步于简单的信息传递这一环节，而是会较为广泛地植入了自身的意见和观点（如对事务好坏的评价），以及附带提出对被规制方如何行动的建议等。参见 Evert Vedung & Frans C. J. van der Doelen, *The Sermon: Information Programs in the Public Policy Process-Choice, Effects, and Evaluation*, in Marie-Louise Bemelmans-Videc, Ray C. Rist & Evert Vedung (eds.), Carrots, Sticks, and Sermons: Policy Instruments and Their Evaluation, Transaction Publishers, 2010, p. 104。

极致,这就打破了行政权力与市场竞争、社会自治之间的微妙平衡,其正当性颇值得质疑。

其实,如果回顾我国自改革开放以来的政府规制史,不难发现,行政评价的正当性已经日渐受到质疑。在这方面,经济法领域的相关制度变迁,体现得尤为明显。在20世纪80年代,我国曾在经济活动领域广泛地实行优质企业、优质产品等评优评比工作,但是在1991年,国务院专门下发文件,要求停止对企业的各种评比活动,并且规定,各企业有权拒绝和揭发违反规定的评比活动。[①] 正如沈岿教授所指出的,在市场和第三部门尚未成熟发达、消费者期待政府从中引导、企业需要政府加以扶持的年代,政府主导的经济评优活动具有一定的合理性,但随着时间的推移,其弊端日益显现,具体表现为干预企业自主权、影响市场竞争、增加企业负担、助长有偿评奖等不正之风。[②] 即便是在需要具备特定专业知识的领域,改革的方向也应当是交由第三方中立机构开展评价工作,典型例子,如2003年国务院制定的《认证认可条例》,确立了市场化的认证认可制度,这契合于认证认可制度作为独立、专业、权威的第三方评价活动的本质,也顺应了国际潮流。[③]

除了经济领域之外,在社会治理领域中适用信息评价制度,同样存在诸多争议。这一点,在当前呈日趋扩张之势的公共信用信息评价领域表现得尤为明显。早在2009年,江苏省睢宁县就制定了《睢宁县大众信用管理试行办法》,该办法自2010年1月1日起实施。在这一办法中,按照分值的不同,将个人信用划分为A、B、C、D四个级别,分别为诚信级别、较诚信级别、诚信警示级别和不诚信级别,并详细规定了对应的奖惩性后果。这一规定在运行一段时间后,经由媒体的报道,引发了广泛争议。公众所担忧的是,此类分等措施,犹如历史上发放的"良民证",是一种回潮

① 参见《国务院关于停止对企业进行不必要的检查评比和不干预企业内部机构设置的通知》(国发〔1991〕65号)。该通知已失效。

② 参见沈岿:《食品安全、风险治理与行政法》,北京大学出版社2018年版,第5页。

③ 参见刘宗德:《认证认可制度研究》,中国计量出版社2009年版,第20－21页。

退步的做法。面对社会的质疑，时任睢宁县征信办副主任的程卫东在接受采访时也表示，这一行政评价只是社会信用建设中的过渡性措施，最终的发展方向应当是培育信用服务市场，由第三方信用服务机构承担信用评价工作。[①] 其实，试图在社会治理领域推行信用分等的做法还有很多，几乎每隔一段时间，它们就会在变换形式后，在不同的地方上演，但同样备受争议。例如，在2020年9月，苏州市在“苏城码”应用中上线了“文明码”功能，该应用为每位市民设置了1000分的基准分，按照事先设置好的文明分值评定标准进行扣分和加分，以此对市民的文明程度进行分等。这一措施一出台，就立刻受到激烈批评，为此不得不在运行3日后匆匆下线。[②]

笔者反对设立行政上的信息评价制度，在信息规制工具体系中不应该为其设置“容身之所”。理由如下：

第一，信息评价制度的设立，尽管在短期之内会降低市场主体和社会公众的信息处理成本，但从长远来看，容易使信息受众形成对评级结果的依赖心理，影响其独立判断能力的形成。[③] 在市场经济体制之下，政府的规制应当致力于建立信誉运行的支撑性规则和框架，而不能越俎代庖，直接参与和主导各类信誉评级活动（如著名商标、AAA级企业等评定）。此类直接规制活动越多，就越会挤压市场信誉发挥的空间，甚至陷入“市场信誉不足→行政管制→市场信誉供给下降→更多行政管制→市场信誉更快下降”的怪圈。[④]

第二，信息评价制度将扭曲行政资源的配置。一旦将有限的行政资

---

① 参见刘巍巍、夏鹏：《江苏睢宁给114万市民定信用等级 诬告闹访扣分》，载人民网，http://politics.people.com.cn/n/2014/0620/c1001-25179077.html。

② 参见郑新钰：《苏州“文明码”引争议 文明如何“加码”》，载《中国城市报》2020年9月14日，第7版；罗培新：《只要把人分为三六九等，什么码都不行》，载网易网2020年9月8日，https://www.163.com/dy/article/FM0HIJO0051482PU.html。

③ 参见邢会强：《信息不对称的法律规制——民商法与经济法的视角》，载《法制与社会发展》2013年第2期。

④ 参见杨居正、张维迎、周黎安：《信誉与管制的互补与替代——基于网上交易数据的实证研究》，载《管理世界》2008年第7期。

源投入到行政评级活动的运行之上,这对于本已紧张的行政资源来说无异于"雪上加霜"。对美国餐馆的卫生等级披露制度的实证研究表明,在引入这一制度后,改变了执法部门对执法资源的分配格局,使得该部门更加聚焦于对好餐馆的重新检查之上,以确认是否能维持好餐馆的评价,而在执法资源既定的情况下,执法部门对差餐馆的监督检查就相应地受到了弱化。[①] 从这个例子中可以清楚地看出,在引入行政上的信息评价制度后,本应维持的针对差餐馆的执法反而弱化了,这无疑背离了对餐馆监管的初衷。

第三,行政机关是否有足够的信息能力来维持信息评价的有效运作,也是颇为值得怀疑的。行政评价制度建立的逻辑前提在于,认为行政机关在信息获取、分析以及利用等方面优于其他市场主体或社会公众,而在很多时候,这一前提条件并不能够成立。有经济法学者就以商品评优这一信息评价活动为例,指出传统的评优只能表征商品的质量,但对于消费者体验、售后服务等主观性较强的内容,难以全面地作出反映。这也解释了为何诸如消费者信得过企业、消费者满意品牌等评优活动无法获得市场和社会公众的广泛认可度。[②] 从终极意义上来说,在价值观日趋多元、信息呈广泛分散且官民关系日趋平等化的背景下,行政机关仍然想要维持行政评价制度的有效运作是十分困难的。因此,与其介入复杂、难以驾驭的信息评价领域,行政机关还不如全身而退,专注于信息的归集和提供来得更为现实和明智,而信息的评价,以交由信息接收者自行判断为宜。[③]

(二)信息共享机制的审慎推进

正如本书第三章所指出的,站在信息接收者的立场上来说,无论是信息的归集活动还是共享活动,均具有信息收集的意义(分别构成向信息主

---

① 参见[美]欧姆瑞·本·沙哈尔、[美]卡尔·E. 施奈德:《过犹不及:强制披露的失败》,陈晓芳译,法律出版社2015年版,第43页。

② 参见段礼乐:《市场规制工具研究》,清华大学出版社2018年版,第127页。

③ 罗培新教授在评析公共信用评价制度时,也持否定性观点。参见罗培新:《善治须用良法:社会信用立法论略》,载《法学》2016年第12期。

体的直接收集与间接收集)，这也是本书将信息共享问题放在本章中展开论述的原因所在。然而需要看到的是，二者之间还是存在较为鲜明的差异。信息的归集从狭义上来说，仅指信息主体向行政机关单向地提供信息，或者相反地说，是指行政机关向信息主体单向地收集信息，也即它们发生在行政机关与信息主体这一纵向法律关系之中，而在各个行政机关之间，犹如各自建造了信息传递"烟囱"，互不相通。与之不同，信息的共享发生在行政机关之间，这属于横向法律关系，它冲破了部门之间的信息资源与权限的阻隔，在推动整体政府建设、塑造政府的监管合力、释放信息的利用价值等方面均具有十分重要的意义。从这一意义上来说，信息共享机制的"能级"，是信息归集活动远不能匹及的。

在我国的政务信息化和数字政府建设的过程中，对于信息和数据资源的共享问题历来十分重视。这从近年来中央层面密集发布的文件中可以获得印证。2016 年 9 月，国务院印发了《政务信息资源共享管理暂行办法》(国发〔2016〕51 号)，该文件对政务信息资源的共享问题作了系统部署，其中明确提出了"以共享为原则、不共享为例外"的原则。2021 年 2 月，国务院办公厅印发了《关于建立健全政务数据共享协调机制加快推进数据有序共享的意见》(国办发〔2021〕6 号)，尽管这一文件的全文内容并未对外公布，但从标题所强调的"有序共享"一词中，意味着它与此前强调的"以共享为原则、不共享为例外"的原则之间存在一些差异，从中透露出限缩共享范围之意。[①] 2022 年 9 月，国务院办公厅印发《全国一体化政务大数据体系建设指南》(国办函〔2022〕102 号)，对此前一段时期政务大数据体系建设的成效以及存在的问题作了总结。另外值得注意的是，在

① 在 2022 年 3 月通过的《地方各级人民代表大会和地方各级人民政府组织法》(2022 年修订)第 66 条中，同样沿用了"推进政务数据有序共享"的表述。依据立法机关的官方释义，这一条所强调的"有序共享"，是因为《数据安全法》(2021 年)第 38 条规定："对在履行职责中知悉的个人隐私、个人信息、商业秘密、保密商务信息等数据应当依法予以保密，不得泄露或者非法向他人提供。"参见武增主编：《中华人民共和国地方各级人民代表大会和地方各级人民政府组织法导读与释义》，中国民主法制出版社 2022 年版，第 182 - 183 页。从中可以印证的是，相比于"以共享为原则"的表述而言，"有序共享"具有明确的收缩共享范围之意。

2023 年 5 月 31 日国务院办公厅印发的《国务院 2023 年度立法工作计划》中，还明确提出预备制定《政务数据共享条例》的要求。

不过，总体来看，中央文件中提出政务信息资源共享要求，呈现出鲜明的治理需求导向，鲜少从权力规范与控制的角度作出制衡性的设计。尽管《政务信息资源共享管理暂行办法》（国发〔2016〕51 号）第 9 条将政务信息资源的共享类型划分为了无条件共享、有条件共享、不予共享三种类型，但仅对这三种分类的含义作了字面意义上的阐释，并未精确地划定无条件共享、有条件共享与不予共享的信息的具体范围。受这一文件的影响，当前地方层面出台的公共信息或公共数据立法，大都重复了《政务信息资源共享管理暂行办法》（国发〔2016〕51 号）的上述规定，并未在这三种共享类型的适用范围问题上作进一步的具体化。在笔者的检索范围内，仅有《陕西省企业信息互联共享管理暂行办法》（陕政办发〔2016〕2 号）对此作出了具体化的规定。该文件的发布时间为 2016 年 1 月 15 日，早于《政务信息资源共享管理暂行办法》（国发〔2016〕51 号）的发布时间（2016 年 9 月 5 日），因而未受到后者规定的桎梏。依据《陕西省企业信息互联共享管理暂行办法》（陕政办发〔2016〕2 号）第 6 条、第 7 条的规定，企业信息被划分为无条件共享与有条件共享两类，其中，无条件共享的信息具体包括：（1）注册登记、备案信息，动产抵押登记信息，股权出质登记信息；（2）行政许可信息、资质信息、认证认可信息；（3）行政处罚信息；（4）荣誉信息；（5）其他依法应当公示的企业信息。有条件共享的信息包括：（1）涉及国家秘密、国家安全或者社会公共利益的企业信息；（2）涉及商业秘密或者个人隐私的企业信息；（3）非公示企业信息。以上对共享信息范围的规定，对于划清信息共享权力的边界具有重要意义。遗憾的是，随着后续相关立法和文件的制定，无论是其提出的共享类型还是共享内容，都已经显得过时了。

在《个人信息保护法》的制定过程之中，如何规范行政机关的信息共享活动，成为了立法机关考虑的重点议题之一。在 2020 年 10 月 21 日全国人大法工委公布的《个人信息保护法》一审草案第 36 条中曾一度规定：

“国家机关不得公开或者向他人提供其处理的个人信息，法律、行政法规另有规定或者取得个人同意的除外。”[①]该条“不得向他人提供”的规定，为国家机关之间共享个人信息设置了原则性障碍，除非获得个人同意或者法律、行政法规另有规定方可共享。它借鉴了域外有关行政机关共享个人信息的限制性规则。[②] 但是，上述限制个人信息共享的草案条文，在最终通过的《个人信息保护法》(2021 年)中遭到删去。尽管如此，《个人信息保护法》(2021 年)第 23 条仍然规定：“个人信息处理者向其他个人信息处理者提供其处理的个人信息的，应当向个人告知接收方的名称或者姓名、联系方式、处理目的、处理方式和个人信息的种类，并取得个人的单独同意。接收方应当在上述处理目的、处理方式和个人信息的种类等范围内处理个人信息。接收方变更原先的处理目的、处理方式的，应当依照本法规定重新取得个人同意。”这一条所确立的告知及特定条件下的同意规则，对于国家机关间的信息处理仍然具有约束力。[③] 这就意味着，在个人信息的收集与共享这两个问题上，后者的门槛要高于前者：个人信息的共享需要遵循“告知 + 同意”的规则；而个人信息的收集，按照《个人信息保护法》(2021 年)第 35 条的规定，一般仅需履行告知义务即可，甚至在特殊情形下，如果告知将妨碍国家机关履行法定职责的，还可以不用履行告知义务。这样的差异化制度设计，意图在于引导国家机关优先适用直接收集制度，而间接收集只能在有特别法授权或者当事人同意的条件

---

① 参见《中华人民共和国个人信息保护法(草案)》，载杨合庆主编：《中华人民共和国个人信息保护法释义》，法律出版社 2022 年版，第 190 页。

② 例如美国联邦国会在 1974 年颁布的《隐私法》，原则上禁止行政机关之间的数据共享，在通常情形下，在未获得被记录人书面同意的情况下，行政机关不得向另一行政机关披露该信息，除非是为了基于执法目的向该行政机关提出书面请求，且执法活动本身符合法律的授权。参见[美]皮特·L. 施特劳斯：《美国的行政司法》，徐晨译，商务印书馆 2021 年版，第 365 页。

③ 参见单鸿升：《〈个人信息保护法〉下国家机关之功能角色——基于公法权利保护观点》，载宋晓主编：《中德法学论坛》第 18 辑下卷，南京大学出版社 2021 年版，第 211 页。邢会强教授也持相同的观点，但认为《个人信息保护法》(2021 年)第 23 条的规定对于政务信息的共享而言设置了过高的门槛，主张在未来的立法修订中对《个人信息保护法》(2021 年)第 23 条作出修订，以便为政务数据共享清除法律层面的障碍。参见邢会强：《政务数据共享与个人信息保护》，载《行政法学研究》2023 年第 2 期。

下才能为之。[1] 美国联邦国会1974年颁布的《隐私法》也对此作了原则性规定,行政机关所收集的信息在具有不利效果时,应当尽可能直接地从信息主体处收集该信息。[2] 之所以要确立直接收集信息优先的原则,是因为像信息共享这样的间接收集手段,它在适用中会冲破传统组织法上对各机关所设定的职权和信息资源配置的边界,这无论是对于后续责任的准确追究,[3]还是对于行政权力的有效控制而言,都是极为不利的。[4] 综上可见,随着《个人信息保护法》(2021年)的制定,为行政机关的信息共享设置了明确的边界:对于个人信息的共享而言,应当在遵守"告知+同意"规则的前提下才能实施,或者在特别法另有授权的情况下才能实施。而对于非个人信息的共享,虽然不受"告知+同意"规则的限制,但对于其中涉及企业等组织的商业秘密信息,依据《数据安全法》(2021年)第38条的规定,仍然不得非法向他人提供,此外一些单行法也设置了额外的信息共享壁垒。[5] 凡此种种都表明,在现行制度框架之下,行政机关的信息共享活动面临着诸多障碍,在实定法规则的"丛林"中,"以共享为原则、不共享为例外"这一原则宜审慎、准确地加以把握和理解,不得任意地扩大其适用范围。

---

① 参见单鸿升:《〈个人信息保护法〉下国家机关之功能角色——基于公法权利保护观点》,载宋晓主编:《中德法学论坛》第18辑下卷,南京大学出版社2021年版。

② See 5 U. S. C. § 552a(e)(2)(1974).

③ 在当前推进政务信息资源共享的过程中,可谓"内外交困":对外,是指遇到《个人信息保护法》(2021年)等立法的障碍。对内,则是指不少国家机关配合信息资源共享的意愿和动力并不强,因为这些机关担心,信息的共享将导致后续责任无法清晰地界分。参见马颜昕等:《数字政府:变革与法治》,中国人民大学出版社2021年版,第261页;彭錞:《论政务数据共享的推进与边界》,载《交大法学》2023年第6期。

④ 对于信息跨部门共享的风险及其治理路径,更为详细的分析,参见郑晓军:《数据跨部门流动的风险与问责》,载《中国行政管理》2022年第11期。

⑤ 例如《统计法实施条例》(2017年)第30条规定:"统计调查中获得的能够识别或者推断单个统计调查对象身份的资料应当依法严格管理,除作为统计执法依据外,不得直接作为对统计调查对象实施行政许可、行政处罚等具体行政行为的依据。"本条中所提及的单个统计调查对象身份资料,既可以是自然人的个人信息,也可以是企业等组织的信息。

第五章　公示型信息工具研究

行政机关对信息进行归集，仅仅是迈出了信息规制的第一步。在常规情形下，行政机关还会进一步对信息展开利用，以期实现所追求的行政管理目标。而在各种信息利用方式中，将所掌握的信息公之于众，让社会公众知晓进而影响其行为选择，又构成了最为常用的管理方式。由此，公示型信息工具成为整个信息规制工具体系中居于关键地位的一类工具。不过，从实践运作来看，公示型信息工具也面临种种问题，包括信息公示所追求的目标不清晰、信息公示的实际效果堪忧、信息公示的权力运行失控等，这些问题均须在有效性与合法性并重的新行政法学视野中作出系统性回应。此外，公示型信息工具以社会公众作为直接的作用对象，这与传统的具体行政行为旨在规范特定行政相对人这一制度定位之间也存在较大差异。在此背景下，如何在行政行为论体系中对这一制度给予恰当的"安顿"，也是在理论层面亟须解答的一个问题。

本章将首先梳理公示型信息工具的实践谱系，从中总结出两类具有不同性质与内容的工具。其次，讨论公示型信息工具在行政行为论体系中的定位问题，主张将其作为一类特殊的信息公开活动。在此基础上，分别从有效运作的要件与合法性框架两个方面探讨公示型信息工具的制度建设问题。

一、公示型信息工具的谱系

所谓公示型信息工具，是指行政机关将所掌握的信息向社会公开或供公众查询，以服务于社会公众参与经济社会活动需要的一种工具。它的制度面向是朝向社会公众的，内容是为社会公众提供信息服务，在这两点上，它与归集型信息工具与监管型信息工具存在明显的差异。[①]

从我国现行立法的规定来看，公示型信息工具的类型颇多，且呈现出不同的运行样态。举其要者，包括风险警示[②]、危害警告[③]、公告抽查检验结果[④]、公开行政处罚决定[⑤]等。这些实定法上的公示型信息工具，在作用领域和适用范围上各有不同，相互之间的内涵也存在一定程度的交叉。要穿破这些纷繁复杂的实践图景之迷障，达致对事物的体系化认识，可以借助光谱（spectrum）的观念展开分析。从所公示的信息对社会公众所呈现的不同效用的角度审视，可以发现，公示型信息工具在整体上呈现出一条清晰的效用递减的光谱。在这条光谱的最左端，是行政机关发布公共警告，为社会公众提供所亟须的规避风险或危害的信息；而在最右端，是行政机关公开行政处罚决定，这类信息在很多时候无法直接为社会公众的生产、生活等需求提供助益。而在这两极之间，还存在诸如抽查检验结果公告、信用信息公示等工具，它们能在一定程度上为社会公众提供有实际效用的信息。

---

① 归集型信息工具的制度面向是行政机关，内容是让行政机关获取信息；监管型信息工具的制度面向是信息主体，内容是对信息主体施加特定的规制效果。对三类信息规制工具之间差异更为详细的分析，请参见本书第三章第三部分的阐释。

② 《食品安全法》（2021 年修订）第 22 条规定，对于可能具有较高程度安全风险的食品，国务院食品安全监管部门应当及时向社会发布食品安全风险警示。

③ 《突发事件应对法》（2007 年）第 44 条规定，在突发事件的三级、四级警报发布并且宣布进入预警期后，县级以上人民政府应当及时向社会发布可能受到突发事件危害的警告。

④ 《药品管理法》（2019 年修订）第 101 条规定，国务院和省级政府的药品监管部门应当定期公告药品质量抽查检验结果。

⑤ 《行政处罚法》（2021 年修订）第 48 条第 1 款规定，具有一定社会影响的行政处罚决定应当依法公开。

（一）效用极高的工具：公共警告

所谓公共警告，是指行政机关通过发布特定信息，提示社会公众留意在经济社会中存在的特定危害或风险的一种行政活动。从构词法上看，它由“公共”和“警告”两个部分构成。其中，“公共”一词凸显了该行政活动面向社会公众的形式特征，这也是将其归入到公示型信息工具中的理由所在；而“警告”一词体现了这一信息工具对社会公众所具有的实质意义，即为其提供有用的、不可或缺的信息。严格来说，对此类信息规制活动的描述，用“公共警示”这一术语来取代现行“公共警告”的表述，是更为科学的。这不仅有众多学者的反思与呼吁作为支撑，[①]而且还有《网络安全法》《数据安全法》等立法的表述作为佐证。[②] 因为相比于“警告”而言，“警示”一词更为精准地表达了对危害加以提示及其具有紧迫性的意涵，此外还可以避免将它与作为行政处罚种类的“警告”之间发生混同。但考虑到“公共警告”一词经由域外教科书的译介，[③]已经在我国学术界广为接受，[④]为延循成例，本书仍沿用“公共警告”这一表述。

---

① 有学者对此作过明确的区分。林沈节博士在分析食品安全监管领域行政机关发布的警示性信息活动时，就主张用“消费警示”“风险警示”等术语取代域外“公共警告”的概念表达。参见林沈节：《消费警示及其制度化——从“农夫山泉砒霜门事件”谈起》，载《东方法学》2011 年第 2 期。王贵松教授也认为德国法上的“公共警告”这一术语在我国容易产生歧义，为此他提出用“风险公告”一词加以指称。参见王贵松：《食品安全风险公告的界限与责任》，载《华东政法大学学报》2011 年第 5 期。

② 《网络安全法》（2016 年）第 55 条规定：“发生网络安全事件，应当立即启动网络安全事件应急预案，对网络安全事件进行调查和评估，要求网络运营者采取技术措施和其他必要措施，消除安全隐患，防止危害扩大，并及时向社会发布与公众有关的警示信息。”《数据安全法》（2021 年）第 23 条规定：“国家建立数据安全应急处置机制。发生数据安全事件，有关主管部门应当依法启动应急预案，采取相应的应急处置措施，防止危害扩大，消除安全隐患，并及时向社会发布与公众有关的警示信息。”

③ 参见［德］哈特穆特·毛雷尔：《行政法学总论》，高家伟译，法律出版社 2000 年版，第 393－397 页（使用“公共警告”的表述）；陈敏：《行政法总论》（第 9 版），2016 年自版发行，第 631－632 页（使用“公开警告”的表述）；张桐锐：《行政机关之公开警告与国家赔偿责任》，载李钦贤教授六秩华诞祝寿论文集编辑委员会编：《现代法学之回顾与展望——李钦贤教授六秩华诞祝寿论文集》，台北，元照出版公司 2008 年版，第 669－671 页（使用“公开警告”的表述）。

④ 这方面具有代表性的系统阐述，可参见朱春华：《公共警告制度研究》，中国社会科学出版社 2013 年版，第 19－26 页；徐信贵：《政府公共警告的法律问题研究》，法律出版社 2014 年版，第 28－33 页。

在理论界,一般按照行政机关发布的信息是否具有确定性为标准,将公共警告划分为两种类型:[①]一类是行政机关公示已掌握的确定性信息(危害信息)用于警示公众,另一类是行政机关发布尚未最终确定的信息(风险信息)用于警示公众。在我国实定法上,已经有不少立法体现出对以上两类公共警告活动作出区分的思路。例如,《食品安全法》(2021 年修订)第 22 条规定的食品安全监管部门公布食品安全风险警示,以及该法第 95 条规定的国家出入境检验检疫部门对境外食品安全事件的风险预警,都属于针对不确定信息的警示;[②]而《食品安全法》(2021 年修订)第 105 条规定县级以上人民政府食品安全监管部门应当发布食品安全事故的发生及其可能产生的危害这类信息,属于针对确定信息的警示。从上述两类法条中,立法者分别用"风险"与"危害"这两个词汇作了指称,它吸收了学界对这两个概念进行区分的讨论成果,[③]十分清晰地传达出了所警示的信息分别具有不确定性与确定性的内涵。

之所以说行政机关发布的公共警告对于社会公众具有不可或缺、效用极强的价值,可以结合当代社会的特点展开分析。伴随着经济社会的高度繁荣和发展,人类面临着各种可能发生的已知危害和未知风险。在抵御这些危害、风险方面,个体的力量显得越发弱小,为此,越来越需要依靠国家提供帮助,方能有效地控制危害、预防风险。从新冠疫情事例中可以看出,社会公众对于公共警告这一类信息工具的需求是十分强烈的,如果缺乏此类信息,他们将陷入十分危险的境地之中。这就给当代行政机关提出了新的课题。德国著名行政法学家施托贝尔(Rolf Stober)教授曾有过一个判断,他认为,当代公共行政已经从古典时期的秩序行政转变为

---

① 参见徐信贵:《政府公共警告的法律问题研究》,法律出版社 2014 年版,第 42 页。

② 一般认为,风险信息的不确定性至少表现在如下三个方面,分别是损害成因的不确定性、损害发生概率的不确定性以及损害结果规模的不确定性。参见赵鹏:《风险社会的行政法回应:以健康、环境风险规制为中心》,中国政法大学出版社 2018 年版,第 10 - 11 页。

③ 对两者差异的系统阐述,可参见[德]乌尔里希 · K. 普罗伊斯:《风险预防作为国家任务——安全的认知前提》,刘刚译,载刘刚编:《风险规制:德国的理论与实践》,法律出版社 2012 年版。

给付行政,其中给付行政又经历了从直接给付到间接给付之嬗变,晚近更是有从间接行政进一步走向风险行政的发展趋势。在此背景下,防范来自经济社会的潜在危险,有效应对危机,进而为公民提供安全的生活条件,已然成为当代国家面临的核心任务。[①] 而行政机关所承担的公共警告职责,实际上横跨了间接给付与风险预防这两大领域:一方面,通过发布信息并提供给社会公众参考(但不明确发出行为指令),十分鲜明地体现出了间接给付的内容;另一方面,在发布具有科学不确定性的信息方面,行政机关的履职实际上已经涉足到了风险预防领域。换言之,公共警告的发布与当代政府应当承担的职责使命是相吻合的。

(二)效用居中的工具:抽查检验结果公告等

效用居中的信息公示工具,指的是行政机关所公示的信息通常只能为社会公众带来潜在的效用,只有在满足特定条件的情况下,它才能转化为实际效用。换言之,此类工具的效用发挥是有条件的。一般而言,制约这类公示型信息工具的效用发挥的因素主要包含如下几类:一是所公示的信息只是客观地陈述相关事实,没有像上一类公共警告那样,包含比较明确的对公众进行建议、劝告的内容,导致社会公众无法直接从所公示的信息中获取有用的信息;二是所公示的信息内容不够具体,比如对信息所涉对象的姓名或名称作了一定程度的匿名化处理,导致社会公众无法精准地加以识别和判断;三是公示的渠道较为狭窄,比如仅在网上公示,导致不能上网的人员无法及时获知此类信息;四是公示的方式较为单一,例如仅设置公众查询的方式获取信息而非主动公开,导致社会公众无法便利地获取信息;五是所公示的信息太多,导致有用的信息被“沉没”于其中;六是所公示的信息受众范围狭窄,导致其对广大社会公众而言无法发挥出实际效用;七是所公示的信息是社会公众凭借自身经验可以作出基本判断的,因而行政机关再提供此类信息无法给社会公众提供

① 参见[德]汉斯·J. 沃尔夫、奥托·巴霍夫、罗尔夫·施托贝尔:《行政法》(第3卷),商务印书馆2007年版,“中文版前言”第3页。

额外的效用。①

应当指出,要想清晰地指出处于效用居中谱系的公示型信息工具包含哪些具体工具,是颇为困难的。因为这类工具具有"滑动易变"的特点:如果满足特定的条件,它可以被转换为效用极高的公示型信息工具;而如果丧失了特定条件,它又可能降格为效用较低的公示型信息工具。为说明上面这一点,不妨可以举抽查检验结果公告这一类公示型信息工具加以说明。在一般情况下,行政机关公告特定产品的抽查检验结果,对于社会公众所具有的效用居于中等程度。但是,如果被公示的产品牵涉面很广且发生在特定的关键时间节点,比如在端午节前期公示某一知名粽子品牌的质量抽查结果为不合格,那么此时公示的效果无异于向社会公众发出公共警告。相反,如果公示某一罕见病药物的抽查检验结果为不合格,且将其夹杂于众多药品抽查结果之中一并在其监管部门的官网上公示,此时信息公开的实际效果将变得颇低。

类似地,信用信息公示一般也被视作是效用居中的公示型信息工具。但这一工具同样存在在特定情形下分别划向谱系两端的情况。例如,行政机关将某一知名的蛋糕连锁店列入失信企业名单并公示,对于持有或准备持有该蛋糕店的商业预付卡的广大顾客来说,无异于是一种公共警告,此类信息的公示,能够向消费者发出提醒,进而规避该蛋糕店潜在的履约风险。相反,如果一家小型企业因拒不支付劳动者工资被列入到失信企业名单之中并公示,那么此类信息的发布对于其他劳动者的实际效

① 对此可以举一实例。2015 年 1 月 28 日,原国家工商管理总局在其官网上发布了一份题为《关于对阿里巴巴集团进行行政指导工作情况的白皮书》,这份白皮书依据该局网监司在 2014 年下半年对各大平台所作的网络交易商品的定向监测结果,指出"淘宝网"被抽检商品的正品率仅为 37.25%,并指出了阿里系平台存在的商品信息审查不力、销售行为管理混乱等五大问题。在这一事例中,国家工商管理总局作出的白皮书通过官网对外公布,客观上也起到了对社会公众进行风险提示的作用。但实际上,对于在"淘宝网"上有过购物经历的消费者来说,这份白皮书中所披露的商品正品率偏低的信息,实属意料之中的事,它在为消费者提供有用信息方面的价值是颇低的。不过,上述信息公示在证券市场上还是掀起了波澜,阿里巴巴公司因被指信息披露不充分导致股价大跌,而且还在境外遭到调查。参见廖爱玲、赵嘉妮:《国家工商总局与淘宝"握手言和"》,载《新京报》2015 年 1 月 31 日,第 A14 版。

用是极低的。

(三)效用较低的工具:行政处罚决定的公开

严格说来,位居效用较低谱系的公示型信息工具,并不限于行政处罚决定的公开,而是可以扩展到全部行政执法决定的公开之上。但鉴于行政处罚决定在整个行政执法决定中最具代表性,行政处罚决定的公开也一直是行政执法决定公示制度的重点内容,故此处姑且以行政处罚决定的公开为例展开说明。

《行政处罚法》(2021 年修订)第 48 条第 1 款正式确立了行政处罚决定向社会公众公开这一制度,它规定:“具有一定社会影响的行政处罚决定应当依法公开。”从这一条款的字面意思来看,立法者设定了“一定社会影响”这一有关公开范围的限定性要件,其用意似乎十分明确,即意在突出公开制度服务于社会公众的价值。不过,根据立法机关的权威释义,这一公开制度设立的目的并不单一。具体而言,它包含如下三种目的:一是强化对行政机关的监督与约束,推动行政执法的规范化进程;二是有助于社会公众知晓有关情况,增强应对风险的能力;三是借助舆论监督推动处罚结果的履行,提升行政执法的效能。① 从以上立法机关对制度功能的多元化阐释及其排序来看,行政处罚决定公开的最核心目的,并非是向社会公众提供信息给付进而服务于其生产、生活等实际需要,而是强化对行政处罚决定的社会监督。可见,从制度设立的初衷来看,行政处罚决定公开制度并非是直接回应社会公众信息需求的一项制度,其对社会公众的实际效用较低。

其实,《行政处罚法》(2021 年修订)第 48 条第 1 款这一规定的出台,并非是在我国首次建立行政处罚决定的公开制度。在此之前,这一制度已经经历了较长时间的演变。从制度沿革的角度看,为社会公众提供有用信息,历来不是推行行政处罚决定公开制度的核心目的。众所周知,

① 参见许安标主编:《中华人民共和国行政处罚法释义》,中国民主法制出版社 2021 年版,第 138 页。

《行政处罚法》(1996年)虽然在总则部分明确规定了行政处罚的公开原则,但实际上,该原则侧重于表达处罚依据向全社会公开,以及处罚过程与结果向违法行为人公开这两层含义,[①]因而无法延伸至行政处罚决定向一般社会公众公开之上。不过,对于行政处罚决定向全社会公开的探索,在1996年《行政处罚法》颁布后不久就开始施行了。在笔者的检索范围内,最早在规范层面确立对向社会公众公开行政处罚决定这一制度的,是国家税务总局于1998年9月28日发布的《税务违法案件公告办法》(国税发〔1998〕156号),该文件第2条第1款明确规定,税务机关以公告或其他文体形式将已经生效的税务违法案件的行政处理决定进行公告,接受社会监督。尽管这一文件并未直接写明公告行政处罚决定这一内容,但从逻辑上讲,"行政处理决定"当然地包含了行政处罚决定之内容。[②]到了2000年9月22日,国家税务总局又发布了《税务稽查业务公开制度(试行)》(国税发〔2000〕163号),其中在该文件的第3条中明确规定,"税务处理(包括处罚)结果均可公开……对具有较大社会影响、公众关注的大案要案,在调查终结或者处理完毕后,适时予以报道。"同时,该文件第1条还规定了这一公开制度设立的目的是"自觉接受社会监督,保证税务稽查执法严明公正"。从以上两份文件的规定可以十分清晰地看出,税务稽查执法领域建立的行政处罚公告制度的目的被定位为引导社会公众监督依法行政,而非为社会公众提供有用信息。

在此之后,行政处罚决定的公开在其他行政管理领域中也陆续推展开来,且这一制度的功能定位也开始发生一定程度的"位移"。在这方面具有代表性的行政规范性文件,当属国家外汇管理局综合司发布的《外汇违法(负面)信息披露工作规程》(汇综发〔2006〕105号)。在这一专门调

① 参见全国人大常委会法制工作委员会国家法室、行政法室编著:《〈中华人民共和国行政处罚法〉释义》,法律出版社1996年版,第9-10页。

② 在同一时期,对于行政处罚决定的公开作出明确规定的,最早可以追溯至1999年12月12日中国证券监督管理委员会发布的《调查处理证券期货违法违规案件基本准则》(证监稽查字〔1999〕32号,已失效),该文件第4条规定:"证券监管机构对证券期货违法违规行为作出的行政处罚决定,应当公开。"

整信息公示的文件中,其第 2 条将已经发生法律效力的外汇行政处罚决定,明确规定为外汇管理部门实施信息披露的内容之一。另外,在该文件的第 1 条中,还载明了推行外汇违法(负面)信息披露的规范目的,按其表述顺序看,分别是增强依法行政的透明度、完善执法手段与培养经济主体的守信合规意识、维护外汇市场经济秩序。尽管从上述规范目的的表述来看,监督依法行政这一目的仍然被居于首位,但实际上,制度设计的重心已经转移到了失信惩戒之上。[①] 另外,值得注意的是,从最后所提及的"维护外汇市场经济秩序"这一目的来看,也可以解释出旨在为其他市场主体提供有用信息这一隐含意图,[②]即便如此,它仍然被排在各项功能的末尾,可见这并非是核心性的功能。

到了 2014 年,国务院发布《企业信息公示暂行条例》,该行政法规第 6 条明确规定,工商行政管理部门应当通过企业信用信息公示系统,公示其在履行职责过程中作出的企业受到行政处罚的信息,并且要求该企业信息应当自产生之日起 20 个工作日内进行公示。[③] 这一规定体现出更为鲜明的将行政处罚决定公开作为失信惩戒措施的功能定位。不过,随着 2019 年 1 月国务院办公厅发布《关于全面推行行政执法公示制度执法全过程记录制度重大执法决定法制审核制度的指导意见》(国办发〔2018〕118 号,以下简称《行政执法三项制度指导意见》),行政处罚决定公开的功能定位又发生了重大转变。在这一文件中,行政处罚决定的公开被作

---

① 国家外汇管理局管理检查司负责人在解读外汇违法(负面)信息披露制度中的制定背景时就明确指出,这是推进外汇管理领域信用体系建设的一种有益探索和尝试。参见谷秀军:《加大社会信用信息披露力度 努力推进社会信用体系建设 国家外汇管理局有关部门负责人就外汇违法(负面)信息披露试点工作答记者问》,载《金融时报》2005 年 9 月 15 日,第 A2 版。

② 与这一判断可以形成呼应的是,国家外汇管理局管理检查司负责人在解读外汇违法(负面)信息披露制度中所蕴含的失信惩戒这一制度功能时,就指出,一旦这些信息向社会披露后,可以为市场交易主体所用,作为其判断交易对方信用情况的依据,进而决定是否与之开展交易。参见谷秀军:《加大社会信用信息披露力度 努力推进社会信用体系建设 国家外汇管理局有关部门负责人就外汇违法(负面)信息披露试点工作答记者问》,载《金融时报》2005 年 9 月 15 日,第 A2 版。

③ 值得注意的是,2024 年国务院对《企业信息公示暂行条例》作了修订,在新条例第 6 条中,将"工商行政管理部门"改称"市场监督管理部门",将"企业信用信息公示系统"改称"国家企业信用信息公示系统",但实质内容不变。

为执法公示的重要内容,具体规定如下:“行政执法机关要在执法决定作出之日起20个工作日内,向社会公布执法机关、执法对象、执法类别、执法结论等信息,接受社会监督,行政许可、行政处罚的执法决定信息要在执法决定作出之日起7个工作日内公开,但法律、行政法规另有规定的除外。”从这一段规定所提及的“接受社会监督”一词中可以清晰地看出,行政处罚决定公开的功能定位再次从此前转向的失信惩戒被拉回到了制度设立初期的执法监督之上。立法机关在解释《行政处罚法》(2021年修订)第48条第1款的出台背景时,就开宗明义地提到了2019年1月国务院办公厅发布的《行政执法三项制度指导意见》这一文件的内容,[①]可见两者在功能定位上有直接的沿承关系。不过,由于受到此前出台的《政府信息公开条例》(2019年修订)第20条规定的影响,《行政处罚法》(2021年修订)第48条第1款在规定行政处罚决定公开的范围时,没有采纳《行政执法三项制度指导意见》所采取的一律公开的立场,而是强调“具有一定社会影响”的行政处罚决定才能公开,这就又在一定程度上体现出公开制度服务于社会公众需要的色彩。

综上可见,对于行政处罚决定公开制度的定位,尽管不同的立法或文件的侧重点有所不同,但总体来看,它们还是侧重于表达监督依法行政与实施失信惩戒这两项功能,而为社会公众提供有用信息这一功能面向往往被忽略,或者仅被作为附带、隐含的功能提及。由此可见,站在制度设计者的原旨主义立场上看,为社会公众提供有用信息并非是行政处罚决定公开制度的核心功能,[②]在此背景下,社会公众寄希望于通过这项公示制度获取生产、生活等方面的有用信息,自然也是不现实的。因此,将其

① 参见许安标主编:《中华人民共和国行政处罚法释义》,中国民主法制出版社2021年版,第138页。

② 在此特别需要说明的是,此处对行政处罚决定公开功能的判断,完全是建立在解读制度设计者原意的基础上进行的。换言之,这里所梳理的是一种规范的实然状态,它并不代表笔者赞同这一制度定位。正如下文将要论证的,从公示型信息工具本身的制度定位看,未来行政处罚决定公开制度应当朝向为社会公众提供有用信息的方向加以塑造,并可通过对“具有一定社会影响”这一要件作出限缩解释得到实现。

归入效用较低的公示型信息工具这一谱系之中,是较为妥当的。

二、公示型信息工具在行政行为体系中的定位:政府信息公开

公示型信息工具作为一种在法规范上频繁出现的新兴行政活动,同样需要在传统的行政行为体系中找寻合理的定位,以此推动其融入行政法学体系,并为后续的制度建设奠定基础。但与归集型信息工具不同的是,公示型信息工具涉及三方主体关系:行政机关发布的信息,既直接面向社会公众,又间接地对被公示方产生影响。这就给公示型信息工具的行为定性增添了复杂之处。

纵观以往学界的研究,学者们在论述公布违法事实、“曝光”、公开“黑名单”等具体类型的公示型信息工具时,多认为这类信息工具具有复合的行为定性特征,概括来说,学界分别有“三分法说”[①]“四分法说”[②]等不同的定性学说,且在每一种学说内部又呈现出具体观点的差异。这些学说观点纷呈,不免给人以乱花迷眼之感。

但是,透过各种观点在细节方面的分歧,仍然可从中提炼两种主流的定性观点,它们构成了学者们基本都能接受的重叠共识。这两种主流观点分别认为,公示型信息工具可以被定性为行政处罚行为(或表述为行政

---

① 持“三分法说”的代表性观点如下:(1)胡建淼教授在分析“对违法行为进行曝光”这一行政活动的性质时,提出它可以分别被定性为行政处罚行为、政府信息公开、社会危害预警行为这三种类型。参见胡建淼:《行政法学》(第5版),法律出版社2023年版,第405-406页。(2)日本学者佐伯仁志教授在分析日本法上的公表这一行为的性质时,认为它根据不同情况可以分别构成间接强制、信息公开以及行政制裁这三种行为定性。参见[日]佐伯仁志:《制裁论》,丁胜明译,北京大学出版社2018年版,第11-12页。

② 持“四分法说”的代表性观点如下:(1)章志远教授等在分析公布违法事实行为的定性时,将其划分为行政处罚、公共警告、行政处罚决定结果公开以及行政强制执行这四种行为定性。参见章志远、鲍燕娇:《公布违法事实的法律属性分析》,载《山东警察学院学报》2011年第6期。(2)禹竹蕊教授在分析违法信息行政公告的定性时,将其划分为通知型、执行型、公共警示型和惩戒型四种类型,它们在行政行为类型上大致对应于信息公开、行政强制执行、公共警告和行政处罚这四种行政行为。参见禹竹蕊:《权利保障视野下的违法信息行政公告研究》,知识产权出版社2017年版,第72-78页。(3)朱春华博士在分析负面信息披露行为的定性之时,将其划分为风险信息公开、行政处罚、行政强制执行以及政府信息公开这四种分类。参见朱春华:《法治政府的信息规制工具》,中国社会科学出版社2022年版,第206-212页。

制裁行为)、行政事实行为(或表述为政府信息公开行为),它们正好分别发生于"行政机关——被公示方"以及"行政机关——社会公众"这两对行政法律关系之中。同时,这两种定性也与美国行政法学上研究负面信息披露的经典文献——盖尔霍恩教授在1973年发表于《哈佛法律评论》上的经典论文中所持的定性观点相吻合。[①]

笔者认为,在行政机关单纯实施信息公示的场合,其对被公布方所产生的影响,实际上是行政机关在发布信息引导社会公众采取行动后所产生的附带性、延伸性效果,不宜将其定性为行政处罚(或称行政制裁)行为。同时,着眼于"行政机关——社会公众"这一对法律关系,公示型信息工具也不宜简单地定性为行政事实行为,而是应当纳入政府信息公开的行为框架之中,同时应对现行《政府信息公开条例》展开一定的适应性改造。以下依次展开对上述观点的论证。

(一)公示型信息工具不是行政处罚行为

在2021年《行政处罚法》修订的过程中,自始至终存在一种颇为主流的呼声,主张将公布违法事实、公布"黑名单"等公示型信息工具写入到法定的行政处罚种类之中。[②] 甚至在《行政处罚法》(2021年修订)出台以后,类似的主张依然存在。例如袁雪石博士主张将公布违法事实行为纳入到《行政处罚法》(2021年修订)第9条第6项规定的"法律、行政法规规定的其他行政处罚"之中。[③] 但实际上,对于公示型信息工具的行政处

---

① See Ernest Gellhorn, *Adverse Publicity by Administrative Agencies*, 86 Harvard Law Review 1380(1973). 在这篇经典论文中,盖尔霍恩教授将负面信息披露的行为定性为提供信息与警示(Information and Warning)以及制裁(Sanction)。与之类似,英国伯明翰大学法学院卡特莱特教授在分析消费者保护领域的负面信息披露行为的功能时也认为,这一行为扮演着对市场主体实施制裁与为消费者提供信息两种功能。参见Peter Cartwright, *Publicity, Punishment and Protection: The Role(s) of Adverse Publicity in Consumer Policy*, 32 Legal Studies 179(2012)。

② 参见熊樟林:《论〈行政处罚法〉修改的基本立场》,载《当代法学》2019年第1期;张晓莹:《行政处罚视域下的失信惩戒规制》,载《行政法学研究》2019年第5期。此外,其他的研究尽管没有提出将其写入《行政处罚法》的建议,但还是十分明确地表达它属于行政处罚之立场。参见戴超、余凌云:《论作为声誉罚的公布违法事实行为》,载《公安学刊——浙江警察学院学报》2020年第1期。

③ 参见袁雪石:《中华人民共和国行政处罚法释义》,中国法制出版社2021年版,第97页。

罚定性,《行政处罚法》(2021年修订)本身已经给出了否定性的回答。一方面,此类措施并未被明文纳入到《行政处罚法》(2021年修订)第9条的法定处罚种类之中;另一方面,《行政处罚法》(2021年修订)第48条第1款规定了行政处罚决定的公开制度,但该制度难以被解释为是行政处罚行为,否则在法解释层面存在已受到处罚的行为又须受到处罚的悖论,且有违"一事不二罚"原则。

主张公示型信息工具不得被定性为行政处罚,或许在比较法层面上会遭遇不少反对意见。其中,最为有力的反对论据,当属我国台湾地区的立法经验。我国台湾地区2005年公布的"行政罚法"第2条在对行政罚种类的规定中,明确将"公布姓名或名称、公布照片或其他相类似之处分"等影响名誉的行为列为其他种类的行政罚。从这一立法例可知,其对公示型信息工具的行政处罚属性作了明确的认可,这与其他国家或地区对其声誉罚的地位普遍采取的模糊立场形成了鲜明反差。我国不少学者也正是依据我国台湾地区的这一立法例,主张公示型信息工具应被定性为行政处罚。[①] 其实,上述公布行为是否可以当然地被视作行政处罚,仍然有作进一步辨析的余地。一方面,从立法规定来看,我国台湾地区"行政罚法"第2条在规定上述公布行为属于行政罚之时,明确设置了"裁罚性之不利处分"要件的限定。换言之,即便是"公布姓名或名称、公布照片或其他相类似之处分",如果不满足"裁罚性"以及"不利处分"这两个要件,仍然不能定性为行政罚。例如,行政机关对从业者进行评鉴,并将从业者姓名或名称以及评鉴结果公之于众,就因无法满足"裁罚性"要件而无法被定性为行政罚,而是行政机关履行信息公开义务满足公众知的权利的行为。[②] 另一方面,在学理上,也有学者提出,应当从规范目的的角度来把握公布行为。公布行为其实有公然羞辱和防免危险这两重目的,前者属

① 参见胡建淼:《行政法学》(第5版),法律出版社2023年版,第405页;袁雪石:《中华人民共和国行政处罚法释义》,中国法制出版社2021年版,第97页;熊樟林:《论〈行政处罚法〉修改的基本立场》,载《当代法学》2019年第1期。

② 参见陈清秀:《行政罚法》(修订2版),台北,新学林出版股份有限公司2012年版,第16页。

于行政罚,后者为“秩序行政行为”。其中,作为公然羞辱手段的行政罚,又有违人性尊严这一宪法原则。因此,该学者主张,在立法上与危险排除无关的公布姓名、名称或照片规定,均存在违宪的疑虑。[①] 可见,对于此类公布行为,存在要么不是行政处罚,要么是行政处罚但构成违宪的实施困境。

其实,如果将比较法考察的视野放得更宽,就可以发现,公示型信息工具中所蕴含的制裁功能,在制度设计之初就没有被定位是整个制度的核心功能所在,且这一功能在当代社会中呈现出日渐萎缩的趋向。这一点,在美国法上的负面信息披露(Adverse Publicity)制度中表现得尤为明显。早在1946年《联邦行政程序法》的制定过程中,美国国会便注意到实践中行政机关利用信息披露手段直接或间接地施加制裁的做法,为了消除围绕此类做法所引发的争议,该法规定,除非获得立法的授权,行政机关不得借助此类信息披露手段实施制裁。[②] 美国行政法教科书在阐释负面信息披露制度的功能时,往往先将提醒消费者风险或危害事项作为该行为的首要功能,此后才论述其具有对被公布方施加制裁以及促成合规的功能。[③] 在另一本美国行政法教科书中,对此功能上的主次之分表达得更为清楚。尽管作者用了“行政机关运用信息工具进行制裁”(An Agency's Use of Information as a Sanction)的节标题,但作者在具体论述此种信息工具时,首先指出这一工具主要被用于向社会公众发出警示,提醒公众注意市场及社会中存在的特定危险。此后,作者又明确指出,行政机

---

① 参见李建良:《行政罚法中“裁罚性之不利处分”的概念意涵及法适用上之若干基本问题——“制裁性不利处分”概念之提出》,载《月旦法学杂志》第181期(2010年)。

② See Robinson B. Lacy, *Adverse Publicity and SEC Enforcement Procedure*, 46 Fordham Law Review 435(1977).

③ 参见[美]罗纳德·M. 莱文、杰弗瑞·S. 拉博斯:《行政程序法精要》,苏苗罕译,中国法制出版社2022年版,第113–114页。加拿大学者也作了几乎一致的功能阐释及位阶排序。参见Christopher Berzins, *Administrative Transparency and the Protection of Privacy in a Digital Era*, 37 Advocates' Quarterly 1(2010)。澳大利亚学者在分析行政机关实施公示行为的目的时,列举了警示、教育、建议、制裁等多种功能,其中将制裁排在最后,并指出这一功能是最具争议性的。参见Brent Fisse & John Braithwaite, *The Impact of Publicity on Corporate Offenders*, State University of New York Press, 1983, p. 260。

关只是偶尔地(Occasionally)运用该工具作为对被公布方的制裁。[①] 而在另一篇系统回顾负面信息披露制度变迁历程的文献中,作者指出,在美国,负面披露制度的功能,经历了面向社会公众的信息提供与风险预警功能不断增强、面向行政相对人的制裁功能逐步萎缩的历程。尽管在1973年发表的经典论文中,盖尔霍恩教授明确指出,负面信息披露兼具信息提供与警示以及制裁的作用,但在四十余年之后,有学者反思道,负面披露制度的制裁功能(包括惩戒、威慑等)不应再予提倡,即便要提升行政机关的执法效能,也应当通过加强立法上的授权并保障足够的行政资源的方式加以实现,据此,负面披露制度的功能应当被收缩至向社会公众发布有关健康、金融风险等方面的警示之上。[②] 尤其值得注意的是,上述观点也得到了实践部门的应和。例如,美国食品药品监督管理局(FDA)公开表示,现如今行政上的信息公布行为(publicity)不再被寄予作为执法工具(enforcement tool)的角色期待。[③]

主张将公示型信息工具不作为行政处罚行为来看待,还可以从这一制度的作用机理的角度展开进一步的论证。在行政机关发布不利信息的场合,它即便对被公示方产生不利效果,这种不利效果也是因社会公众在获知信息之后所采取的行动直接导致的。换言之,行政机关发布的信息与被公布方受到的不利影响之间只有间接性的联系,[④]而真正发挥处罚或制裁效果的,其实是社会公众的行为选择。王贵松教授在分析公布违法事实行为时就指出,尽管从客观的结果意义上而言,公布违法事实行为在

---

① See William F. Fox, Jr., *Understanding Administrative Law*, 4th edition, LEXIS Publishing, 2000, pp. 113 – 114.

② See Nathan Cortez, *Adverse Publicity by Administrative Agencies in the Internet Era*, 2011 Brigham Young University Law Review 1371(2011).

③ See Jordan Paradise & Elise Fester, *FDA Publicity and Enforcement in the COVID – 19 Era*, 60 Washburn Law Journal 77(2020); Nathan Cortez, *Agency Publicity in the Internet Era*, Administrative Conference of the United States(ACUS) Report, September 25, 2015, p. 31.

④ 在德国传统的基本权利保护教义中,这类因国家的信息行为给被公示方所造成的损害,属于一种"间接的事实损害",这与传统行政行为的运作结构之间存在鲜明的差异。参见张慰:《适应与自主之间的德国基本权利教义学——德国国家信息行为的宪法教义学建构》,载《法制与社会发展》2012年第3期。

特定情形下具有制裁性效果,但这种制裁性其实属于社会性制裁也即民众用脚“投票”后所产生的结果,并非行政机关旨在对行政相对人的权利义务或法律地位的一种处分,因而不能被定性为行政处罚行为。[①] 罗培新教授在分析行政机关公示失信惩戒信息这一活动的法律性质时也指出,公示此类信息并非法律意义上的行政处罚,因为它对当事人是否会带来实际影响以及会造成何种范围的影响,均取决于运用信息者即社会公众的判断。[②] 日本学者佐伯仁志教授的分析更为清晰,他指出,制裁有法律制裁与社会性制裁之分,而公表制度实际上是“试图让社会性制裁发挥法律制裁的功效的一种制度”,[③]质言之,它仍然只是一种社会性制裁,因而无法满足行政处罚作为法律制裁的要求。在我国《行政处罚法》(2021 年修订)第 9 条所规定的诸项行政处罚种类中,立法机关没有采纳将公示型信息工具列入立法中的修法主张,原因也正在于此。[④]

(二)公示型信息工具不宜径直被划入行政事实行为的范畴

既然排除了对公示型信息工具作行政处罚行为的定性,特别是指出了它不构成一种法律制裁,那么将它划入到行政事实行为的范畴之中,似乎成为了顺利成章之事。比如,我国不少学者在指出公布违法事实行为对被公示方所造成的制裁效果不构成法律制裁之时,就进一步指出它仅构成了一种行政事实行为。[⑤] 值得注意的是,上述定性分析还仅仅是着眼于“行政机关——被公示方”这一面向的法律关系展开的,而一旦聚焦于另一面向即“行政机关——社会公众”的法律关系,那么将公示型信息工具定性为行政事实行为的观点,就能够获得更多学者的支持。这一点在德国学界表现得尤为明显。例如德国行政法教科书在阐释行政机关发出的诸如对腐败面食的告诫、对药品透明度名单的公布等信息公示行为时,

① 参见王贵松:《论行政处罚的制裁性》,载《法商研究》2020 年第 6 期。

② 参见罗培新:《善治须用良法:社会信用立法论略》,载《法学》2016 年第 12 期。

③ [日]佐伯仁志:《制裁论》,丁胜明译,北京大学出版社 2018 年版,第 6 页。

④ 参见黄海华:《新行政处罚法的若干制度发展》,载《中国法律评论》2021 年第 3 期。

⑤ 参见朱春华、罗鹏:《公共警告的现代兴起及其法治化研究》,载《政治与法律》2008 年第 4 期;王贵松:《论行政处罚的制裁性》,载《法商研究》2020 年第 6 期。

明确将其定性为行政事实行为。[①] 德国经济行政法领域的著作在分析警告、建议等信息发布行为时，也将它们划入非正式的经济公法手段的序列，并在法律性质上将其定性为行政事实行为。[②]

然而，在学说上，关于什么是行政事实行为，又是一个极富争议的问题，甚至在一定程度上可以说，它堪称行政法理论上的一个“沼泽地带”。[③] 胡建淼教授认为，行政调查、行政证明、政府信息公开、行政强制措施、行政强制执行等行为都是典型的行政事实行为。[④] 叶必丰教授列举了行政调查、行政指导、行政检查、行政监督、行政救助等行政事实行为的种类。[⑤] 章剑生教授作了更为概括的类型梳理，将行政事实行为划分为执行性事实行为、说明性事实行为、告知性事实行为三大类，同时指出事实行为的分类仍具有一定的开放性。[⑥] 正如有学者所指出的，当前学说上存在一种倾向，即将无法纳入其他行为类型的行政行为都归入到行政事实行为的范畴之中，使得行政事实行为演变成为了一个收容性概念。[⑦] 由此导致的后果是，行政事实行为的含义的宽泛程度，几乎可以与非正式行政行为或未定型化行政行为相比肩。[⑧] 可见，行政事实行为并不是一个精确的概念分析工具，对公示型信息工具作行政事实行为的定性并无实益，它实际上成为了回避问题的庇护之所，在指引公示型信息工具的制度建设

---

① 参见[德]埃贝哈德·施密特—阿斯曼等：《德国行政法读本》，于安等译，高等教育出版社2006年版，第260页。

② 参见[德]乌茨·施利斯基：《经济公法》，喻文光译，法律出版社2006年版，第154－155页。值得注意的是，德国近年来在欧盟法的影响下，将此类负面信息公开行为定性为事实行为的主流学说，开始受到挑战。着眼于该行为对于被公布方的实际影响，以及出于将其纳入既有制度框架中施加约束的功能主义考量，将其定性为制裁行为的观点开始受到了判例和学说上的广泛支持。对德国相关判例和学说近期变化动向的梳理，参见[日]高田伦子：《行政机关公开负面信息与权利保护》，张荣红译，载欧阳本祺主编：《东南法学》(第7辑)，东南大学出版社2023年版。

③ 对于国内外各种学说的系统梳理，可参见李洪雷：《行政法释义学：行政法学理的更新》，中国人民大学出版社2014年版，第272－295页。

④ 参见胡建淼：《行政法学》(第5版)，法律出版社2023年版，第248页。

⑤ 参见叶必丰：《行政行为原理》，商务印书馆2014年版，第69页。

⑥ 参见章剑生：《现代行政法总论》(第2版)，法律出版社2019年版，第206－208页。

⑦ 参见张桐锐：《论行政机关对公众之提供资讯之行为》，载《成大法学》2001年第2期。

⑧ 参见王锴：《论行政事实行为的界定》，载《法学家》2018年第4期。

方面缺乏精确的指导意义。

实际上，从历史发展的规律来看，行政事实行为的范围也呈现出一个不断萎缩的趋势，部分原属于事实行为的行政活动，逐渐被行政法律行为“收编”。例如在德国，一般认为，行政事实行为除了纯粹事实性的日常工作（如警察清除交通路障、养护公共设施）以外，主要指的是观念通知行为，例如建议、通知、告诫等，但晚近的德国行政法学界开始认为，其中的公共警告存在与行政法律行为之间交叉的可能性，并引发了学界的积极探讨。[①] 翁岳生教授也认为，报道、公示等行为原则上并非行政处分（具体行政行为），但是如果在报道和告示中带有法律性质的内容，对行政相对人产生法律上的拘束力、发生法律效果，此时就有定性为行政处分（具体行政行为）的空间。[②] 质言之，对于信息公示活动的法律属性，并不能径直得出它属于行政事实行为之定论。

有关上面这一点，在德国学者毛雷尔教授的论述中也能捕捉到一些端倪。毛雷尔教授在《行政法学总论》一书中对公共警告行为的定性观点，经常被我国学界援引，作为论证其属于行政事实行为的论据。[③] 但如果仔细阅读他的阐释，其实不难发现上述定性结论是失之偏颇的。为了完整地呈现毛雷尔教授的观点，现将他的论述完整地辑录如下：[④]

随之提出的问题是：是将公共警告基本上仍然［归属于］——法

---

① 参见赵宏：《法治国下的目的性创设——德国行政行为理论与制度实践研究》，法律出版社 2012 年版，第 100 页。对德国法上相关变化情况的梳理，还可参见［日］高木光：《事实行为与行政诉讼》，田卫卫、王贵松译，中国政法大学出版社 2023 年版，第 179 页；何丽杭：《食品安全行政“曝光”的法律分析——与德国案例的研究对比》，载《东方法学》2010 年第 5 期。

② 参见翁岳生：《论行政处分之概念》，载翁岳生：《行政法与现代法治国家》（第 11 版），台湾大学法学丛书编辑委员会 1990 年版。

③ 例如参见朱春华：《公共警告制度研究》，中国社会科学出版社 2013 年版，第 19－20、50－52 页；张新宇：《论行政信息披露的法律性质》，载《中南民族大学学报（人文社会科学版）》2015 年第 2 期。笔者在先前发表的一篇论文中，尽管认为公布违法事实行为的定性具有双面向的特征，但在分析“行政机关——被公示方”这一面向的法律性质时时，也是因对毛雷尔教授论述的片面理解，将其中的公共警告发布行为定性为行政事实行为。参见施立栋：《论行政机关公布违法事实行为的法律性质》，载姜明安主编：《行政法论丛》（第 17 卷），法律出版社 2015 年版。

④ ［德］哈特穆特·毛雷尔：《行政法学总论》，高家伟译，法律出版社 2000 年版，第 395 页。

理上向来轻视的——事实行为的范畴,还是是否作为一种独立的行政法管理方式对待。至少从现代来看,答案是否定的。因为,“行政警告”在种类和效果方面,情况各异,差别很大,明确进行概念上的归类和界定非常困难;而且,不可能为之发展出特有的法律效果。因此,将行政警告确定为一种新管理方式的条件还不成熟。

从上述论述中可以清晰地看出,毛雷尔将公共警告行为归入到行政事实行为的范畴之中,其实只是在当时所处的特定时空条件之下所作的一种权宜之举,未来随着行政实践以及行政法释义学的发展,将其作其他定性的可能性并未完全被排除。

(三)公示型信息工具应定性为政府信息公开行为及其观念调适

从前面对各方观点的梳理中可以看出,无论是认为构成行政处罚行为抑或行政事实行为的争论,还是认为行政事实行为在一定条件下可以转化为具体行政行为的观点,都十分典型地体现出学界在具体行政行为与行政事实行为之间“二选其一”的思考样式。[①] 但实际上,在行政行为论的体系中,在具体行政行为与行政事实行为之间,还存在一些居于中间地带的行政活动类型。笔者认为,对于公示型信息工具的定性,应当跳出在具体行政行为与行政事实行为之间作出非此即彼式判断的思维定势,转而将其定性为政府信息公开行为,并以政府信息公开法制作为公示型信息工具制度建设的参考坐标系。

主张将公示型信息工具定性为政府信息公开行为,这一观点一经提出,可能旋即会遭遇质疑。一种有代表性的商榷意见或许会提出,政府信息公开行为不就是行政事实行为吗? 比如,彭錞博士在分析行政处罚决定书公开的行为定性时,就认为它构成隶属于行政事实行为阵营的政府

---

① 日本行政法学者高木光教授对于这种“二选其一”的思考样式有过系统的梳理,并结合信息提供行为的定性之争作了分析与评论。参见[日]高木光:《事实行为与行政诉讼》,田卫卫、王贵松译,中国政法大学出版社 2023 年版,第 114－117、178－193 页。

信息公开行为。[①] 换言之，持此观点的论者可能会认为，本书所提出的“政府信息公开行为说”，不免有“换汤不换药”之感，它仍然是行政事实行为论的一种“翻版”。诚然，在传统的行政法学理论中，政府信息公开行为往往会被定性成行政事实行为。[②] 但应当看到，在我国，政府信息公开活动由于有专门的立法——国务院颁布的《政府信息公开条例》作出调整和规范，它正日渐从行政事实行为之中独立出来，成为在行政行为论体系中超脱于行政事实行为与型式化的具体行政行为之外的一种独立行为类型。[③] 顺应教科书体例中的这一变化趋势，将公示型信息工具纳入到政府信息公开体系之中，既可以避免在行政事实行为与型式化的具体行政行为之间作简单化的“选边站”，更为重要的是，可以借助《政府信息公开条例》较为成熟的制度框架，将公示型信息工具这一新型行政活动纳入到既定制度框架之中加以规范和控制。从现行行政立法来看，与公示型信息工具最具有“亲缘关系”的专门法律或法规，无疑是《政府信息公开条例》（2019 年修订）。因此，将公示型信息工具定性为政府信息公开行为，既可以克服定性为行政事实行为所导致的法规范参照无所定着的缺陷，又可以避免因生硬地定性为行政处罚行为所导致的无法作量体裁衣式的规范适用的问题，不失为一种妥当化处理思路。

当然，也应当看到的是，公示型信息工具毕竟是具有异质性的一类政府信息公开活动。有学者在系统考察了美国食品药品监管领域的负面信

---

① 参见彭錞：《再论行政处罚决定公开：性质、逻辑与方式》，载《现代法学》2024 年第 1 期。

② 例如在章剑生教授撰写的行政法学体系书中，就将政府信息公开行为（信息提供行为）置于第八章第四节“行政事实行为”之下展开论述。参见章剑生：《现代行政法总论》（第 2 版），法律出版社 2019 年版，第 211－212 页。类似的对政府信息公开活动持行政事实行为说的观点，还可参见徐信贵：《政府公共警告的法律问题研究》，法律出版社 2014 年版，第 104 页。

③ 将政府信息公开行为作为单独的行政行为类型加以阐释的代表性教科书，可参见余凌云：《行政法讲义》（第 3 版），清华大学出版社 2019 年版，第十一章“政府信息公开”；杨登峰的《行政法总论：原理、制度与实案》，北京大学出版社 2019 年版，第七章“政府信息公开”；胡建淼：《行政法学》（第 5 版），法律出版社 2023 年版，第十六章“中性行政行为”中设置第四节“行政公开”。当然，也应当看到，在当前市面上的行政法教科书中，还有不少将政府信息公开行为列入到行政程序制度之中加以阐释，它成为与纳入行政行为论体系相竞争的一种教科书编排体例。有关纳入行政程序制度的代表性教科书，本书第三章已有过梳理和阐述，在此不赘。

息披露行为(adverse publicity)后就坦言,该制度尽管属于信息公开制度,但从实施目的(意图引起社会公众的注意)、行为对象(针对特定人员或者事件)、实际结果(对被公布的特定人员会产生不利影响)等层面来看,它与普通的信息公开制度相比仍有一定的特殊性,并为此呼吁在未来的信息公开制度建设时,对这一制度作出特别的规则构建。[①] 另有学者在分析公共警告这一公示型信息工具时,虽然也认为它属于政府信息公开活动之下的一项具体活动,但也指出它与传统的政府信息公开活动之间在制度功能、面向受众、实施主体等方面存在诸多差异。[②] 此外,熊樟林教授也颇为细致地比较了行政处罚决定书的公开与普通政府信息公开活动在公开内容上的差异性。[③] 有鉴于以上这些差异的存在,要想将公示型信息工具顺利地纳入政府信息公开体系之中,需要将其与现行的政府信息公开制度展开必要的制度调适。总体来看,公示型信息工具与政府信息公开制度之间的调适应当是双向进行的:一方面,公示型信息工具需要在整体上接受政府信息公开法制的约束,以此为基点开展其合法框架的构建;另一方面,为给新型的公示型信息工具腾挪出必要的空间,传统的政府信息公开制度也需要作出一定程度的适应性改造。限于篇幅,此处仅在观念层面探讨政府信息公开制度如何适应公示型信息工具的发展需要。至于其他更为具体的制度调适内容,将在本章第四部分中展开系统论述。

正如俗话所言,"观念是行动的先导",要想顺利地推动传统的政府信息公开制度的适应性改造工作,最为关键的是需要在观念层面破除对政府信息公开制度功能的狭隘认识。长期以来,由于受到宪法上的"知情权"观念桎梏之影响,我们对于建立政府信息公开制度意义的认识,往往

① 参见陈晋华:《行政机关发布不利信息的法律控制研究——以美国食品药品监管为例》,上海交通大学 2014 年博士学位论文,第 121 - 123 页。

② 参见徐信贵:《政府公共警告的法律问题研究》,法律出版社 2014 年版,第 103 - 104 页。

③ 参见熊樟林:《行政处罚决定为何不需要全部公开?——新〈行政处罚法〉第 48 条的正当性解释》,载《苏州大学学报(哲学社会科学版)》2021 年第 6 期。

停留于强化公民对公共生活的参与和监督这一层面之上。[①] 这就导致在对政府信息公开制度的整体认识上，多是将其作为监督行政的手段来认识，而不是从为社会公众提供有用信息的角度展开分析。实际上，上述功能认识是片面的。我国台湾地区学者张桐锐博士指出，依据实施目的的不同，可以将政府信息公开（资讯行为）制度划分为两类：一类是发布关于国家施政的信息，目的在于维持国家活动的透明度，便于对施政活动进行监督；另一类是基于行政管制的目的而发布资讯，以引导和影响民众实施特定行为。行政机关的公共警告便属于后一类别，其作为行政管制措施，目的在于帮助民众指出既存之危险状况，防御可能发生的危险。[②] 这一分类是极为准确的。换言之，如果我们坚持从监督行政的狭隘视角来看待政府信息公开制度，那么像公共警告这样的公示型信息工具便缺乏与政府信息公开制度融合的可能性。其实，如果仔细阅读《政府信息公开条例》（2007 年）第 1 条的规定，“充分发挥政府信息对人民群众生产、生活和经济社会活动的服务作用”亦被载入到立法目的之中，可见制度设计者从一开始也并不是将监督行政作为建构政府信息公开制度的唯一目的。

认识到提供信息服务这一点功能是十分重要的，它有助于我们正确理解该条例规定的具体种类的公示型信息工具的制度逻辑及边界。比如，《政府信息公开条例》（2019 年修订）第 20 条将“本行政机关认为具有一定社会影响的行政处罚决定”纳入到行政机关应当主动公开的信息的范围。对于这一主动公开内容，如果从监督行政的传统视角来看待是无法说得通的，因为如果这一条的设立目的在于引导社会公众对行政处罚决定实施监督，就无法解释为何在监督范围上还须设定“一定社会影响”

---

① 参见章剑生：《现代行政法基本理论》（第 2 版 · 下卷），法律出版社 2014 年版，第 683 - 685 页。不过值得注意的是，在另一本行政法教科书中，章剑生教授在阐释政府信息公开制度的功能时似乎修正了上述观点，认为它不仅能保障公民知情权，而且还有帮助公民作出正确自身决策、更好地理解行政行为的作用。参见章剑生：《现代行政法总论》（第 2 版），法律出版社 2019 年版，第 211 页。

② 参见张桐锐：《行政机关之公开警告与国家赔偿责任》，载李钦贤教授六秩华诞祝寿论文集编辑委员会编：《现代法学之回顾与展望——李钦贤教授六秩华诞祝寿论文集》，台北，元照出版公司 2008 年版，第 669 - 671 页。

之限定要件,更无法解释为何在接受监督方面立法机关要赋予“行政机关认为”这一裁量性权力。只有跳出监督行政的功能认识窠臼,转而从为社会公众提供有用信息的视角中来看待行政处罚决定公开制度的功能逻辑,才能对《政府信息公开条例》(2019 年修订)第 20 条的规定给出自洽性的解释。此外,引入提供信息服务的视角,对于矫正一些单行的公示型信息工具立法的功能定位偏差,也极具现实意义。[①]

其实,从晚近学界对于政府信息公开制度的定位探讨来看,也正在逐步走出早年知情权或者监督行政的传统观念的桎梏。余凌云教授直言道:“信息公开属于给付行政范畴,是授益和提供信息服务的。”[②]这一论述显然是着眼于政府信息公开为社会公众提供信息服务的视角展开的,而将政府信息公开活动列入到给付行政的范畴之中,十分鲜明地表达了它与监督行政的功能视角相分野的立场。王贵松教授也有极为相似的判断,他曾提出过“给付性公告”这一概念,意指行政机关基于提醒公民防范风险等目的将风险信息提供给社会公众的活动,[③]这同样凸显了此类公示型活动在为社会公众提供信息给付方面的价值。可见,通过政府信息公开服务于社会公众的实际需要,这一点正逐渐成为各方的共识所在。从给付行政的视角切入,不仅能在制度构建层面真正推动公示型信息工具与政府信息公开行为之间的融合共生,而且能够推动“用户本位”的公示理念之确立,提升公示型信息工具的有效性程度。这反过来亦能受惠于行政机关自身,有助于从大量漫无目的甚至徒劳无益的公示工作中解脱出来,精准地完成行政任务。

三、公示型信息工具有效运作的要件

在社会信用体系建设、执法公示等众多改革举措的合力推动下,诸如

① 例如,2016 年人力资源和社会保障部颁布了《重大劳动保障违法行为社会公布办法》,该规章第 1 条将立法目的规定为对加强对劳动保障违法行为的惩戒、强化社会监督、促进用人单位守法合规,这就忽略了通过公示制度对劳动者实施就业维权风险警示这一面向的功能。

② 余凌云:《行政法讲义》(第 3 版),清华大学出版社 2019 年版,第 389 页。

③ 参见王贵松:《食品安全风险公告的界限与责任》,载《华东政法大学学报》2011 年第 5 期;王贵松:《论行政处罚的制裁性》,载《法商研究》2020 年第 6 期。

公共警告、抽查检验结果公告、行政处罚决定书公开等公示型信息工具在当前的行政管理实践中已经得到广泛的运用。然而，这些信息公示工具的实际作用效果却远未能达到制度设计者的预期。有学者曾对食品安全领域的执法信息公示制度作过实证考察，结果发现，这一制度无论是在为信息受众提供有用信息方面还是在促成信息主体的守法合规方面，都可谓收效甚微：对于信息受众而言，除了政府部门在招标过程中会主动利用此类信息外，私人企业、社会公众等其他主体很少会积极地使用这类信息；对于信息主体来说，此类公示活动对于食品生产经营领域的中小企业而言基本没有影响，只有对于谋求上市、有投标需求的大型企业而言才具有影响力。[①] 之所以会发生制度实施未达预期的状况，与这些制度在推行之际缺乏对有效运作要件的周密检讨密切相关。要想提升公示型信息工具的运作绩效，就应当遵循该机制有效运作的规律，摆脱在实践中一味按照行政机关的单方面想法来设计公示型信息工具的思维定势，转而贯彻"用户本位"的理念，[②]围绕社会公众的信息需求及其接收能力展开精细化的制度设计。在这其中，信息对社会公众而言具有可利用性、可到达性以及可触动性成为至关重要的三个要件。[③]

---

① 参见安永康：《作为风险规制工具的行政执法信息公开——以食品安全领域为例》，载《南大法学》2020 年第 3 期。

② 日本学者黑川哲志教授在论述风险规制领域的信息制度设计时提出，应围绕风险交流而非信息提供的观念展开制度设计。二者的区别在于，风险交流是在充分理解信息的基础上，要求社会公众对行政、企业或者产品、服务作出应答，而信息提供只是由行政机关简单地提供信息。参见[日]黑川哲志：《环境行政法的法理与方法》，肖军译，中国法制出版社 2008 年版，第 70 – 71 页。黑川教授在此倡导的观念，实际上是想要改变社会公众被动接收信息的状况，这体现了"用户本位"的制度设计理念。

③ 笔者在此处对这三个有效要件的归纳，系受到相关的信息规制工具有效性研究成果的启发。美国学者在分析要求第三方强制披露信息这一制度的运行效果时指出，社会公众不留意、不阅读、不理解、不运用所披露的信息是这一制度最终失败的根源所在。参见[美]欧姆瑞·本·沙哈尔、卡尔·E. 施奈德：《过犹不及：强制披露的失败》，陈晓芳译，法律出版社 2015 年版，第 59 页。这两位学者的分析结论，同样适用于公示型信息工具之上。在所指出的四个原因中，"不阅读"指向信息的可利用性缺失，"不留意"与"不理解"对应于信息的可到达性缺失，"不运用"则是信息的可触动性不足。因此，笔者将公示型信息工具的有效要件提炼为可利用性、可理解性以及可触动性。

(一)信息对社会公众具有可利用性

所谓信息的可利用性,是指行政机关所发布的信息能够为信息受众即社会公众带来社会、经济等方面的实际效用。对于社会公众无实际利用价值的信息,不得将其列入公示的信息范围之中。在这里,需要对“可利用性”有准确的认识和把握。从信息规制的角度看,“可利用性”是指所公示的信息能够服务于社会公众开展生产、生活等实际需要,进而影响其行为选择,这凸显了公示型信息工具作为政府规制工具的特色。但是,不能将其泛化理解为利用该信息展开对行政机关的监督之上。否则,公示型信息工具将成为监督行政的一种手段,无法与一般的政府信息公开活动作出界分。

之所以要确立信息的可利用性这一要件,其核心目的在于将对社会公众无利用价值的信息排除在行政机关开展信息公示的范围之外。伴随着计算机、互联网、传感器等技术的普遍运用,数字世界中的信息和数据的生产,呈现出指数级增长的趋势。有研究指出,1986 年至 2007 年,全世界的信息存储量以年均 23% 的速度递增。[①] 近年来,此种信息爆炸的趋势表现得明显。2013 年的一份研究报告即指出,全世界 90% 的数据是在这项研究发布前的两年产生的。[②] 从中可见,信息的泛滥成为了我们所处的信息时代的基本特征,在公法领域亦是如此。一旦要求行政机关将所归集到的信息全部公开,不仅会给行政机关带来了沉重的工作负担,而且会造成有利用价值的信息被淹没于大量无用或低效的信息之中,给信息受众的甄别及后续行为选择造成困难。因此,对于信息公示环节而言,面临的突出课题,不是想方设法将信息公开得尽可能地多,而是相反,应致力于阻止大量无用信息的发布。正是在这一意义上,布鲁克斯(David Brooks)指出:“我原来一直认为信息时代的魔力是允许我们知道得更多,

---

① 参见[瑞士]理查德·鲍德温:《大合流:信息技术和新全球化》,李志远、刘晓捷、罗长远译,格致出版社、上海人民出版社 2020 年版,第 80 页。

② 参见[荷]玛农·奥斯特芬:《数据的边界:隐私与个人数据保护》,曹博译,上海人民出版社 2020 年版,第 31 页。

然而后来我认识到信息时代的魔力是允许我们知道得更少。”[①]桑斯坦（Cass R. Sunstein）的观点表达得更为简洁、鲜明：“知识就是力量，然而无知却是福”（knowledge is power，but ignorance is bliss）。[②] 在这里，桑斯坦所说的“无知”，显然是针对无利用价值的信息而言的。季卫东教授更是直言，在信息时代，排除无用的或者有害的信息，比让民众自由选择信息而言变得更为重要。[③] 在公示型信息工具的运作中，强调信息的可利用性这一要求，实际上便是要求行政机关在信息的发布环节精准对接民众的需求，把好信息筛选的第一关，这充分体现了公示型信息工具所具有的温和的家长主义干预的特质。

从我国运用公示型信息工具的实践来看，信息的可利用性这一要件被贯彻得不够理想。例如，将交通违法者信息发布于交通电子显示牌之上，是各地公安交通管理部门较为常用的一种管理手段。但此类信息的实用性是值得怀疑的：一方面，公布此类交通违法信息，无法为其他交通参与者提供预防事故发生、规避交通参与风险等方面的有价值信息；另一方面，即便是在威慑潜在的违法者的意义上，由于此类信息发布行为并没有进一步载明交警查处的频次等额外信息，且事实上执法查处与信息发布之间存在时间差，因而此类信息在提供威慑方面的价值也是颇为有限的。公安行政领域所实施的与之类似的无效信息发布行为，还可见于将卖淫嫖娼者信息公之于众这一活动之中。近年来，一些知名艺人因实施嫖娼行为，陆续被公安机关查获，其违法信息也随之被公安机关面向全社会作了公开。然而，从信息可利用性的角度来看，此类信息公示行为对于社会公众的价值也是值得质疑的，因为在我国，无论是卖淫嫖娼行为的违法性，还是公安机关对此类违法行为长期保持的高压打击态势，早已是人

---

① ［美］马克·布尔金：《信息论：本质·多样性·统一》，王恒君、嵇立安、王宏勇译，知识产权出版社 2015 年版，第 1 页。

② Cass R. Sunstein, *Too Much Information: Understanding What You Don't Want to Know*, The MIT Press, 2020, p. 11.

③ 参见［美］凯斯·R. 桑斯坦：《信息乌托邦：众人如何生产知识》，毕竞悦译，法律出版社 2008 年版，“中文版序”第 4 页。

尽皆知的事实,故公安机关将此类信息向全社会公开,无法再给社会公众带来额外的有价值的信息,正如有学者所指出的,这种公示行为最多只是满足了广大社会公众的窥探欲,[①]而这样的制度定位难谓具有正当性。

值得注意的是,在实践中,有一些行政机关在实施信息公示之际,也有意地对所掌握的信息作出了筛选,但在可利用性要件的适用方面仍然不够彻底。例如,国家市场监管总局出台的《市场监督管理行政处罚信息公示规定》(2021 年)第 2 条规定,市场监管部门通过国家企业信用信息公示系统向社会公示的信息,仅限于适用普通程序作出的行政处罚决定信息,而且依据普通程序作出的警告这一处罚信息也被排除在公示范围之外。这一规定相比于其上位法——国务院发布的《企业信息公示暂行条例》(2024 年修订)而言,已经在公示范围上作了大幅度的缩减。因为依据《企业信息公示暂行条例》(2024 年修订)第 6 条的规定,对于企业受到的所有行政处罚信息,市场监管部门均需要对其作出公示。不过,依据普通程序作出的行政处罚决定信息,与这些信息对社会公众的有用性之间仍然不能完全画等号。换言之,《市场监督管理行政处罚信息公示规定》(2021 年)第 2 条所规定的纳入公示范围内的信息,仍然有必要按照信息对社会公众具有可利用性这一标准,对其作出进一步的限定。[②]

为说明经由普通程序作出的行政处罚信息未必满足可利用性这一标准,不妨可以以 2006 年发生的"雅士利问题奶粉事件"为例加以说明。该案涉及的奶粉其实是雅士利公司生产的中老年奶粉,但由于有 2004 年的阜阳婴幼儿奶粉事件在前,该案挑动了社会公众的敏感神经,引发了巨大的社会影响。案件的起因是,2006 年 3 月,市场监管部门在对四川某超市销售的雅士利公司旗下的一款中老年奶粉检测时发现,该款产品中的铁

---

① 参见张学府:《作为规制工具的处罚决定公开:规制机理与效果优化》,载《中国行政管理》2021 年第 1 期。

② 与这一观点可以印证的是,在国家市场监管总局制定的另一部规章——《市场监督管理行政处罚程序规定》(2022 年修订)中,其第 63 条第 1 款规定,市场监管部门向社会公开的行政处罚决定须满足"具有一定社会影响"之要件,这一要件尽管是从《行政处罚法》(2021 年)第 48 条第 1 款中迁移过来的,但透露出要从对社会公众有用性这一角度对公开范围加以限缩之意。

以及维生素 B1 的实际含量，与该款商品食品标签中标示的含量值不符(但实测值均在奶粉国家强制标准所规定的阈值范围之内)。据此，该款产品被判定为不合格产品。2006 年 9 月，原国家工商总局在其官方网站上通报了当年第二季度全国 8 个城市奶制品的产品质量检测结果，其中披露了前述雅士利问题奶粉的情况，随后，相关媒体以雅士利“问题奶粉”为标题作了广泛报道，导致原先的标识不符问题被误读为食品质量问题。为了应对上述紧急情况，雅士利公司不得不在信息被披露后的第二天，决定召回市场上流通的全部系列、全部批次的中老年奶粉。尽管如此，对企业声誉造成的不利影响，还是蔓延到了雅士利公司生产的婴幼儿等其他类别的奶粉之上。直至在此后原国家工商总局专门发布补充说明，指出雅士利问题奶粉被判定不合格的原因在于产品标识问题而非质量问题，以及雅士利公司进行危机公关以后，公众的误解方才开始得到澄清。[①] 在这一案件中，尽管市场监管部门是以产品质量抽查检验结果公示的方式与社会公众展开信息交流的，但倘若案件发生在当下，按照《食品安全法》(2021 年修订)第 78 条、第 125 条以及《市场监督管理行政处罚程序规定》(2022 年修订)的规定，对于此类标签标识与实际情况不符的行为，市场监管部门有权按照普通程序对其作出行政处罚，进而纳入到信息公示的范围之中。然而，在该案中，标识与实际情况不符的问题对社会公众的实际影响并不大，而且一旦公示，还极易引发社会公众的误读，引发与本案中公告抽查检验结果类似的负面效果。因此，像本案这样对社会公众缺乏利用价值的行政处罚信息，应当被纳入到免于公开的范围之中。

(二)信息对社会公众具有可到达性

所谓信息的可到达性，是指行政机关所公示的信息应当要能有效地传递给社会公众，避免信息处于无法为公众所知的状态之中。从理论上讲，一旦信息满足了具有可利用性这一要件，那么自然能够吸引社会公众的注意，但这一推理其实并不现实。信息的有效传递实际上受制于信息

① 对该案的详细报道，参见张学光：《“雅士利风波”始末》，载《乳品与人类》2006 年第 5 期。

输出端和信息接收端这两个方面的因素。

一方面,从信息的输出端来看,信息的呈现方式影响着信息的有效传递。有学者就直言,在信息时代,信息的展示及其组织方式的重要性,已经可以与信息内容的重要性相比肩,甚至在特定情况下比创建信息的内容而言更为重要。[①] 举一个简单的例子,如果图书馆的书籍只是被杂乱地堆放在地板上,那么这些书籍即便写得再好,也难以显示出其真正的价值。而在信息爆炸的背景下,信息呈现方式的重要性变得越发突出。社会心理学的研究表明,应根据信息内容的难易程度,选择合适的信息传播载体。如果信息内容较为简单,用影像、录音等方式会取得较佳的说服效果;而如果信息难以理解,那么用书面表达的方式将更为恰当。[②] 此外,信息以简洁概要的方式加以呈现,也是一个不容忽略的因素。在信息的过载问题日益突出的背景下,行政机关在公示信息时应尽可能对原始信息作出加工和概括,删除其中冗余的信息,以防止因公开的内容过长削减社会公众的阅读意愿。在这方面,当前公示型信息工具的运作实践还有改进的余地。例如国家发改委、工信部等10个部委联合发布的《招标投标违法行为记录公告暂行办法》(发改法规〔2008〕1531号)第8条第2款规定,公告部门可以将行政机关作出的招投标处理决定书直接进行公告。这一在公告过程中不做必要技术处理的做法,不仅存在过度损害被公示方权利的问题,而且从信息受众的角度来看也是不必要的,极易加重社会公众的阅读负担。与之相较,在早期一些行政机关开展的违法信息公告实践中,特别强调禁止信息未经概括提炼和处理就径直公开,[③]这充分尊重了信息传播的机理和规律,是更为妥当的做法。

---

① 参见[美]Richard Saul Wurman:《信息饥渴——信息选取、表达与透析》,李银胜等译,电子工业出版社2001年版,第13页。

② 参见[美]戴维·迈尔斯:《社会心理学》(第11版),侯玉波等译,人民邮电出版社2016年版,第244页。

③ 国家税务总局发布《税务违法案件公告办法》(国税发〔1998〕156号,2018年已修正)第3条和第4条规定,公告应当“扼要介绍税务违法事实……公告字句要通达简练……不得以税务行政处理决定书代替公告。”

另一方面，从信息的接收端来看，社会公众的自身条件也制约着信息的可到达性。比如个人的兴趣、行为偏好、职业等个性化因素，均影响着信息接收的效果，这就要求在信息的传递中，更加注重针对不同群体作出精准推送。在未来，甚至还可以借助大数据技术进行精准推送，实施所谓的“个性化披露”，[①]这一点今后在技术层面也并非难以实现。但与此同时，也还需要破除“信息茧房”（information cocoons）效应带来的不利影响。所谓“信息茧房”，指我们通常选择接收习以为常的、熟悉的或者存在偏好的事务或信息，这种现象不仅广泛分布于私法活动中（典型如借助大数据技术的购物信息精准推送），而且在公共决策中同样存在。[②] 大数据、算法等新型技术的广泛应用，更是强化了此种“信息茧房”效应。因此，在信息可达性要件的设计中，应致力在精准推送与破除“信息茧房”效应之间寻求适当的平衡。

关于公示型信息工具中的可达性要件运用，还可以用镇江市社会调查中心与镇江市统计局统计管理行为纠纷案为例加以说明。1997 年 7 月 8 日，原告镇江市社会调查中心在《镇江日报》上刊登了一则题为《镇江空调市场社会调查》的公告，该公告宣称对镇江市几家主要空调销售商和空调品牌的销售、服务及质量作了统计，并向市民推荐了首选的商家和空调品牌。该公告刊登后，镇江市统计局陆续收到了其他商家的投诉，直指该公告中存在的欺骗、误导消费者的问题。为此，被告镇江市统计局要求原告镇江市社会调查中心提供统计调查的事实和法律依据，但原告未能提供，也未能自行纠正这一公告行为。为此，被告镇江市统计局于 1997 年 8 月 12 日在《镇江日报》上刊登公告，宣布两项内容：一是原告刊登的社会调查属于非法调查；二是原告的社会调查中的全部调查结果无效。镇江市社会调查中心不服该公告行为，提起行政诉讼。一审镇江市京口区人民法院认为，“被告以公告的形式宣布原告公告无效，其内容虽有不妥之

---

① 朱春华：《法治政府的信息规制工具》，中国社会科学出版社 2022 年版，第 183 页。

② 参见［美］凯斯·R. 桑斯坦：《信息乌托邦：众人如何生产知识》，毕竞悦译，法律出版社 2008 年版，第 8 页。

处，但其是一种依职权作出的临时性的制止措施”，为此驳回了原告的诉讼请求。二审镇江市中级人民法院也维持了一审法院的判决。[①] 在该案中，镇江市统计局为了制止误导性社会调查对空调销售市场产生的不当干扰，在尚未直接对镇江市社会调查中心作出行政决定的前提下，就直接在《镇江日报》上公布公告内容，尽管在合法性方面存在值得商榷之处（即法院在判词中所称的“不妥之处”），但从实施效果上，它有利于及时地消除错误的调查公告对市场秩序产生的负面影响（即法院所定性的“临时性的制止措施”），这充分体现出了公示型信息工具面向社会公众提供信息服务的面向。在公开方式选择上，镇江市统计局选择了与最初原告实施的公告行为相同的载体，体现了对等原则，有利于将信息及时地传递给社会公众，符合信息传递的可达性要件。在当时信息传播网络尚不发达的背景下，选择在当地日报上发布澄清公告，总体而言是妥当的。

（三）信息对社会公众具有可触动性

所谓信息的可触动性，是指行政机关所发布的信息须能够有效促成信息受众采取相应的行动，防止社会公众对所接收到的信息听之任之、无动于衷。可触动性是公示型信息工具有效性诸要件中的最后一个要件，也是信息公示活动转化成信息规制工具进而服务于行政管理目标实现最为关键的一步。沈岿教授在分析食品领域负面信息披露行为的各项有效要件时，认为最后一项要件是信息受众是理性的，能够根据所接收到的信息中采取相应的行动。[②] 这里便论述的是可触及性这一要件，不过，将信息受众的理性作为一项不可或缺的预设前提，仍然存在可供商榷之处。在面对披露的信息时，有学者曾描述过公众颇为不理性的一面：“人们远没有按披露主义者所想象的那样作出信息灵通的决策，他们长期回避做决定，推迟做决定，仓促做决定，将决定权委托给他人，以及利用很少的信

---

① 参见江苏省镇江市中级人民法院行政判决书[（1998）镇行终字第22号]。

② 参见沈岿：《作为食品安全治理工具的负面披露》，载微信公众号“博雅公法”2022年9月13日，https://mp.weixin.qq.com/s/nYWh5ZRpVhzNJ8K42cJuUg。

息做决定。”[①]但这种论断又不免过于悲观。其实,在真实的信息规制场景中,社会公众的理性状态处于前面两种情形之间,也就是处于既不完全理性又不完全非理性的中间状态之中。换言之,一方面应当承认社会公众存在不理性之处,但同时又没有达到完全会将所接收到的信息置之不理的程度。信息规制工具的运行,建立在如下一种假设之上,即尽管在真实世界中信息受众并非完全是理性的,但信息工具的运用还是或多或少地能影响人们的行为。[②] 因此,完全理性的信息受众的假设是不必要也是不现实的。

要想实现信息的可触动性要件,最为关键的是要精准地把握信息受众的心理,以促成其行为的转变。比如,从社会公众的一般心理来看,人们更在意和关注的是已有利益的损失,而非预期利益的获得。因此,遵循这一传播规律,就要求行政机关在进行信息公示及风险提醒之时,向社会公众描述不遵从将实际遭受到的损失(潜在损失),就比描述遵从后能实际获得的利益(潜在收益),会有效得多。[③] 如果应用这一结论,那么举例来说,在传染病疫情预警信息的发布之中,行政机关向社会公众充分地说明不遵从预警信息会发生的严重后果,相比于说明配合预警所能获得的实益而言,会更具说服力。

此外,通过充分、形象地实施利益诱导或风险告知,也可以促成信息可触动性要件的实现。在此再举一实例——“赣州金鸡派出所树立失足妇女告示牌事件”(2022)加以说明。江西赣州南康区某一街道上的多家足浴店中存在较为普遍的卖淫嫖娼行为,为了对此类行为形成有效威慑,2022 年 7 月,当地金鸡派出所在该街上树立了一块告示牌,载明周边是监

---

① [美]欧姆瑞·本·沙哈尔、卡尔·E. 施奈德:《过犹不及:强制披露的失败》,陈晓芳译,法律出版社 2015 年版,第 77 页。

② 参见[美]莱斯特·M. 萨拉蒙主编:《政府工具:新治理指南》,肖娜等译,北京大学出版社 2016 年版,第 188 页。

③ 参见[美]凯斯·R. 孙斯坦:《风险与理性——安全、法律及环境》,师帅译,中国政法大学出版社 2005 年版,第 334 页;Richard H. Thaler & Cass R. Sunstein, *Nudge: Improving Decisions About Health, Wealth, and Happiness*, Yale University Press, 2008, pp. 36 – 37。

控区域,请勿闲逛游荡,否则将被拍照和曝光,并提醒相关失足妇女已被拘留。为了增加威慑效果,该告示牌还张贴了相关失足妇女和涉事场所房东被抓获的图片。客观来说,该派出所充分运用了公示型信息工具,补足了传统执法手段疲软之不足。该告示牌中张贴的图片能够十分形象、直观地传递威慑效果,满足公示型信息工具中的可触动性这一有效要件。事实上,在该告示牌树立之后,周边的几家足浴店陆续关门,此前经常出没的失足妇女也不见踪影,可见其实施效果还是比较明显的。不过略显遗憾的是,该派出所在张贴这些图片时,没有采取对失足妇女肖像进行打码等必要的技术处理,因而在被曝光到网络之后,公众普遍批评其存在侵犯隐私与人格尊严的问题,在舆论压力之下,最终南康区公安局发布情况通报,认为上述做法不妥,并撤除了告示牌。①

需要注意的是,可触动性这一要件在适用过程中也面临一些障碍。由于受到信息受众的认知观念、行为习惯等方面的因素制约,有时行政机关所公示的信息在促成社会公众行为转变方面不得不面临一些"天花板"。在此可以用"杭州警方公布地铁性骚扰者信息事件"(2023)为例加以说明。2023 年 4 月,有媒体报道称,杭州市公安局在当地政务服务网站上公布了一批在杭州地铁上实施性骚扰行为的行政处罚信息,其中载明了违法人员名单、事实、处罚结果等信息,此后,这一做法的合法性以及有效性旋即受到了社会各界的热议。② 对于杭州警方公布行政处罚决定信息所要达成的目的,以往的讨论多是从对违法行为人实施声誉惩戒以及对潜在的违法行为人实施一般预防的角度着眼的,但从公示型信息工具的视角来看,此类信息的发布还具有对地铁乘客尤其是女乘客发出警示的作用。事实上,杭州警方对在地铁中性骚扰乘客处罚信息的公示,早在

---

① 参见宋潇、张宗耀:《江西一派出所竖告示牌曝光"失足妇女":立牌已拆除 周边商家称不少足浴店已关门》,载封面新闻 2022 年 7 月 12 日,https://www.thecover.cn/news/9441670。

② 参见聂书江:《人民热评:公示"色狼"行政处罚合法合情》,载人民网,http://opinion.people.com.cn/BIG5/n1/2023/0420/c436867-32669154.html;祥洛:《97%网友支持公布"地铁色狼"姓名,法律怎么看?》,载凤凰网 2023 年 4 月 21 日,https://news.ifeng.com/c/8PAEuPakId6。

2018 年 5 月就开始推行了,此后类似的违法行为被持续地公布在网站之上。站在广大地铁乘客的立场上看,此类行政处罚决定书的持续性公开,无异于是向他们发出了一种警示,提示在乘坐地铁过程中可能存在的风险点。[①] 不过应当看到,这一风险警示在促成地铁乘客行为转变方面的实际效果其实仍然是颇为有限的。一方面,地铁通行是一种“刚需”,特别是对于每日依赖地铁进行长途通勤的乘客来说,此类风险警示的发布难以真正打消其乘坐地铁的想法而改采其他出行方式;另一方面,受到现代社会多元价值观的影响,此类信息的发布,在引导地铁乘客穿着更为保守的着装方面的可能性也不大。从这一事例中可以清晰地看出,信息的可触动性这一要件不得不面临诸多现实条件的制约。

四、公示型信息工具的法治化框架调适

在信息激增且日益显示出其重要利用价值的大数据时代,有学者曾发出过“谁控制数据就能控制一切”之感喟。[②] 其实,这已经不再是耸听危辞了。而信息或数据的公开示众,无疑是实施这种控制最为重要的抓手之一。从近年来社会的发展态势来看,对信息公示这种控制手段施加合理的法治约束,其迫切性已经显得愈加突出了。例如,在私人领域中,仅在 2023 年上半年,就发生了诸如广州地铁女生诬告大叔偷拍将信息发布到微博、[③]杭州师范大学女生怀疑遭同校男生尾随偷拍遂将信息制作成视频发布到网络[④]等“网暴”事件,可见信息的轻易曝光几乎已经步入到

---

① 在这一点上,该事件与同一时期杭州警方卷入的另一起行政处罚公开争议事件有所不同。在 2023 年 5 月,杭州警方将 6 名男性因聚众淫乱受到行政处罚的信息同样在浙江政务服务网站作了公示。在所公示的信息中,详细地载明了这 6 名被处罚人的姓名、违法行为细节等信息。在这一事件中,公安机关所公布的聚众淫乱信息对社会公众不具有风险警示的意义。对这一案件的评论,参见赵宏:《聚众淫乱者的个人信息和违法细节应该公开吗?》,载澎湃网 2023 年 5 月 22 日,https://m. thepaper. cn/baijiahao_23178340。

② 参见曹卫东:《开放社会及其数据敌人》,载《读书》2014 年第 11 期。

③ 参见《地铁偷拍事件后续:人民日报定义为“乌龙”,不能“以暴制暴”》,载新浪网 2023 年 6 月 14 日,http://k. sina. com. cn/article_5332291087_13dd44e0f001013y4v. html。

④ 参见《杭师大变态“偷拍”? 男生愤怒发声,网友力挺! 仙女们,该消停了》,载网易网 2023 年 6 月 13 日,https://www. 163. com/dy/article/I758R8M305562MYC. html。

了歇斯底里般的状态之中，助长了社会中的戾气。而在公共领域中，同样存在对行政机关运用公示型信息工具施加法治约束、防止其运行失控的重要关切。毋庸赘言，这是历来以规范权力与保障权利为使命的行政法学的关注焦点之所在。

由于公示型信息工具已被定性为政府信息公开行为，那么对其运行的控制，就可以在整体上纳入到《政府信息公开条例》及相关立法的视野中加以探讨。比如，行政相对人对于行政机关作出的公示型信息工具不服的，其救济的可得性就不成问题，无须在制度设计中给予特别的关注。[①]又如，关于行政机关公示信息的职权，由于《政府信息公开条例》（2019 年修订）已经作了系统的规定，行政机关在行使这一职权时无须再寻求其他法律的额外授权。[②] 当然，以推动信息利用为导向的归集型信息工具，毕竟与以引导监督为目的的传统政府信息公开制度之间存在差异，因此，归集型信息工具的法治化框架尚需在一些细节之处作出调整。具体而言，这种制度调适应当从公示范围、公示方式以及公示程序三个方面展开。

（一）公示范围的审慎有度

一旦树立了为社会公众提供信息服务（即提供有利用价值的信息）这一观念，那么对于公示型信息工具的适用范围就需要收缩到为实现这一目标所必要的范围之内，避免对公示范围作过度的泛化理解，尤其是应防止基于监督行政的目的而将行政机关掌握到的信息一律公开。而正如本书第四章所指出的，对公示范围的限定，也有利于消解信息主体因信息的

---

① 按照《政府信息公开条例》（2019 年修订）第 51 条、《行政复议法》（2023 年修订）第 11 条第 14 项、《最高人民法院关于审理政府信息公开行政案件若干问题的规定》（法释〔2011〕17 号）第 1 条至第 3 条的规定，信息公示行为可以纳入行政复议和行政诉讼的救济渠道之中。另外，从比较法上的发展动向来看，对于行政机关的信息公示行为，法院在救济入口上也逐渐采取宽松立场，将此类非权力作用的行为纳入到司法审查的范围之列。参见 Karen Yeung, *Regulating Government Communications*, 65 Cambridge Law Journal 53（2006）.

② 德国联邦宪法法院在 2002 年作出的“警示教派之危害案”中指出，只要在所承担的任务（事务管辖权）范围之内，行政机关就有权实施信息发布行为，无须再另外寻求法律的额外授权。参见《“警示教派之危害”裁定》，张永明译，载翁岳生编：《德国联邦宪法法院裁判选辑》（十一），我国台湾地区“司法院”2004 年印行。

“应归尽归”而产生的焦虑,进而在归集与公示两大运行环节上塑造出规则设计上的“差序格局”。

在对公示型信息工具的适用范围加以限定方面,我国不少立法已经作出了有益的探索。比如,前面提到的《网络安全法》(2016 年)第 55 条以及《数据安全法》第 23 条在规定网络安全或数据安全事件中向社会发布警示信息这一职权时,均要求此类信息必须“与公众有关”。不过,这方面更具代表性的规定,当属 2019 年修订后《政府信息公开条例》的规定。《政府信息公开条例》(2019 年修订)第 20 条在有关行政机关应当主动公开的政府信息中,专门增加规定了第 6 项“本行政机关认为具有一定社会影响的行政处罚决定”这一内容,这一规定也被后来出台的《行政处罚法》(2021 年修订)第 48 条第 1 款完全继承了下来。[①] 从《政府信息公开条例》(2019 年修订)第 20 条第 6 项的规定来看,它没有对什么是行政处罚决定“具有一定社会影响”作出界定,而是赋予了行政机关对此自行加以判断的权力,这并非立法上的疏忽,而是立法机关有意为之的结果。[②] 对于这一规定背后所蕴含的规范意旨,需要认真加以解读。笔者认为,它至少包含如下两层含义:

第一,它十分清晰地传达出了对行政处罚决定的公开范围作出限定之意旨,反对采取一律公开的立场。据参与过《政府信息公开条例》修订工作的同志回忆,在 2019 年新条例修订过程中,草案曾一度确立了行政处罚决定原则上应予公开的规则,但在审议过程中引起了多方关注和疑虑,因此,在最终通过的条例中,增加了“具有一定社会影响”的限定。[③]

---

① 尽管与《政府信息公开条例》(2019 年修订)第 20 条的规定相比,《行政处罚法》(2021 年修订)第 48 条第 1 款没有在条文表述上延续“本行政机关认为”这一限定语,但是依据立法机关的权威释义,在《行政处罚法》(2021 年修订)第 48 条第 1 款的适用上,行政机关对于行政处罚决定是否具有一定社会影响仍然具有判断权,同时也明确提及了《政府信息公开条例》(2019 年修订)第 20 条的规定。参见许安标主编:《中华人民共和国行政处罚法释义》,中国民主法制出版社 2021 年版,第 139 页。可见,二者的实质规定内容完全一致。

② 参见后向东:《中华人民共和国政府信息公开条例(2019)理解与适用》,中国法制出版社 2019 年版,第 50 页。

③ 参见袁雪石:《中华人民共和国行政处罚法释义》,中国法制出版社 2021 年版,第 288 页。

这一限定也使之与此前国务院办公厅在2019年1月发布的《行政执法三项制度指导意见》分道扬镳,后者规定,行政处罚决定信息原则上应当公开。二者在规定范围上的差异,实际上也暗含了它们在功能定位上的分野。

第二,将行政处罚决定的具体公开范围交由行政机关裁量决定,意味着这一公示型信息工具的功能定位不是引导公众监督依法行政,也不是借由行政处罚决定的公开对被处罚人实施额外的制裁。因为如果是意图引导社会公众监督依法行政,那么所有处罚决定都有监督的必要,没有理由只是选择性地监督部分处罚决定。同样,如果是旨在对被处罚人实施额外的制裁,那么立法上赋予行政机关在此问题上如此广泛的裁量权,几乎将公开与否的"生杀予夺"大权完全交给行政机关来行使,这本身就背离了《行政处罚法》(2021年修订)第4条所规定的处罚法定原则。[①] 因此,在行政处罚决定公开这一制度的功能定位上,唯一能够成立的,便只能是"有助于社会公众知晓有关情况,增强应对风险的能力。"[②]这便与笔者所主张的公示型信息工具的功能定位——为社会公众提供有用信息形成了呼应。对于这一点判断,还可以有如下两点论据加以支持和印证:(1)从体系解释的角度来看,《政府信息公开条例》(2019年修订)第20条明确规定,属于主动公开范围的各项具体信息,应当按照该法第19条的规定进行公开。而作出一般性的规定,《政府信息公开条例》(2019年修订)第19条确立了主动公开的原则性标准——"对涉及公众利益调整、需

---

① 有学者主张将行政处罚决定书公开的功能定位为实施二次制裁。参见熊樟林:《论作为"权力"的行政处罚决定公开》,载《政治与法律》2023年第2期。这一观点至少在解释论层面是无法与处罚法定原则相兼容的。

② 立法机关的权威释义书在阐释《行政处罚法》(2021年修订)第48条第1款的功能定位时,共讲了三种目的,分别是:一是强化对行政机关的监督与约束,推动行政执法的规范化进程;二是"有助于社会公众知晓有关情况,增强应对风险的能力";三是借助舆论监督推动处罚结果的履行,提升行政执法效能。参见许安标主编:《中华人民共和国行政处罚法释义》,中国民主法制出版社2021年版,第138页。考虑到它与《政府信息公开条例》(2019年修订)第20条在功能定位上的承接关系,上述三种功能阐释同样适用于《政府信息公开条例》(2019年修订)第20条。但正如笔者所分析指出的,其中的第一、三种目的在解释论上无法成立,因而唯一能够成立的便只能是第二种目的。

要公众广泛知晓或者需要公众参与决策的政府信息,行政机关应当主动公开”。这里以“或者”一词为界,实际上确立了前后两类主动公开的标准,分别是“服务于提供有用信息”标准以及“服务于公共参与需要”标准。与《政府信息公开条例》(2019 年修订)第 20 条中的行政处罚决定公开适用要件“具有一定社会影响”形成呼应的,只能是“服务于提供有用信息”标准即“涉及公众利益调整、需要公众广泛知晓”这一标准。将两者结合在一起解释,不难发现,行政处罚决定公开的制度定位在于发挥出其在引导社会公众合理调整行为、规避风险方面的功能。(2)从比较法上的经验来看,美国食品药品监督管理局当前将负面信息披露的功能主要定位于进行风险警示,而在行使这一功能定位下的职权时,该机关可享有裁量权,且该裁量权的行使通常不受司法审查,然而一旦将该行为的功能定位为制裁措施,上述裁量权就需要受到限制。[①] 换言之,只有在风险警示的功能定位下才允许行政机关对此享有裁量权。而既然我国《政府信息公开条例》(2019 年修订)第 20 条已经赋予了行政机关在公开行政处罚决定公开上的裁量权,那么其功能也应被定位为实施风险警示。

对于以上对行政处罚决定公开范围的解读,或许有人会持反对意见,理由是同样属于行政执法决定的公开,为何《政府信息公开条例》(2019 年修订)第 20 条第 5 项规定行政许可办理结果应一律公开,而该条第 6 项中的行政处罚决定结果必须满足“具有一定社会影响”才能公开? 对此,这些论者或许会给出的合理解释是,立法者实际上是根据行政执法决定的效果是授益还是负担作出了区分处理,即在行政处罚决定的公开上,由于它容易给信息主体的声誉等权利造成不利影响,因而立法机关在公开范围的确定上采取了更为审慎的立场。[②] 况且,这种在信息公开中进行

① See Nathan Cortez, *Adverse Publicity by Administrative Agencies in the Internet Era*, 2011 Brigham Young University Law Review 1371(2011).

② 对此判断可以印证的是,立法机关的权威释义书在阐释《行政处罚法》(2021 年修订)第 48 条第 1 款为何要规定行政处罚决定书公开的范围时,开宗明义地指出了公开会对信息主体造成不利影响这一理由。参见许安标主编:《中华人民共和国行政处罚法释义》,中国民主法制出版社 2021 年版,第 138 – 139 页。

权利权衡的判断思路，实际上在《政府信息公开条例》（2019 年修订）第 15 条前段中也有体现："涉及商业秘密、个人隐私等公开会对第三方合法权益造成损害的政府信息，行政机关不得公开。"应当说，上述观点及论证包含着相当部分的"真理颗粒"。不过，需要注意的是，《政府信息公开条例》（2019 年修订）第 15 条还有更为重要的后段规定："但是，第三方同意公开或者行政机关认为不公开会对公共利益造成重大影响的，予以公开。"依据这一后段规定，当存在公共利益考量的情况下，信息主体的隐私利益等仍然需要让位于信息公开的需要。[①] 换言之，决定行政处罚决定公开与否的因素，主要不是隐私等信息主体的利益这一阻却因素，而是旨在维护公共利益这一正面考量因素。问题在于，如何判断此处的"公共利益"？笔者认为，这还是需要回归到为社会公众提供有利用价值的信息这一标准上来。特别应当注意的是，依据《政府信息公开条例》（2019 年修订）第 15 条后段的规定，行政机关在基于公共利益强制公开涉隐私等行政处罚决定时，立法文本上也赋予了"行政机关认为"这一裁量性要件，由此可见，它与《政府信息公开条例》（2019 年修订）第 20 条第 6 项之间存在规范结构上的高度同构性。从体系融贯的角度着眼，对于《政府信息公开条例》（2019 年修订）第 15 条中的"公共利益"，自然也应当解释为旨在为社会公众提供有用信息。[②]

总之，对于作为行政处罚决定公开范围适用要件的"一定社会影响"

---

① 一位长期从事政府信息公开工作的实务人士指出，在《政府信息公开条例》（2019 年修订）第 15 条后段所规定的两种情形中，向第三方征求意见这一程序的真正价值也不在于阻断公开，而是让第三方提供其合法权益受到损害的理由，以便于行政机关在后续决定是否强制公开时进行利益衡量，这一程序是服务于后续强制公开决策需要的。参见后向东：《政府信息公开案件审理中的几个重点问题》，载最高人民法院行政审判庭编：《行政执法与行政审判》第 81 集，中国法制出版社 2021 年版。应该说，这一判断是极为准确的。

② 在旧《政府信息公开条例》的制度框架下，有学者曾讨论过行政处罚决定公开的规范基础，认为《政府信息公开条例》（2007 年）第 14 条第 4 款（2019 年修订后的《政府信息公开条例》第 15 条）的规定构成了公开行政处罚决定的唯一规范基础，并主张对这一制度功能的理解，不可定位于对被处罚人实施惩戒，而是应当满足公共安全预警等需要。参见杨寅：《行政处罚类政府信息公开中的法律问题》，载《法学评论》2010 年第 2 期。这一观点与笔者主张的观点之间存在契合之处。

的理解,不可采取一种大而化之的立场,还是应回归到旨在为社会公众提供具有利用价值的信息服务这一功能定位上来。另需指出的是,这种功能定位并不仅适用于行政处罚决定书的公开这一类型活动之上,还可扩展至公共警告、公开抽查检验结果、公开失信记录等其他公示型信息工具之上,最终有助于实现对全部公示型信息工具的适用范围的合理限定。

至于公示型信息工具的具体适用范围如何划定,还需要作进一步的分析。在这方面,王锡锌教授曾做过出一个十分有价值的分类。他在阐释行政处罚决定公开的范围时,认为根据行政处罚所针对的违法信息的不同,可以划分为监管类违法信息、社会管理类违法信息以及失信信息三类,进而探讨了它们各自的公开问题。在上述三类信息中,“失信信息”的公开由于已经步入对信息主体的制裁这一领域,它与本章探讨的针对社会公众的公示这一主题无涉,故笔者不再对此展开分析;“监管类违法信息”是指在市场监管领域发生的违法行为(如食品安全违法、税收违法等),因此用“市场监管类违法信息”加以指称更为合适;而“社会管理类违法信息”是指在社会秩序管理过程中产生的违法行为(如交通违法、治安违法等)。按照王锡锌教授的观点,市场监管类违法信息与社会公众的利益存在密切关联,因此需要将其纳入公开范围之中,而对于社会管理类违法行为应否公开,王锡锌教授并未给出明确的回答,但从他认为此类信息一般不涉及公众利益的论述来看,应当推断出认为它原则上不得被纳入公开的范围。[①] 笔者认为,上述分析是十分精到的,尽管它是在行政处罚决定公开的语境下展开的,但同样能扩展适用于其他公示型信息工具,帮助我们进一步理解何谓“信息对社会公众具有利用价值”这一根本性标准。结合上面的论断,公示型信息工具的具体适用范围,可以在市场监管与社会管理这两大领域作出较为清晰的界分:(1)对于市场监管类信息,由于它对社会公众具有直接的关联,为此应当将其纳入行政机关主动公开的范围之中。(2)对于社会管理类信息,如明星因嫖娼被抓获、普通民

① 参见王锡锌:《行政处罚决定的公开及其限度》,载《中国司法》2021 年第 8 期。

众因交通违法被处理等信息，由于它们对社会公众而言往往无法产生直接的利用价值，故此类信息原则上不得公开。例外情形是，如果该领域的信息对社会公众具备了利用价值，如前文述及的“杭州警方公布地铁性骚扰者信息事件”(2022)中对地铁乘客具有防性骚扰的风险警示价值时，此类信息可以依法公开。

（二）公示方式的优化设计

依据《政府信息公开条例》(2019年修订)的规定，政府信息的公开分为主动公开与依职权公开两种类型，这两种公开方式所适用的信息类型并无截然的划分，[①]但二者在公开容量、运行成本以及对信息主体的权益影响等方面存在显著差异。从我国政府信息公开的实践来看，行政机关经由主动公开发布的信息数量，要远高于通过依申请渠道所发布的信息数量。[②] 不过，行政机关在主动公开的实践中往往不注重回应社会公众的实际需求，因而其实际绩效并不高，往往沦为有学者所形象地归纳的像“政府宣传车”一样的单向灌输式公开。[③] 而依申请公开与之不同，它能精确地了解到社会公众的信息需求，防止行政机关将无社会效用的信息公之于众，同时，一旦行政相对人频繁地发出信息公开申请，行政机关也可以将其转化为依申请公开方式，以期节省行政成本。正是在这一意义上，有学者正确地指出，政府信息公开的着力点应锚定于依申请公开制度的构建之上。[④]

---

① 对于这一点，最高人民法院在张惠珍与天津市红桥区人民政府信息公开答复纠纷再审案中作了明确的阐释，该案判决指出，主动公开和依申请公开在一定条件下可以相互转换，对于依申请公开较为集中的信息可以转为主动公开，对于行政机关依法应当主动公开而未及时公开或不公开的，行政相对人也有权依申请获取。参见最高人民法院行政裁定书，(2016)最高法行申2305号。

② 例如，2014年贵州全省三级政府及部门主动公开的政府信息达550万余条，但当年受理的政府信息公开申请仅为6900余条。参见《贵州省2014年主动公开政府信息550余万条》，载《城市问题》2015年第4期。

③ 参见应松年主编：《当代中国行政法》(第6卷)，人民出版社2018年版，第2561页。

④ 参见余凌云：《行政法讲义》(第3版)，清华大学出版社2019年版，第393页。另据有论者对全球信息公开立法经验的考察，发现绝大多数国家的信息公开立法都是围绕依申请公开制度展开的，主动公开处于附属性的地位。参见后向东：《论我国政府信息公开制度变革中的若干重大关系》，载《中国行政管理》2017年第7期。

对于公示型信息工具而言，由于笔者反复强调信息能够为公众利用这一价值，故从理论上说，它的公开方式应当优先选择最能匹配公众需求的依申请公开方式。但是，依申请公开由于受到行政成本、时限等方面因素的制约，使得它难以应对社会上面广量大的公开需求。换言之，在公示型信息工具的公示方式选择上，存在精确匹配公众需求与广泛提供信息之间的矛盾。要破解这一矛盾，在公示方式的选择上，可以考虑增设依查询公开这一方式，作为信息公示的第三种方式。所谓依查询公开，是指行政机关事先将特定信息事先上传至政务服务系统、网站等公开平台之上，社会公众可以通过输入相关检索条件进行查询，在符合检索条件后即可获取信息的一种公开方式。它实际上是介于传统的主动公开与依申请公开之间的一种折衷公开方式，既具有依申请公开中依据社会公众需求实施精准公开、避免信息的过度公开分散信息主体的注意力等优势，又借助电子公开载体技术继承了主动公开中公开潜能较大、成本较低、时效较快的优势。实际上，从当前我国地方层面发布的公共信用信息管理立法来看，查询这种方式已经在这些立法中有了广泛的体现，尤其是对于涉及个人信息内容的信用信息，依查询公开成为了主要的公开方式。[①]

因此，在公示型信息工具的公示方式设计上，应当实行主动公开、依查询公开与依申请公开这“三驾马车”并驱的格局，但总体而言，应优先选择依查询公开的方式。当然，根据信息对社会公众的可利用价值大小、公开紧迫性、对信息主体权益影响大小等因素的不同，可以适时地转换成主动公开或依申请公开这两种渠道。比如，对于突发的未知疫情的预警信息，应转换成主动公开方式，以便社会公众广泛知晓。又如，某食品因标签含量不准确（但检测值仍在强制标准范围内）的信息，宜转换为依申请

---

① 例如，《浙江省公共信用信息管理条例》（2017 年）第 15 条规定，法人和非法人组织的公共信用信息，通过公开、查询、政务共享这三种方式披露，而自然人的公共信用信息，仅通过查询、政务共享这两种方式披露，除法律、法规另有明确规定外，不予以公开。又如，《陕西省公共信用信息条例》（2011 年）第24 条第1 款规定，企业信用信息通过公开、共享和查询这三种方式披露，但个人信用信息不予公开和共享，只能通过查询的方式加以披露。

公开的方式,以防止市场上对这一信息产生过度反应或不当误读。

(三)公示程序的合理构建

公示型信息工具的运作具有难以彻底恢复如初的特点,即一旦发现所公示的信息存有错误,即便事后行政机关通过发布澄清公告等实施补救,它也难以彻底修复对信息主体所造成的损害,甚至还会对行政机关的公信力造成不当影响。因此,尽管事后的行政复议、诉讼等救济机制的运行仍然不可或缺,但从有效控权的角度看,事中的程序防卫机制的构建更加具有现实意义。在这方面,美国披露负面信息的实践提供了一种有益参鉴。在美国,绝大部分行政机关并不会给予被公布负面信息的当事人诸如提前通知、发表意见等程序保障,以至于有学者不无担心地指出,这构成了行政相对人交由行政机关任意摆布的一个权力作用领域。[①] 要消解这种担忧,就需要将诸如告知、听取意见、说明理由等正当程序要求导入到行政机关运用公示型信息工具的过程之中,这是未来公示型信息工具的程序构建所面临的重点任务。

除此之外,从公示型信息工具与现行《政府信息公开条例》之间展开制度调适的角度看,还有如下两项程序制度在未来的制度构建中应给予回应。

1. 完善暂缓公开程序

尽管《政府信息公开条例》(2019 年修订)第 32 条引入了依申请的政府信息公开中征求第三方意见这一暂缓程序,《最高人民法院关于审理政府信息公开行政案件若干问题的规定》(法释〔2011〕17 号)第 11 条也据此规定了反信息公开诉讼及诉讼中暂时停止公开的制度,但是上述规定仍存在如下局限:一是它仅适用于依申请公开程序,在主动公开程序以及依查询公开程序中均无法适用。二是暂缓公开的理由也仅限于个人隐私、商业秘密,无法扩展适用于信息本身存在错误、当事人提出异议等更为广泛的情形。

---

① See William F. Fox, Jr. , *Understanding Administrative Law*, 4th edition, LEXIS Publishing, 2000, p. 115.

因此,未来的《政府信息公开条例》应当对公示型信息工具的暂缓程序作出更为全面的设计。在这方面,一些实践部门出台的规范性文件中已经作出了有益的探索。例如《上海市食品药品监督管理局监管信息公告管理办法》(沪食药监法〔2009〕238号)第20条对于行政机关应当暂缓信息公告的情形作了如下规定:"(一)被抽样单位对检验结果有异议,在规定期限内提出复验(检)申请被受理,但尚未作出复验(检)结论的;(二)违法责任主体暂不明确的;(三)对拟公告的行政许可行为、行政处罚行为不服提出复议、诉讼,且尚在复议、诉讼期间的。"不过,对于以上三种暂缓公示的情形,还需要作进一步的反思。首先,抽样单位对检验结果有异议的,且依法提出重新检验并获受理的,这一情形的设置是妥当的,但它是针对食品药品监管领域这一具体场景提出的,有必要将其上升为更具一般性的规定。其次,对于违法责任主体暂不明确这一情形,它的暂缓逻辑是对有关责任人员实施责任追究,但在为社会公众提供有用信息的制度定位下,这一情形并非是必要的,除非是特定人员本身是风险或危害的直接制造者。最后,对于案件尚处于争讼过程之中这一情形,考虑到公示型信息工具具有一旦出错事后难以彻底修复的特征,将其规定为停止执行的情形,是妥当的。综上所述,笔者建议将暂缓公示的情形设置为如下四种:(1)行政相对人对拟公示的信息提出异议,案件尚处于更正过程之中的;(2)行政相对人对据以产生拟公示信息的行政决定依法提出行政复议、诉讼,案件尚处于行政复议、诉讼期间的;(3)风险点或危险源尚未查清的;(4)行政机关发现拟公示的信息确有错误的。

2. 建立信息的快速制作程序

依据《政府信息公开条例》(2019年修订)第2条对政府信息概念的界定,现行条例确立的是针对既有的、现成的政府信息的公开制度,而对处于更为"上游"的信息生产过程缺乏足够的关注。打一个形象的比喻,现行的政府信息公开制度类似于图书馆,它致力于提供保存下来的信息,而不是像印刷厂那样生产信息。在理想的状态下,行政机关拟公示的信息,应当在查证属实之后才能发布,正如有美国学者所指出的,应当禁止行政机关在事实未查证属实之前，就通过举行新闻发布会等方式进行仓促地公布。[①] 但从国内外公示型信息工具的运作实践看，在很多案件中尤其是食品药品监管领域，行政机关为了保护更为紧迫的公共利益，往往选择在事实尚未查清之前就进行公开，以此提醒社会公众加以防范，为此也经常被卷入争讼案件之中。例如，英国公平交易办公室（Office of Fair Trading）曾在一起有关牛奶定价的案件调查过程中，在未经核实事实之前，就向社会发布新闻稿，宣称莫里森连锁超市（Morrisons）存在不当操纵价格的违法行为，但最终的调查结论却未能查实上述违法事实。为此，莫里森连锁超市向法院提起了诽谤之诉，英国高等法院认定英国公平交易办公室的这一做法过度利用了信息规制工具，属于“耸人听闻的公开”，英国公平交易办公室不得不公开致歉，且为此支付了十万英镑的赔偿金。[②] 类似地，1989 年，我国台湾地区“环保署”发现台中县有多人发生多氯联苯中毒，其中绝大部分病人曾有过在祥香油行多次购买食用油的经历，“环保署”为了保护公众健康，在最终的检验结果尚未出来之前就即刻公布了此信息，呼吁社会公众不要购买该油行中来路不明的食用油，但事后检验结果证明毒物来源并非祥香油行，为此“环保署”被卷入到了行政诉讼之中。[③] 从这些案例中可见，公示型信息工具在其运作过程中，繁冗的行政程序在面对社会公众的信息需求时存在矛盾，社会公众对拟公开的信息的需求越迫切，上述矛盾将变得越发突出。

要解决上述矛盾，应致力于构建公示信息的快速制作程序。对此，我国的一些单行立法，已经不乏有一些间接性的规定。比如《行政处罚法》（2021 年修订）第 49 条规定在突发事件处置中，行政机关可以快速作出处罚决定，这为行政机关在该领域中快速制作形成处罚信息提供了规范

① 参见［美］Timothy Wu：《行政告诫》，熊樟林译，载《行政法学研究》2012 年第 4 期。

② 参见［英］森托·维尔杰诺夫斯基：《规制的策略性使用》，载［英］罗伯特·鲍德温、马丁·凯夫、马丁·洛奇编：《牛津规制手册》，宋华琳等译，上海三联书店 2017 年版，第 111 - 112 页。

③ 对该案的详细介绍，可参见叶俊荣：《行政法案例分析与研究方法》，台北，三民书局 1999 年版，第 305 - 306 页。

基础。《海警法》(2021 年)第 30 条也引入了海上行政案件的快速办理机制。但是,这些单行领域的立法适用范围较为有限,无法适应快速生成信息进而及时回应公众需求的现实需要。对此,可以考虑在未来的《政府信息公开法》修订中,突破当前"图书馆"式信息公开服务观念的束缚,针对公示型信息工具的运作特点,从压缩公开时限、建立尽职免责制度等方面对信息的快速制度展开制度设计,以便将具备较高利用价值的信息尽速公之于众,及时回应社会公众的信息需求。

第六章　监管型信息工具研究

在信息规制工具所涉及的行政机关（信息处理者）、行政对象人（信息主体）和社会公众（信息接收者）这三方主体中，监管型信息工具将关注视角重新拉回到“行政机关——行政对象人”这一对法律关系之上，并将其功能锁定在对信息主体实施行政监管之上。为了实现这种监管效果，行政机关尽管仍须仰仗于信息的公开这一手段，但无论是在所处的法律关系（面向信息主体而非社会公众）上，还是在功能定位（实施监管而非提供信息服务）方面，它都与公示型信息工具形成了鲜明的差异。就作用机理而言，监管型信息工具是行政机关运用自身所掌握的信息权力，以公开为手段对行政相对人施加社会评价压力，进而达成所追求的行政管理目标。对于行政机关来说，这一工具既找准了传统中国人性格中十分注重“面子”的特质，[①]又把握住了现代经济活动中市场主体倍加珍视自身声誉之“命门”，实现了对自然人和组织这两类对象的精准打击，据此成为政府规制工具箱中日益受到重视的一类工具。不过，相比于其他两类信息规制工具而言，监管型信息工具呈现出更为浓重的权力色彩，故对其

---

① 近代来华的著名美国传教士明恩溥（Arthur H. Smith）指出，理解了中国人的“面子”问题，就相当于掌握了打开中国人性格关键特征的密码箱钥匙。参见［美］明恩溥：《中国人的性格》，陶林、韩利利译，江苏凤凰文艺出版社2018年版，第2页。

施加法治约束的需求显得更加迫切。此外,从我国现阶段的实践来看,监管型信息工具在监管目标选择、制度设计重心等方面仍存在诸多不足之处,也亟须作出系统性的检讨。一言以蔽之,监管型信息工具也需要被置于合法性与有效性并重的新行政法学视野中展开全面的分析。

本章将首先对“监管型信息工具”这一术语略作几点说明,以避免在概念理解上产生不必要的误解。其次,爬梳和整理监管型信息工具的谱系,从纷繁多样的制度形态中提炼出两类具有不同功能的工具,并探讨它们与行政行为论体系的结合点。再次,探讨监管型信息工具有效运作的条件,以提升此类工具的运行绩效。最后,探讨监管型信息工具融入《行政处罚法》与《行政强制法》的可能性及其具体路径,以此回应对其实施法治化调控之要求。

一、“监管型信息工具”概念的再证立

人们在交流和认知上的分歧,在很多时候是出于对所使用的同一概念理解不一致所致。在本书所论述的三类信息工具中,最容易引发误解甚至质疑的,当属监管型信息工具。尽管本书第三章已经对这一概念的含义作了一定程度的阐释,但在开启本章的具体论述之前,仍有必要预先对“监管型信息工具”这一术语再作如下两点补充说明:

(一)选择用“监管”一词命名的理由

监管型信息工具隶属于行政执法行为或者更为精确的行政制裁行为之序列,因此在术语使用方面,笔者曾考虑过将其表述为“执法型信息工具”和“制裁型信息工具”这两个备选方案。但由于“执法”一词有着较长的“波段宽度”,尤其是考虑到它在逻辑上涵盖了行政确认行为,一旦命名为“执法型信息工具”,会在客观上将公示型信息工具也列为下位概念,那么本书将其与公示性信息工具相并列,就犯了属种概念相并列的形式逻辑错误,故“执法型信息工具”这一命名方案首先被排除。而“制裁”这一概念的意涵固然更为精确和限定,但在中文语境中,它又容易被限缩理解

为行政处罚,[①]此时就难以涵盖行政强制意义上的信息工具,因而最终也舍弃了“制裁型信息工具”这一命名方案。相对而言,“监管”一词的语义适中,它能够兼容修复(遵从)与报复(威慑)这两类不同理念的信息工具,故最终选择了“监管型信息工具”这一术语。

当然,笔者深知,在使用了“监管”一词后,将不可避免地与本书其他地方反复出现的“规制”一词之间产生纠葛,甚至还有可能会被人误认为是将二者混同了。从理论上讲,“监管”与“规制”都是对英文中“regulation”一词的翻译,二者是并列关系,它们在内涵上并无差异,只是用语习惯不同而已。甚至如马英娟教授在较早时就正确地指出的,无论是在官方文件还是大众习惯用语中,“监管”还都比“规制”更为常用。[②]但考虑到近年来在行政法学界,“规制”的译法更占据主流,[③]所以本书在绝大部分场景下还是采用了“规制”这一表述方式,只是在本章用于描述作为行政执法手段的信息工具时,用“监管”一词作专门指称。换言之,本书中是将“监管”作为“规制”的下位概念来对待的,前者的内涵窄于后者。这一点极易引发误解,故特此作出说明。

(二)与失信惩戒中的监管措施的区别

一旦选择使用了“监管”一词,还需要注意避免将监管型信息工具与

---

① 关于“制裁”一词的语义伸缩度,不妨可举王贵松教授前后发表的两篇文章为例加以说明。在2011年发表有关食品安全风险公告的文章中,王贵松教授将公告行为划分为制裁性公告与给付性公告两种类型,其中的“制裁性公告”同时包含了狭义制裁(即功能意义上的行政处罚)与督促(即功能意义上的行政强制执行)两种类型,此时其所称的“制裁”是在广义上使用的。而在2020年发表的另一篇专题讨论行政处罚制裁性界定的文章中,王贵松教授对此前的观点作了修正,转而将公告行为划分为制裁性公告、督促性公告与给付性公告三种类型,可见此时的“制裁”就是在狭义上使用的,仅指功能意义上的行政处罚行为(但作者反对在规范层面将其定性为行政处罚行为),排除了将行政强制执行意义上的公告纳入其语义涵摄范围之内。参见王贵松:《食品安全风险公告的界限与责任》,载《华东政法大学学报》2011年第5期;王贵松:《论行政处罚的制裁性》,载《法商研究》2020年第6期。

② 参见马英娟:《监管的语义辨析》,载《法学杂志》2005年第5期。

③ 有关“规制”的代表性译法,参见[美]史蒂芬·布雷耶:《规制及其改革》,李洪雷等译,北京大学出版社2008年版;[英]安东尼·奥格斯:《规制:法律形式与经济学理论》,骆梅英译,中国人民大学出版社2008年版;[英]罗伯特·鲍德温、马丁·凯夫、马丁·洛奇编:《牛津规制手册》,宋华琳等译,上海三联书店2017年版;[英]科林·斯科特:《规制、治理与法律:前沿问题研究》,安永康译,清华大学出版社2018年版。

当前失信惩戒实践中使用的绝大多数监管措施产生混同。前者是指行政机关利用信息的发布直接对行政相对人产生规制效果，而后者通常指以信用名单为依据开展的常规执法活动。①

对于这二者的区别，可以通过比较通报批评与纳入重点监管范围这两类措施为例加以说明。在通报批评措施中，行政机关直接利用信息发布权力产生了行政处罚的效果，因而属于监管型信息工具。而在纳入重点监管范围措施中，行政机关实际上是以前置的信用名单为依据采取后续的重点检查等执法措施，它属于"归集型信息工具 + 传统行政执法手段"的复合体，直接对行政相对人产生规制效果的是传统执法手段，列入信用名单这一归集型信息工具仅扮演了中间媒介的作用。换言之，信息工具在此情形下并未直接产生出监管效果。对于监管型信息工具与失信惩戒措施之间的区别和联系，本书第三章第三部分已有详细的阐述，请参看相应的内容。此处作简要提及，意在提醒读者避免误读。

二、监管型信息工具的"二元结构"

从我国的立法和行政实践来看，监管型信息工具的运行样态颇多，举凡公开谴责②、通报批评③、公开警告④、以行政强制执行为目的的行政公告⑤、

---

① 需要注意的是，在一些特定情形下，失信惩戒中的监管措施仍会带有监管型信息工具的属性。在这些监管措施中，行政机关通过公开行为意图达到对行政相对人规制的效果。例如，《企业经营异常名录管理暂行办法》（2014 年）第 7 条规定，企业未按照《企业信息公示暂行条例》的规定履行公示义务的，经责令其履行义务后仍未公示信息的，市场监管部门对其作出列入经营异常名录的决定并予以公示。此处公示经营异常名录的行为，旨在督促企业履行信息公示义务，因此具有行政强制执行的属性。

② 例如，中国银保监会发布的《银行保险机构关联交易管理办法》（2022 年）第 35 条规定，银行保险机构的关联方违反该办法规定的，银保监会或其排除机构可以采取公开谴责措施。

③ 例如，《反电信网络诈骗法》（2022 年）第 35 条规定，电信业务经营者有该条规定所列五种违法情形的，有关主管部门有权采取通报批评措施。

④ 例如，国家发改委发布的《企业中长期外债审核登记管理办法》（2023 年）第 28 条第 1 款规定，企业违反该办法规定借用外债的，审核登记机关有权采取公开警告措施。

⑤ 例如，《产品质量法》（2018 年修订）第 17 条第 1 款规定，监督抽查产品质量不合格的，市场监管部门先责令生产者、销售者限期改正，逾期不改正的，省级以上市场监管部门有权发布公告。

公开约谈[①]等，皆可被归入这一序列之中。要穿透这些纷繁复杂的具体工具之表象，达致对事务本质属性的清晰认识，仍有必要引入类型化的分析思路。在这方面，政府规制谱系中的两大理想类型的执法策略——威慑（deterrence）与遵从（compliance），为我们提供了一个颇为有益的分析工具。所谓威慑式执法策略，系以制裁违法行为为目标，旨在对执法对象实施报复，其主导哲学是传统的报应论，所呈现的执法者与执法对象之间的关系是对抗关系；而遵从式执法策略以实现整体立法目标为核心，旨在对执法对象实施劝服，它的主导哲学是现代的恢复性理念，所呈现的执法者与执法对象之间的关系是合作关系。[②] 借助于这一分类可知，立法与实践中涌现的各种具体类型的监管型信息工具，实际上就分属于威慑与遵从的执法策略两端，各自发挥着对行政相对人实施报复以及促成行政相对人修复受损的法秩序之功能。而以上两种功能的分野，又分别能与行政行为论体系中的行政处罚与行政强制执行这两类行政行为产生结构上的耦合，由此组成了监管型信息工具的“二元结构”。

（一）具有行政处罚功能的监管型信息工具

作为行政处罚的监管型信息工具，以对信息主体实施报复作为核心目标。尽管从理论上讲，行政处罚的功能是多元的，除了实施报复外，还兼具对违法行为人的特别预防以及对其他社会成员的一般预防之功能。[③]但是，后两种功能实际上处于延伸性的地位，行政处罚最核心的功能依然是实施报复，这也是《行政处罚法》（2021 年修订）第 2 条在定义行政处罚

---

① 例如，生态环境部发布的《生态环境部约谈办法》（环督察〔2020〕42 号）第 13 条规定，生态环境部有权对未落实生态环境保护主体责任的相关企业负责人实施公开约谈。

② 参见［澳］尼尔·甘宁汉：《执法与守法策略》，载［英］罗伯特·鲍德温、马丁·凯夫、马丁·洛奇编：《牛津规制手册》，宋华琳等译，上海三联书店 2017 年版。值得注意的是，作者也坦言，威慑与遵从这两大执法策略属于在理论层面建构出来的理想类型，在现实的执法世界中，实际上存在大量二者的混合体。

③ 参见陈清秀：《行政罚法》（修订 2 版），台北，新学林出版股份有限公司 2012 年版，第 7 - 9 页。

概念时所用的“惩戒”一词的核心含义。[①] 这一类监管型信息工具通过对行政相对人实施声誉减损达成行政处罚目标，它建立在传统“以牙还牙”、因果报应论等对等正义观念之下，属于朝向过去发生事实的惩戒行为。

从外延上看，隶属于行政处罚这一端的监管型信息工具，主要包含公开谴责、通报批评、公开警告这三种制度形态。在对行政相对人实施声誉惩戒方面，它们的效果呈现出阶梯状递减的格局。

1. 惩戒效果最强的公开谴责

公开警告目前主要存在于证券、银行、保险等金融监管领域之中。依据立法机关工作人员在 2021 年《行政处罚法》修订之前所作的摸排统计，共有《证券公司监督管理条例》《保险公司股权管理办法》等 6 部金融监管领域的部门规章对公开谴责这一行政行为作了规定。[②] 立法机关也明确认可公开谴责作为行政处罚的定性。[③] 这一类行政处罚所处的金融领域是典型的高风险领域，一直以来行政机关对该领域的监管强度颇高，行政机关对金融企业的权力支配性色彩浓重，“谴责”一词体现出了十分强烈的声誉否定性评价的意涵，因此，其声誉惩戒性最强。

2. 惩戒效果居中的通报批评

通报批评广泛地存在于行政立法之中。依据立法机关在 2021 年《行政处罚法》修订前夕所作的摸排统计，共有近 10 部法律、约 20 部行政法规、近 10 部部门规章、10 余部地方性法规对通报批评这一类行政处罚作了规定。[④] 随着《行政处罚法》(2021 年修订)第 9 条将通报批评明确列为

---

① 参见熊樟林：《行政处罚的概念构造——新〈行政处罚法〉第 2 条解释》，载《中外法学》2021 年第 5 期。

② 参见黄海华：《行政处罚的重新定义与分类配置》，载《华东政法大学学报》2020 年第 4 期。另外还应当看到，除了作为外部性的行政管理措施外，公开谴责还存在于不少行业惩戒之中，作为行业组织对所属成员的内部处分措施。例如，中华全国律师协会发布的《律师协会会员违规行为处分规则(试行)》(2017 年修订)第 15 条将公开谴责列为律师协会有权实施的纪律处分之一。

③ 参见许安标主编：《中华人民共和国行政处罚法释义》，中国民主法制出版社 2021 年版，第 49 页。

④ 同上。

行政处罚的种类,将作为外部性行政行为的通报批评定性为行政处罚已然没有争议。而且从近年来的发展趋势来看,此类声誉惩戒措施在单行立法中呈现出逐渐增多之势。“批评”一词尽管相比于“谴责”而言更为温和,①但仍然在一定程度上体现出了对被批评方施加权力支配的色彩。

3. 惩戒效果较弱的公开警告

在传统的行政处罚体系中,警告无疑是惩戒色彩最弱的一类措施,相应地,作为将警告公之于众的公开警告,其声誉惩戒效果在整个具有行政处罚性质的监管型信息工具中自然也是最弱的。从规范检索来看,当前明确地规定了公开警告措施的法规范极少,仅有两部。② 除了前面所提及的国家发改委部门规章《企业中长期外债审核登记管理办法》(2023 年)第 28 条第 1 款所作的规定外,还有《国务院关于加强城乡规划监督管理的通知》(国发〔2002〕13 号)这一早期的行政规范性文件,后者规定,建设部等有关部门对于规划管理混乱、破坏严重的历史文化名城和风景名胜区,可以给予公开警告。

另外值得探讨的是,随着《行政处罚法》(2021 年修订)第 48 条第 1 款引入了行政处罚决定的公开,这是否意味着,即便对于未公开作出的警告处罚决定,也可以借助这一条款的规定,客观上起到“公开警告”的实际效果?答案是否定的。理由有三:(1)从《行政处罚法》(2021 年修订)第 48 条第 1 款的规定来看,公开行政处罚决定的前提是其具有“一定社会影响”,而警告决定因为适用于违法性程度较小的行为,故在通常情况下难以满足这一公开要件。在我国行政处罚决定公开的实践中,也通常将警告处罚决定排除在应予公开的处罚决定之外。③ (2)正如本书第五章

---

① 在证券监管领域,不少立法存在将通报批评和公开谴责这两类监管型信息工并列规定的做法,但通常是将通报批评置于前面。朱芒教授曾对此咨询过多名证券监管界法律人士,证实通报批评的惩戒效果相较于公开谴责而言相对较弱,且多是在业内公布,与之不同,公开谴责则是向社会发布。参见朱芒:《作为行政处罚一般种类的“通报批评”》,载《中国法学》2021 年第 2 期。

② 笔者在“北大法宝”数据库上,以“公开警告”为全文关键词进行检索,仅获得两个法规范检索结果。最后检索日期为 2023 年 8 月 2 日。

③ 例如,《市场监督管理行政处罚信息公示规定》(2021 年)第 2 条第 2 款规定:“仅受到警告行政处罚的不予公示。法律、行政法规另有规定的除外。”

中所指出的，行政处罚决定公开的制度定位是为社会公众提供有利用价值的信息，故它与作为对信息主体处罚措施的公开警告之间难相契合。(3)理论界也多认为，警告是一种"点对点"式实施的行政处罚。陈新民教授在较早时就指出，警告这一处罚措施在实施中应顾及中国人比较注重面子的需求，其主要目的在于唤醒当事人自觉守法，故应当针对违法行为人进行警告，不宜将其公之于众，并呼吁未来在修法时，对于此类处罚的禁止公开实施加以明确规定。[①] 而在当前《行政处罚法》的修订已经尘埃落定的背景下，《行政处罚法》(2021 年修订)第 48 条第 1 款就不得被解释为是规避警告"点对点"实施方式的通道。[②] 公开警告这一类特殊的声誉惩戒措施，其实施仍应以相应立法有明确授权为限。

(二)具有行政强制执行功能的监管型信息工具

作为行政强制执行的监管型信息工具，以督促信息主体履行先行的行政义务为核心目标。在通常情况下，行政强制与行政处罚一道，常会被划归到威慑式执法策略这一侧。但实际上，这种归类并不完全正确。理由是，我国《行政强制法》所调整的行政强制行为，包含了行政强制措施与行政强制执行这两类行为，其中，行政强制措施符合威慑式执法策略的定位，但是行政强制执行由于在实施过程中需要履行先行义务确认、催告等程序，它仍然带有一定程度的遵从式执法策略的色彩。尤其是对于间接

---

① 参见陈新民：《中国行政法学原理》，中国政法大学出版社 2002 年版，第 213 页。

② 此处与警告类似的还有训诫行为。行政上的训诫行为在一些单行法上偶有规定，近年来，在一些热点案例的推动下，行政法学界围绕训诫行为的法律性质是否为行政处罚(或说是否为行政处罚中的警告行为)产生了一些争论。但无论采取何种定性，从制度的运行结构看，训诫同样具有"点对点"进行的特征，训诫决定的内容不得公之于众。事实上，如果考察历史也可知，行政上的训诫行为最初是从司法领域迁移过来的，但与司法领域存在公开训诫这一形态不同，行政领域的训诫有意地取消了公开训诫这一做法。据此，《行政处罚法》(2021 年修订)第 48 条也不得作为规避训诫非公开性的制度通道。从这一意义上看，在"李文亮医生遭训诫事件"(2019)中，武汉警方将训诫书向社会披露的做法是值得商榷的。有关训诫的代表性研究文献，参见杨解君：《受罚性行为与行政处罚的判断及其适用——关于李文亮"训诫"案中的行为及相关争论问题的分析》，载《行政法学研究》2020 年第 6 期(主张训诫行为属于行政处罚)；曾文远：《论行政训诫》，载《学术交流》2021 年第 1 期(认为学界行为应定性为准法律行为，且不得公开实施，否则将质变为行政处罚)；周舜、李若愚：《公安训诫的法律性质及其制度完善》，载《上海公安学院学报》2021 年第 2 期(介绍了行政训诫制度的历史沿革)。

强制执行措施(如加处罚款)而言,它们不直接迫使行政相对人履行义务,这体现出了更为鲜明的遵从式执法策略之特征。在监管型信息工具的谱系中,有部分工具的制度面向即是朝向未来的,旨在借助声誉机制间接地督促行政相对人履行义务,在这一点意义上,它就与行政处罚意义上的监管型信息工具区别开来了。

在外延上,隶属于行政强制执行这一端的监管型信息工具,主要包含以行政强制执行为目的的行政公告以及公开约谈这两种形态。[①] 二者在促使行政相对人遵从或实现劝服方面呈现出效果递增的格局。

1. 关于以强制执行为目的的行政公告

客观而言,行政公告的实践形态颇为庞杂,相应地,它的法律性质可以依据不同类型分别被定性为行政处罚、行政强制执行、政府信息公开等多种行为。[②] 笔者在此仅分析其中具有行政强制执行功能的行政公告。从现有的立法来看,此类行政公告已经在法规范层面有着诸多体现。

早在 1999 年国务院批准的《价格违法行为行政处罚规定》中,便对具有强制执行功能的行政公告作了规定。这部行政法规第 18 条规定:"任何单位和个人有本规定所列价格违法行为,情节严重,拒不改正的,政府价格主管部门除依照本规定给予处罚外,可以在其营业场地公告其价格违法行为,直至改正。"从这一条的规定来看,有三点内容值得关注:(1)立法机关在"给予处罚外"这一句之后再论及公告行为,说明此处的公告行为

---

① 章志远教授曾对公布违法事实行为中具有强制执行功能的信息工具做过系统梳理,认为公告价格违法行为、公开曝光名人富人超生、公布污染企业整改名单等均属于具有强制执行功能的信息工具。参见章志远:《作为行政强制执行手段的违法事实公布》,载《法学家》2012 年第 1 期。但是,以上这些措施是否都属于行政强制执行手段,仍有待作出审慎的分析。例如,公开曝光超生行为,似乎无法起到督促被曝光人履行堕胎等义务,如果是预防其未来再超生,也仅构成对违法行为的一种威慑,因此从功能定位上看,将其归入到行政强制执行的范畴之中并不恰当。王天华教授对于以上对公布违法事实统统纳入到行政强制执行之中的做法也给予了批评。参见王天华:《行政行为执行力的观念及其消弭——我国行政义务实效确保手段研究之刍议》,载《当代法学》2014 年第 5 期。

② 对行政公告较为全面的类型梳理与法律性质分析,参见叶平:《行政公告研究》,载《法学》2005 年第 3 期。

不是行政处罚行为;(2)此类公告以行政相对人“拒不改正”违法行为为前提,这说明公告行为呈现出督促行政相对人履行义务的鲜明功能定位;(3)“直至改正”的规定意味着公告行为的实施是与当事人的整改情况动态地绑定在一起的,一旦完成改正,公告便应停止,[①]这种“见好就收”的执法方式,与行政强制执行的性质也完全吻合。正因如此,在学术界,普遍将《价格违法行为行政处罚规定》这一条的规定定性为行政强制执行。[②] 另外值得注意的是,上述规定在此后还作了修订,现行的《价格违法行为行政处罚规定》(2010 年修订)第 22 条总体上延续了旧法规定,但是删去了其中的“在其营业场地”这一公告地点限制,这在客观上为延展公告的作用空间提供了更多可能。

税务执法领域也在较早时就尝试引入具有行政强制执行功能的公告措施。2001 年修订后的《税收征收管理法》第 45 条第 3 款规定,税务机关应当定期地对纳税人欠缴税款的情况进行公告。为了细化这一规定,国家税务总局还在 2004 年专门发布了《欠税公告办法(试行)》,该规章第 1 条载明其立法目的在于督促纳税人自觉缴纳欠税,保证国家税款足额入库,这就将该项公告制度的功能锁定在了督促行政相对人履行税款缴纳义务之上。不过在实务界和理论界,对于上述欠税公告行为的法律性质为何,还是存在颇多争议。有观点认为,它应当被定性为行政确认行为,[③] 但论者之所以持此观点,是考虑到在欠税公告之前税务机关会对欠税的事实进行确认,然而这其实混淆了在公告之前对欠缴事实的确认与公告行为本身之间的应然分界,前者无疑属于行政确认(本书讨论的归集型信息工具),但后者的定性有待进一步明确。当前,有不少观点认为,欠税公

---

① 原国家计委发布的《价格主管部门公告价格违法行为的规定》(计价检〔2002〕1384 号)第 7 条对此作了进一步的明确,它规定,在公告发布后,经营者应当将违法行为的改正情况告知价格主管部门,经价格主管部门审查,确已改正的,停止公告,如果没有改正的,则继续公告,直至其改正。

② 参见王周户、李大勇:《公告违法行为之合理定位》,载《法律科学》2004 年第 5 期;章志远:《作为行政强制执行手段的违法事实公布》,载《法学家》2012 年第 1 期。

③ 参见徐健夫:《试论行政确认视角下欠税公告的完善》,载《税务研究》2020 年第 12 期。

告行为属于行政事实行为,[①]但这一定性实际上将欠税公告与税务机关向社会公众发布税务违法信息的活动相混同,[②]忽略了在欠税公告中税务机关意图对税款欠缴人实施有目的的规制这一面向的独特内容。在这一意义上,有学者在分析欠税公告行为的法律性质时,排除了对其作行政事实行为、行政处罚、行政强制措施等定性,进而主张其法律性质应当被明确为行政强制执行行为,[③]是正确的。

除了以上两个代表性领域外,质量监督领域也建立起了具有相同功能的行政公告制度。《产品质量法》(2018 年修订)第 17 条第 1 款规定,市场监管部门在监督抽查中发现产品质量不合格的,应当责令生产者、销售者限期改正,如逾期未改正的,由省级以上市场监管部门予以公告。事实上,这一规定的出台时间也较早,早在《产品质量法》于 2000 年修订时,便已设立了这一公告制度。该制度同样具有借助公告督促违法的生产者、销售者履行改正义务的功能。因此,有不少学者也明确对其作了行政强制执行之定性。[④]

2. 公开约谈

在政府规制的谱系中,约谈属于典型的遵从式执法策略,其制度目标在于督促被约谈方纠正违法行为,促成其采取长期的守法与合规行为,它因为具有独特的柔性色彩与预防功能,已经在我国的行政管理实践中得到广泛使用。[⑤] 值得注意的是,在实践中,约谈在行政机关与被约谈方之

---

① 参见龙稳全、李刚:《欠税公告的法律思考》,载《涉外税务》2006 年第 6 期;刘承智:《欠税公告的法律性质、行为原则与正当程序》,载《财会月刊》2007 年第 8 期;李建人:《欠税公告制度的完善》,载《税务研究》2014 年第 2 期。

② 正如本书第二章在梳理我国信息规制的实践图景时已经指出的,税务领域的信息规制工具呈现出欠税公告与税务违法公告"双翼"并行的格局。对于后者,国家税务总局专门发布了《税务违法案件公告办法》(国税发〔1998〕156 号已失效)进行调整,它的制度定位在于引导社会公众监督税务稽查执法活动,因而在性质上属于行政事实行为。

③ 参见黄建文、钱俊文:《欠税公告的法律规制与司法救济》,载《税务研究》2019 年第 2 期。

④ 参见王周户、李大勇:《公告违法行为之合理定位》,载《法律科学》2004 年第 5 期;章志远:《作为行政强制执行手段的违法事实公布》,载《法学家》2012 年第 1 期。

⑤ 参见朱新力、李芹:《行政约谈的功能定位与制度建构》,载《国家行政学院学报》2018 年第 4 期。

间并不限于以私下沟通的方式进行，还出现了公开约谈这一“变异”形式。公开约谈实现了信息公开与约谈制度之间的有机结合，据此它也质变为监管型信息工具，构成一种独立的行政执法行为，不再具有纯粹约谈那样的近似于行政指导行为的属性。[①] 但与此同时，从功能意义上看，公开约谈仍然不失其作为遵从式执法策略之底色。事实上，从横向比较来看，由于这一信息工具依附于约谈制度之上，决定了它相比于以强制执行为目的的行政公告制度而言具有更为显著的对行政相对人实施劝服的功能。

从法规范层面来看，公开约谈这一行为多出现于位阶比较低的立法或规范性文件之中，这一点，与以强制执行为目的的行政公告具有全国人大法律作为支撑构成了鲜明的差异。在中央层面，仅有一部规章对公开约谈作了规定，国家市场监管总局发布的《制止滥用行政权力排除、限制竞争行为规定》(2023 年)第 25 条第 2 款规定，反垄断执法机构可以将约谈情况公开。其余在中央层面对公开约谈措施作出规定的，均为行政规范性文件，这些文件涵盖了生态环境、安全生产、质量监督、自然资源、食品药品监管等领域，其中以生态环境领域的规范最为密集。与之不同，从地方层面来看，已有不少法规和政府规章对公开约谈作了规定，此外还有大量行政规范性文件对此作出规定。[②] 从涉及领域来看，地方层面的约谈规定也多被运用于生态环境领域，此外还涉及食品药品监管、安全生产等领域。

对于公开约谈作为行政强制执行的功能定性，不妨以《西宁市大气污染防治条例》(2021 年修订)为例加以说明。该条例第 17 条规定：“对处以按日连续处罚的单位，自决定按日连续处罚之日起七日内，由生态环境主管部门或者作出行政处罚决定的主管部门约谈其主要负责人，并向社

① 理论界一般认为，纯粹的约谈具有近似于行政指导行为的属性。参见郑毅：《现代行政法视野下的约谈——从价格约谈说起》，载《行政法学研究》2012 年第 4 期；贾小路：《约谈式经济法执法方式研究》，载史济春主编：《经济法学评论》(第 13 卷)，中国法制出版社 2013 年版。

② 笔者在“北大法宝”数据库上，以“公开约谈”为全文关键词进行检索，搜到有 20 部地方性法规、5 部地方政府规章、160 部行政规范性文件对公开约谈作了规定。最后检索日期为 2023 年 8 月 3 日。

会公开约谈情况、整改措施及结果。”结合《环境保护法》(2014 年修订)第 59 条规定的按日计罚制度来看,[①]本条中的公开约谈应被理解为是以督促单位改正违法行为为目的。它实际上是在按日计罚制度主要被定位为行政处罚行为的背景下,[②]因按日计罚制度无法彻底督促单位纠正违法行为,故而试图通过公开约谈措施的引入,起到代位性的督促功能。因此,从功能意义上讲,公开约谈也可以被划入到行政强制执行行为的范畴之中。

三、监管型信息工具有效运作的要件

尽管监管型信息工具属于正式的行政执法行为,但并不是说只要行政机关一作出此类行为,便当然地能达到所预期的实施效果。关于这一点,实际上在传统的行政执法行为中便已经有所体现。以最为典型的行政执法行为——罚款为例,它的有效实施就受到人口流动性、当事人财产状况等诸多因素的制约。其实,这些因素都还只是针对执法对象而言的。对于监管型信息工具来说,由于内嵌了独特的声誉制裁运行机理,它在制度有效运行方面还进一步对执法机关本身提出了要求,这就给制度的有效运作带来了新的挑战。因此,监管型信息工具的实效性发挥,取决于执法机关与执法对象这两个方面的因素。具体而言,这两方面的因素可以被依次归纳为:第一,执法机关应注重调动自身拥有的各种资源,以便补强声誉制裁本身的不足;第二,要对执法对象进行有针对性的施策,避免将该工具无区分地作用于所有行政相对人之上。

---

① 依据《环境保护法》(2014 年修订)第 59 条的规定,按日计罚的适用以企业事业单位和其他生产经营者拒不改正排污违法行为为前提。

② 在环境法学界,一般将按日计罚制度定性为行政处罚行为。参见汪劲:《环境法学》(第 4 版),北京大学出版社 2018 年版,第 96 - 97 页。立法机关在解释《环境保护法》(2014 年修订)第 59 条中的按日计罚制度时,一方面也将其定性为行政处罚行为,但同时也指出,它的根本目的在于督促单位改正违法行为。参见信春鹰主编:《中华人民共和国环境保护法释义》,法律出版社 2014 年版,第 210 - 212 页。不过,以上所指出的“根本目的”,其实是在“处罚与教育相结合原则”的意义上展开谈的,并不意味着就将其定性为行政强制执行行为。

(一)调动行政执法机关自身的各种资源维持权威性

信息工具的监管效果发挥,有赖于声誉机制的有效运作。与传统的行政权力作用相比,行政机关实施的声誉机制带有更为明显的压服特点,即要求行政机关相对于执法对象而言具有很高的权威性,只有这样,才能确保行政机关在运用监管型信息工具后取得所预期的监管效果。而要维持这种权威性,需要行政机关调动自身拥有的各种资源。为了说明这一点,可以分别举通报批评和公开约谈这两种监管型信息工具为例加以说明。

首先谈通报批评。如果检索我国法规范上有关通报批评的规定,就不难发现,此类行为大量地存在于内部行政法律关系之中。即便按照《行政处罚法》(2021 年修订)第 2 条的规定,作为行政处罚的通报批评必须具备外部性行政行为的要求,但是此类行政处罚意义上的通报批评仍然多带有一定的行业管理或单位支配的属性。例如,《科学技术进步法》(2021 年修订)第 112 条第 2 款规定,违反该法的规定,科技人员实施虚构、伪造科研成果等行为的,相关主管部门可以区分情况对其作出警告、通报批评、罚款、没收违法所得、吊销许可证件等决定。将此处所并列列举的各种管理措施综合起来看,该条款中的通报批评也应当属于作为外部管理措施的行政处罚行为。不过,在我国现行的科研体制之下,科技人员尤其是高校、科研院所中的人员,无论是从人事关系还是科研资助管理体制来看,都深受教育、科技等主管部门的支配,因此,此类通报批评行为的实施,仍然带有较浓的行业管理色彩,科技人员并非属于完全自主、独立的个体。值得追问的是,通报批评为何要在这样一种带有一定依附关系的体制之下才能运行?对此,可以借助“单位制”的理论加以解释。在新中国成立以后的很长的一段时期内,我国实行“单位制”的国家治理结构。在这样一种体制之下,单位组织发挥着多元化的功能,它不仅是人们为了获取收入而从事的一个工作,还是可以向单位成员提供各式各样资源的一个组织体,而在提供这些资源的同时,单位代表国家对其成员施加了全方位的控制。[①] 在此背景下，单位可以借助对成员的全方位控制，实施包括通报批评在内的管理措施，这既是为何传统上通报批评主要停留于单位内部运行的原因所在，也是它发挥出实效性的根本保证。尽管随着市场经济的推行，传统“单位制”的治理结构有了较大松动，但它并未完全走向解体，只是单位成员在对单位的依赖范围和依赖程度方面有了变化和调整。[②] 此时的通报批评，逐渐转向具有外部行政管理性质的行为，但是仍然没有失去其依附并借力于单位的底色。在通报批评制度的运行过程中，行政机关的批评要能够奏效，实际上取决于通报机关在其他方面掌握着对被通报方的控制能力，比如在上面所提的例子中，行政机关通过对科技人员在人事管理、科研项目资助等方面所拥有的持续性控制力，维持着其通报批评行为的效力，使得科研人员无法置这种声誉制裁措施于不顾。换言之，通报批评制度的运作，实际上呈现出“权力交换”的特点，从表面上看，是声誉机制在发挥作用，但实际上，在其背后离不开行政机关所掌握的其他资源的支持。否则，所发出的通报批评将是无力的，难以真正对被通报方产生规制效果。

再来分析公开约谈。作为一种遵从式执法策略和柔性执法手段，公开约谈更为明显地体现出了须依靠其他资源来维持其本身的有效性这一特色。从目前行政约谈的运作实践看，它们往往发生于行政机关对于执法对象具有高度支配性的领域，如金融监管、生态环境执法、市场监管等。在这些领域中，行政机关对行政相对人拥有高强度、持续性的监管权力，因此，在约谈实施后，一般能够获得行政相对人的遵从和整改。在公开约谈的实践中，还有的行政机关试图通过引入其他权威性资源，进一步提升约谈的效果。例如，国家市场监管总局发布的《制止滥用行政权力排除、限制竞争行为规定》（2023 年）第 25 条规定，反垄断执法机构可以邀请被

---

① 参见李路路、李汉林：《中国的单位组织：资源、权力与交换》（修订版），生活·读书·新知三联书店 2019 年版，第 39 页。

② 参见李路路、李汉林：《中国的单位组织：资源、权力与交换》（修订版），生活·读书·新知三联书店 2019 年版，第 41 页。

约谈单位的有关上级机关共同实施约谈,并将约谈情况公开。在此处,就是通过诉诸更高层的权威,意图达到提升公开约谈效果的目的。

（二）区分不同的执法对象进行针对性施策

监管型信息工具与公示型信息工具一样,都是借助对信息的公开来完成规制目标的。因此,在公开的范围选择上,监管型信息工具须遵循与公示型信息工具相类似的审慎有度要求,不可无差别地将信息工具适用于所有执法对象之上。但从我国监管型信息工具的实践来看,行政机关在发布信息时往往没有很好地贯彻上述要求。由于没有根据不同的对象作出区分处理,导致该工具的实际效果遭遇折扣。

例如,在国家税务总局发布的《欠税公告办法(试行)》(2018 年修订)中,就没有根据不同欠缴人的实际情况,在公告发布上作出差异化的处理。这就使得此类公告在发布以后,无法彻底实现推动当事人清缴税款的目标。据报道,在 2005 年至 2007 年,北京市地方税务系统共对 615 户欠税单位和个人实施了欠税公告,但仅有 222 户最终补缴了税款(其中足额补缴的企业或个人为 146 户),在总共涉及的 17. 35 亿欠税金额中,最终补税的款额也仅有 6. 78 亿元,占全部税款的比率仅为 39. 1% 。[①] 之所以无法实现全部欠缴税款的追回,主要原因还是在于一部分企业或个人没有实际缴纳能力。因此,作为行政强制执行的一种手段,欠税公告在实施过程中,应当注重调查欠税的具体原因,在欠税公告的适用上作出更为精细化的划分,不宜一律实行公告。

又如,有学者专门对上市公司实施的公开谴责做过实证研究,发现对于资产状况较差、不注重自身诚信形象的企业而言,实施公开谴责难以有效吓阻此类企业再次实施证券违法行为,换言之,在此情形下,公开谴责在特殊预防方面的作用较弱。[②]

---

① 参见沈衍琪:《欠税公告 3 年追回税款近 7 亿元》,载《北京日报》2007 年 12 月 22 日,第 6 版。

② 参见卢文道、王文心:《对上市公司的公开谴责有效吗——基于上海市场 2006—2011 年监管案例的研究》,载黄红元、徐明主编:《证券法苑》(第 7 卷),法律出版社 2012 年版。

综上可知,行政机关在运用监管型信息工具时,应当对适用对象作出精细化的区分,做到有针对性的施策。对于注重自身声誉影响的市场主体,可以优先考虑使用此类工具。相反,对于不珍惜自身声誉,或者因陷入生产经营困难、缺乏经济能力等导致缺乏实际整改能力的执法对象,则应当避免适用此类信息工具,优先考虑选取其他执法手段。

四、监管型信息工具的法治化构造

监管型信息工具能够对信息主体产生直接的规制效果,其权益干预力度颇大,因此从控权的角度看,同样需要将它纳入到法治化的轨道中运行。既然监管型信息工具在功能上呈现出行政处罚与行政强制执行的"二元结构",那么它的法治化建设重点就不应该是"平地起高楼"式地设计相应的规则,毋宁是考虑如何将其融入到《行政处罚法》与《行政强制法》这两部行政行为法之中,即借助现有的规范资源达致对其实施法治化调控的目标。本部分遵循由宏观至微观的论证思路。首先,基于整体主义的视角,提出未来监管型信息工具制度构建的重点方向在于激发其在行政强制执行端而非行政处罚端的功能。在此基础上,依次探讨将这两种信息工具融入到《行政处罚法》与《行政强制法》中的路径及相应面临的制度调适任务。

(一)制度设计上的整体观:"二元非对称结构"

尽管从当前的实践运行来看,监管型信息工具呈现出具有处罚功能的工具与具有强制执行功能的工具双轨并行的面貌,但从应然的视角来看,立法者在打造这两项制度时,不必保持施力上的绝对均衡。基于现代政府规制中遵从优于威慑、修复优于羞辱、事前预防优于事后制裁的理念,在未来的制度设计中,应当将重点置于激发行政强制执行这一端的功能之上,进而塑造出监管型信息工具的"二元非对称结构"。

关于将监管型信息工具的制度设计重心置于行政强制执行端之上,这一点在日本行政法学界有着极为清晰的认识。例如日本学者曾和俊文指出:"处于信息时代的现代社会,以信息为核心的执行方式是非常有效的执行手段,但如何对其进行规制这一课题的探讨尚处在起步阶段。”[①]这一论述便突出了信息工具在推动强制执行方面的功能。盐野宏教授表达得更为明确,他在论及行政机关针对行政相对人不履行义务或不服从行政指导所作的违反事实公布这一行为的功能时,就指出该公布行为具有与执行罚同样的心理压迫机能,“可以定位为间接强制执行的一种形体”。[②] 在这里,盐野宏教授将公布违反事实与执行罚相提并论,十分明确地体现出了将监管型信息工具定性为强制执行手段而非行政处罚的立场。另一些日本学者尽管也注意到了行政处罚与公布违反事实行为均具有间接强制执行的功能,但在论述上还是有意识地对二者作出区分。比如藤田宙靖法官尽管将行政罚与公布违反事实一同视为间接强制制度,但在体例编排上,有意地将后者放置于行政罚制度之外的专门部分中加以论述。[③] 又如佐伯仁志教授虽然将公表制度明确地放在行政制裁的种类之下展开介绍,但他还是首先援引盐野宏教授的论说,指出该制度具有与执法罚相类似的旨在推动行政相对人未来履行义务的功能定位,最后才指出:“如果完全是针对过去的违法行为,为了对违法行为人科处不利益而实施公表,则有必要将其理解为一种制裁。”[④]综上可见,在日本行政法学界,对于公布违反事实等信息规制工具,往往是在新型行政强制执行手段的脉络之下展开论述的,这与我国学界在分析此类行为时多站在行政处罚的意义上展开论述构成了鲜明差异。[⑤]

其实,如果审视我国推行社会信用体系建设的初衷,同样可以发现,

---

① 转引自张荣红:《日本负面信息披露制度》,载《信用、信息与规制——中国法学会行政法学研究会第五届青年论坛暨政府规制专业委员会 2019 年年会论文集》,2019 年 8 月于长春。

② [日]盐野宏:《行政法》,杨建顺译,法律出版社 1999 年版,第 173 页。

③ 参见[日]藤田宙靖:《日本行政法入门》,杨桐译,中国法制出版社 2012 年版,第 123 - 126 页。

④ [日]佐伯仁志:《制裁论》,丁胜明译,北京大学出版社 2018 年版,第 11 - 12 页。

⑤ 个中缘由,可能与日文和中文的语词表述侧重点不同有关。在日语译著中,多采用“公布违反事实”的表达,而在中国学者的论文中,往往将其转换成为“公布违法事实”。仔细体味二者的差异,“违反”侧重于督促义务的履行,而“违法”意在突出惩戒内涵。二者在概念表达上的细微差异,实则体现出了内涵上的重大转换。

制度的重心从一开始就被放在了督促行政相对人履行义务之上,而不是对其实施惩戒。从这一点上讲,我国的社会信用体系建设与西方国家中在经济领域推行的信用制度的出发点是相同的。西方国家的信用制度建立的初衷在于,在法律执行制度之外另行设立对义务主体的督促履行机制,其背后的制度运行逻辑是国家与社会、政府与市场、正式制度与非正式制度的两分。我国目前正在推进的社会信用体系建设,只是打破或者说模糊了上述分界线,制度设计者试图通过社会信用体系的构建,来弥补和"反哺"法律制度本身的执行能力之不足。但不管怎样,社会信用体系建设还是呈现出旨在督促行政相对人履行法定义务这一鲜明的功能定位,这一点堪称是建立社会信用体系的"初心"所在。遗憾的是,或许是因受到"失信惩戒"这一概念表达的误导,或者说是对其作望文生义式的理解,导致理论界和实务界在论及社会信用体系建设时,往往有意或无意地将关注点放在行政处罚这一端的功能之上,这是对制度功能关注点的失焦,不利于激发出社会信用体系建设在修复受损的法律关系、促成行政相对人合规等方面的效能亟待纠正。

(二)监管型信息工具如何融入《行政强制法》

1. 理论定位:新型间接强制执行方式

要将以强制执行为目的的行政公告、公开约谈等行为纳入行政强制执行体系之中,首先需要分析的是,以往的理论是否能够容纳这一新型的行政强制执行行为?在行政法学界,一般根据执行方式的不同,将行政强制执行划分为直接强制执行与间接强制执行两类,而间接强制执行还可被进一步划分为代履行与执行罚这两种子类型,其中的执行罚专指以科以金钱给付义务的方式间接督促行政相对人履行义务。① 在这样的传统分类体系中,就缺乏监管型信息工具的安身之所。这是因为,一方面,监管型信息工具并非直接强制执行方式;另一方面,它也无法被归属到代履

① 参见应松年主编:《当代中国行政法》(第4卷),人民出版社2018年版,第1571-1573页;姜明安主编:《行政法与行政诉讼法》,北京大学出版社、高等教育出版社1999年版,第285-287页。

行以及执行罚这两种间接强制执行方式之中。

笔者认为,传统理论上所采取的封闭化的强制执行种类,已经难以适应现代社会强制执行方式日益多元化的发展现实。如果仍执拗地坚持上述理论层面的种类划分,极易产生削足适履的效果。实际上,回顾以往的立法史可知,我国立法机关早已突破了上述理论层面的种类划分的桎梏。例如全国人大常委会制定的《治安管理处罚条例》(1994 年修订,已失效)第 36 条第 1 款曾规定,受行政罚款处罚的人无正当理由逾期缴纳罚款的,可以按日增加罚款 1 元至 5 元;拒绝缴纳罚款的,可以对其处 15 日以下的行政拘留。在这一条款中,除了设定加处罚款这一间接执行方式外,还设置了限制人身自由这一强制执行方式。可见,间接强制执行的客体已经从金钱给付义务扩展到了人身自由之上。[①]

要解决上述理论与实践之间的矛盾状况,需要对间接强制执行的种类作出扩展,以期能够容纳监管型信息工具这一新型的间接强制执行手段。对此,有两条具体路径可供选择:一是维持原先在间接强制执行之下的"二分法",通过扩大解释"执行罚",使其能够同时容纳金钱给付、声誉制裁等多种执行罚方式。二是打破"二分法",在间接强制执行之下的代履行、执行罚之后,增设"声誉执行"这一新型的间接强制执行手段。对于推动在理论层面接纳监管型信息工具而言,这两种路径无疑是殊途同归的。

另外值得注意的是,对监管型信息工具作为间接强制执行手段的地位加以认可,也契合于行政强制执行制度发展的一般规律,即"尽量抑制直接强制的适用,循着间接强制的方向跳出传统间接强制措施之外去寻求其他的有效手段"。[②] 胡建淼教授也有类似的判断,他主张将"间接强制优于直接强制原则"作为行政强制执行的基本原则之一,这一基本原则尽管在《行政强制法》(2011 年)上并未作出明确的规定,但可以从该法第

---

① 需要注意的是,全国人大常委会在 2005 年重新制定《治安管理处罚法》时,废除了《治安管理处罚条例》(1994 年修订)第 36 条第 1 款中以行政拘留督促缴纳罚款这一间接强制执行方式。

② 余凌云:《行政法讲义》(第 3 版),清华大学出版社 2019 年版,第 370 页。

5 条规定的“行政强制适当原则”中间接地解释得出。[①]

2. 规范基础

与理论上迄今为止所采取的排斥态度不同，立法层面对于监管型信息工具的行政强制执行属性已经展现出了一定的开放态度，甚至还在一定程度上获得了立法机关的认可。

其一，《行政强制法》(2011 年)第 12 条在对行政强制执行种类的规定中，尽管并未将监管型信息工具明文列举到法定的种类之中，但仍然在该条第 6 项提供了一个规范“接口”，借助这一项的兜底规定——“其他强制执行方式”，可以将具有强制执行功能的监管型信息工具纳入到《行政强制法》之中进行调整。考虑到在信息时代的背景下，借助信息的发布来督促行政相对人履行义务将变得越来越普遍，其在整个行政强制执行体系中的地位将日益提升，因此在未来的《行政强制法》修订中，立法机关可以考虑将信息公告作为单独的一类行政强制方式，明确列举到《行政强制法》(2011 年)第 12 条之中。

其二，在《行政强制法》(2011 年)的其他条文中，已经隐含着对监管型信息工具的行政强制执行属性的认可。《行政强制法》(2011 年)第 44 条前段规定：“对违法的建筑物、构筑物、设施等需要强制拆除的，应当由行政机关予以公告，限期当事人自行拆除。”对于这一条规定的“公告”，理论界通常是从催告程序(即通知行政相对人履行拆违义务)的角度展开理解的，但根据立法机关的权威释义，在行政机关依据这一条实施公告后，如果行政相对人仍然不履行拆违义务，行政机关仍然要对其实施催告。[②] 这就意味着，该条中的公告不能理解为是催告程序，其功能定位实为“向社会公开相关信息，接受社会舆论的监督”，[③]这就使这一条中的公

① 参见胡建淼：《行政强制法论——基于〈中华人民共和国行政强制法〉》，法律出版社 2014 年版，第 454－456 页。

② 参见乔晓阳主编：《中华人民共和国行政强制法解读》，中国法制出版社 2011 年版，第 146 页。

③ 乔晓阳主编：《中华人民共和国行政强制法解读》，中国法制出版社 2011 年版，第 146 页。

告具有了行政强制执行的属性。正如有学者所指出的,《行政强制法》(2011 年)第 44 条的规定看似是用于通知当事人进行拆违的,但其真实目的在于迫使违法行为人自觉履行义务,故此类违法信息公告行为属于执行型的信息公告行为。[①] 这一分析是颇为准确的。

3. 制度调适

一旦明确了间接行政强制执行的定性,那么就可以将具有强制执行功能的监管型信息工具纳入到《行政强制法》之中,进而借助该法及相关立法所建立的较为完善的行政强制制度,从设定、实施到救济等方面全方位地构筑起控权体系,推动此类信息工具运行的法治化。不过也应当看到的是,此类信息工具毕竟属于一类新兴的行政强制执行手段,如果完全照搬适用现行行政强制制度,难免存在剪裁过度的问题。为此,《行政强制法》需要从设定规则与程序规则这两个方面作出适应性改造。

其一,放宽设定规则,允许法律或法规进行设定。依据《行政强制法》(2011 年)第 13 条的规定,行政强制执行实行最严格的法律保留规则,只能通过法律加以设定。但对于监管型信息工具而言,上述控权规则实有加以放缓的必要,否则,绝大部分公开约谈措施以及部分以强制执行为目的的行政公告,均将丧失合法性基础。[②] 这是因为,从监管型信息工具的生成逻辑来看,它主要被定位于一种旨在回应地方治理需求的执法手段。这一点,在日本表现得尤为明显。尽管日本《行政代执行法》对于行政强制执行的设定实行严格的法律保留,但在实践中,很多地方条例还是规定了公布违反事实这一确保义务履行手段,樱井敬子、桥本博之等学者认

---

① 参见禹竹蕊:《权利保障视野下的违法信息行政公告研究》,知识产权出版社 2017 年版,第 74 – 75 页。朱春华博士也持类似的看法。参见朱春华:《法治政府的信息规制工具》,中国社会科学出版社 2022 年版,第 208 – 209 页。

② 例如,《价格违法行为行政处罚规定》(2010 年修订)第 22 条所规定的价格违法行政公告制度,就会因为这部立法属于行政法规,违反《行政强制法》第 13 条的设定规定。值得注意的是,《价格违法行为行政处罚规定》目前正处在修订进程过程中,在 2021 年国家市场监管总局发布的《价格违法行为行政处罚规定(修订征求意见稿)》第 27 条中,仍然保留了现行行政法规中设定的这一行政公告制度。参见《国家市场监管总局关于对〈价格违法行为行政处罚规定(修订征求意见稿)〉公开征求意见的公告》,载《中国价格监管与反垄断》2021 年第 7 期。

为,这一新型手段是《行政代执行法》的立法者没有预想到的情况,因而主张创设这一新型实效性确保手段的权限不仅应包括国家,还应扩展至地方公共团体之上。[①] 类似地,还有日本学者坦言,对于日本的地方公共团体而言,在实定法对其赋权有限的背景下,公布措施是它们在确保行政实效性方面可以利用的为数不多的措施,为此在地方行政实践中一直获得了积极的运用。[②] 有公共管理学者对于为何地方政府更偏好运用信息规制工具给出了解释,他们认为,现代政府的运作依赖于四个方面的基础资源,分别是信息节点(Nodality)、职权(Authority)、财力(Treasure)与组织(Organization),这些资源之间呈现出相互协力、补充的作用,而对于低级别的行政机关而言,由于在职权、财力、组织等方面面临着诸多局限,因而它们相比于高级别的行政机关而言,在实践中会更依赖于通过信息工具实现管理目标。[③] 面对我国在地方实践中也纷纷引入监管型信息工具这一现象,上述分析同样具有解释力。这些工具的出现,实际上是我国地方实践部门面对日益繁重的治理任务,为了突破立法上的赋权有限性所作出的自发的回应性探索。[④] 对于地方层面的这种努力,在未来的《行政强制法》中有必要给予认可。在这一意义上,有学者主张将此类信息规制工具的设定权放宽至法律、行政法规之上,[⑤]仍然是不够的,难以回应地方治理的需要。因此,建议在未来的《行政强制法》修订中,将此类具有强制执行功能的监管型信息工具的设定权放宽至法律、法规之上,以期在施加行政权力控制与回应地方治理需求之间达成妥善的平衡。

---

① 参见[日]高木光:《法的执行体系论与行政法的理论体系》,王贵松译,载王贵松主编:《宪政与行政法治评论》第6卷,中国人民大学出版社2012年版。

② 参见[日]市桥克哉等:《日本现行行政法》,田林、钱蓓蓓、李龙贤译,法律出版社2017年版,第216-217页。

③ See Christopher C. Hood & Helen Z. Margetts, *The Tools of Government in the Digital Age*, Palgrave Macmillan, 2007, pp. 128-133.

④ 一般认为,权责利不匹配构成中国政府治理体制的基本特征之一,具体而言,在纵向政府间关系上,呈现出权力向上集中、任务向下分配的状况,由此导致了基层治理中权力小而任务重的悖反局面。参见杨华:《县乡中国:县域治理现代化》,中国人民大学出版社2022年版,第236页。

⑤ 参见章志远:《作为行政强制执行手段的违法事实公布》,载《法学家》2012年第1期。

其二,完善催告程序,在特定情况下可以省略该程序。在信息规制工具的实施过程中,催告程序的适用具有特殊的意义。一方面,信息发布具有事后难以彻底恢复原状的特点,为此需要借助催告程序给行政相对人提出不同意见的机会,进而帮助行政机关作出更为审慎正确的强制执行决定;另一方面,催告程序也给了行政相对人一个反思的机会,推动行政相对人主动纠正违法行为、履行法定义务,这也符合间接强制执行制度旨在修复而非报复的制度设计理念。对此,《行政强制法》(2011 年)第 35 条已经对行政机关实施强制执行须履行催告义务作出了明确的规定,因而在将监管型信息工具纳入该法调整以后,以往实践中未经催告径直发布信息的做法,[①]需要加以纠正。不过需要注意的是,在一些立法上,行政机关在实施监管型信息工具之前,已经给予了当事人改正纠错的机会,此时催告这一程序应予省略。例如,《产品质量法》(2018 年修订)第 17 条第 1 款规定,产品质量经抽查发现不合格的,市场监管部门应当责令生产者、销售者改正,如果逾期不改正的,市场监管部门通过发布公告督促其改正。在这一例子中,既然市场监管部门已经责令生产者、销售者改正在先,其未能奏效,那么在后续的公告行为实施过程中,就不需要再履行催告程序。否则,会产生责令改正与催告程序之间功能上叠床架屋,影响行政强制执行效率的问题。

(三)监管型信息工具如何融入《行政处罚法》

1. 理论定位:独立于申诫罚之外的声誉罚

在中国的行政处罚理论中,一直以来存在“申诫罚”这一概念,但是它的内涵存在广义和狭义之分。绝大部分学者是从广义上使用“申诫罚”这

---

① 例如,国家税务总局发布的《欠税公告办法(试行)》(2018 年修订)第 8 条规定:“公告机关在欠税公告前,应当深入细致地对纳税人欠税情况进行确认,重点要就欠税统计清单数据与纳税人分户台账记载数据、账簿记载书面数据与信息系统记录电子数据逐一进行核对,确保公告数据的真实、准确。”该法第 9 条第 1 款紧接着规定:“欠税一经确定,公告机关应当以正式文书的形式签发公告决定,向社会公告。”可以看出,在欠税公告的实施程序方面,这一部门规章没有规定催告程序。

一概念的,据此,它包含了警告、通报批评等众多的处罚种类,[①]其内涵大致与“精神罚”相当。与之不同,有少部分学者则是在狭义上使用“申诫罚”这一概念的,它仅指警告等促使行政相对人内心自省的行政处罚,无法涵盖通报批评等影响被处罚人社会评价的行政处罚。[②] 尽管从《行政处罚法》(2021 年修订)第 9 条将警告与通报批评合并放入该条第 1 项之中的规定来看,似乎立法者是采纳了广义的申诫罚观念,但笔者认为,这种广义的概念使用,容易忽略两类精神罚在运作机理上的差异,是不恰当的。因此,应采取狭义的申诫罚概念,将其内涵收缩至促使被处罚人自省的处罚种类之上,其在外延上包括警告、约谈、训诫等。至于诸如公开谴责、通报批评、公开警告等监管型信息工具,由于它们影响的是被处罚人的社会评价,应将它们定性为声誉罚,使之与狭义的申诫罚区分开来。

为进一步说明区分狭义的申诫罚(促使自省的处罚)与声誉罚(影响社会评价的处罚)的必要性,可以用美国著名的人类学家本尼迪克特(Ruth Benedict)对耻感文化与罪感文化的辨析加以说明。本尼迪克特在比较日本文化与西方文化的差异之处时指出,日本人的性格建立在耻感文化之上,这一文化特质须借助于外部的约束力才能推行,耻感在本质上是对他人批评的一种反应,因而需要有旁观者的介入方能加以维持;而西方人的性格则是建立在罪感文化之上的,在这一文化类型中,即便没有外人的介入或知晓,一个人也能按照心目中的道德律进行要求,为自己所为

---

① 参见罗豪才主编:《行政法学》,中国政法大学出版社 1989 年版,第 160 页;杨海坤:《中国行政法基本理论》,南京大学出版社 1992 年版,第 393 页;姜明安主编:《行政法与行政诉讼法》(第 6 版),北京大学出版社、高等教育出版社 2015 年版,第 268 – 269 页;胡建淼:《行政法学》(第 5 版),法律出版社 2023 年版,第 370 – 371 页。我国台湾地区学者也有类似的看法。例如李震山教授就将申诫罚与名誉罚等同视之。参见李震山:《行政法导论》(修订新版),台北,三民书局 1999 年版,第 322 页。

② 例如,章志远教授在探讨信用监管中的各项惩戒措施时,就主张将其中的声誉罚抽取出来,成为旧《行政处罚法》所规定的申诫罚(警告)以外的一种新类型的行政处罚,从中可以看出作者对声誉罚与申诫罚作了区分。参见章志远:《监管新政与行政法学的理论回应》,载《东方法学》2020 年第 5 期。江国华教授、王瑞雪教授等人也是在狭义的意义上适用“申诫罚”一词的,并将其与声誉罚区分开来。参见江国华、孙中原:《论行政处罚中的通报批评》,载《河北法学》2022 年第 6 期;王瑞雪:《声誉罚的梯度构造》,载《法学家》2024 年第 2 期。

的罪恶感到忏悔。[1] 换言之，耻感文化侧重于外在的社会评价，罪感文化侧重于内在的良心交代。用上述两种颇具“理想类型”意蕴的文化类型加以分析，那么可以看出，狭义的申诫罚是建立在罪感文化的基石之上的，强调的是通过行政处罚（如“点对点”实施的警告）引起行政相对人的羞愧之心，进而督促其纠正违法行为、避免再犯；声誉罚（如公开谴责、通报批评、公开警告等）则是通过引入社会评价的力量对行政相对人的声誉施加压力，进而发挥出制裁的效果。上述两种文化的辨析，对于分析中国人的性格也具有积极的启发意义。在中国人的性格中，较少带有西方意义上忏悔自省的要素，而是更为注重外在的社会评价。[2] 在旧《行政处罚法》的框架之下，“点对点”式实施的警告无法发挥出足够的惩戒效果，致使像公开警告、通报批评、公开谴责这样的依赖社会评价的声誉罚在实践中源源不断地被创设出来且取得了较好的惩戒效果，这无疑证实了中国人性格中耻感文化比罪感文化更为浓重这一点判断。

其实，将狭义的申诫罚与声誉罚加以区分的观念，在域外也不乏有立法例加以印证。例如我国台湾地区制定的“行政罚法”（2005 年）第 2 条就将“警告性处分”与“影响名誉之处分”分为两项分开规定，两者分别对应于笔者所主张的狭义的申诫罚与声誉罚。在我国《行政处罚法》的修订过程中，有学者也提出过与我国台湾地区的上述立法区分思路极为相似的修法建议。[3] 考虑到二者确实在作用机理上存在较大差异，它们分别依靠内心自省与外在舆论压力来发挥作用，因此，在理论层面上，宜将监管

---

① 参见［美］鲁思·本尼迪克特：《菊与刀》，吕万和、熊达云、王智新译，商务印书馆 1990 年版，第 154－155 页。

② 不过也有学者对此持反对意见。例如翟学伟认为，在中国人的道德观念中，特别是在儒家的传统中，除了重社会评价外，也不乏有进行自我反省的内容。参见翟学伟：《中国人行动的逻辑》，生活·读书·新知三联书店 2017 年版，第 201 页。在另一篇文章中，翟学伟认为西方人的罪感或者救赎式人性假设其实也是基于外在宗教的导引所产生的，并非完全是通过自律反省所生成的，他将之称作为“因有—外在性的导引而引起的内在性的形成”。翟学伟：《社会信用：人性假设与制度安排》，载《开放时代》2011 年第 6 期。

③ 熊樟林教授将促使自省的处罚与运用社会评价的处罚二者分别称为警示罚与荣誉罚。参见熊樟林：《行政处罚的种类多元化及其防控——兼论我国〈行政处罚法〉第 8 条的修改方案》，载《政治与法律》2020 年第 3 期。

型信息工具定位为声誉罚,以区别于警告等狭义的申诫罚。

2. 规范基础

与《行政强制法》对于行为定性采取的较为含蓄的立场不同,《行政处罚法》(2021 年修订)对具有惩戒功能的监管型信息工具的行政处罚属性给予了明确的认可。一方面,通报批评已经被写入《行政处罚法》(2021 年修订)第 9 条第 1 项之中;另一方面,其他具有声誉罚性质的行为,也可以借助对《行政处罚法》(2021 年修订)第 9 条第 1 项的"通报批评"或者第 6 项"法律、行政法规规定的其他行政处罚"的解释,将其纳入到《行政处罚法》的调整范围之中。[①]

值得注意的是,作为声誉罚的监管型信息工具,呈现出"公开 + 谴责/批评"的制度构造,这两个部件缺一不可。以通报批评为例,行政机关只有同时实施批评与通报这两个行为,才能满足其作为声誉罚的定性。其中,是否实施批评,是区分作为行政处罚的监管型信息工具与作为政府信息公开行为的公示型信息工具的关键所在。[②] 如果行政机关只是对外通报行政相对人的违法情况但不附加谴责性内容,就仅属于公示型信息工具,不再具有行政处罚的法律属性。值得注意的是,从实践来看,通报批评中的"批评"这一部件普遍呈现出萎缩、矮化的趋向,这是一个值得警惕的现象。

比如,从立法层面来看,《统计法》(1996 年修订)第五章"法律责任"中设置的声誉惩戒措施,全部为"通报批评"(共出现 4 次)。但是在《统计法》(2009 年修订)第六章"法律责任"中,立法者将相应的罚则全部改称为"通报"(共出现 3 次),可见,在经过立法修改后,"批评"这一部件变得消影无踪了。

---

① 例如,对于证券领域的公开谴责行为,立法机关的权威释义认为,它也属于通报批评行为,进而可以以此为"接口"受到《行政处罚法》的约束。参见许安标主编:《中华人民共和国行政处罚法释义》,中国民主法制出版社 2021 年版,第 49 页。

② 江国华教授等人认为,对行政相对人实施批评,是通报批评中最为基本、必需的组成部分。参见江国华、孙中原:《论行政处罚中的通报批评》,载《河北法学》2022 年第 6 期。

就行政执法实践而言，笔者曾登陆“中国市场监管行政处罚文书网”，在检索到的25个初步结果中，仅有1份行政处罚文书最终正式作出了通报批评的处罚决定。① 在不少处罚决定中，尽管立法者已经赋予了行政机关作出通报批评的职权，但是行政机关最终回避使用这项处罚权。② 即便在仅有的一份作出了通报批评的行政处罚决定书中，行政机关在通篇执法文书中也是惜墨如金，仅载明了“通报批评”这四个字，除此之外没有任何对行政相对人实施批评、谴责等内容。③ 对于上述仅提“通报批评”四个字而缺乏进一步谴责等内容的做法，朱芒教授似乎也持肯定的态度，尽管他认为，从字面意思上理解，通报批评应由“通报”加“批评”两个部件构成，但同时指出，只要在行政处罚决定书中出现了“批评”一词，就意味着对被通报方的否定性评价，换言之，就达到了对被批评方的名誉加以减损的制裁效果。④

笔者认为，以上在立法和行政执法实践中出现的萎缩、矮化势头应予遏止。因为作为声誉罚的监管型信息工具，其声誉制裁效果的发挥，在很大程度上取决于行政机关对其所作的批评或谴责。如果删去了这一部件，或者仅在行政处罚文书中简单地写上“批评”“谴责”等字眼，那么不仅其声誉制裁效果将大大降低，而且还会与公示型信息工具产生功能上的混同。因此，上述做法应予纠正。作为行政处罚种类的监管型信息工具，仍必须坚持“公开＋谴责/批评”的制度构造，其中的谴责或批评内容，

---

① 检索方法是，在“中国市场监管行政处罚文书网”上，以“通报批评”为全文关键词进行检索，得到25个初步检索结果，经过逐一阅读，发现仅有一份行政机关作出了通报批评的行政处罚决定。其余的检索结果要么是无关的结果，要么是在行政机关援引的法条中有“通报批评”，但行政机关最终未作出此类行政处罚。最后检索日期为2023年5月1日。值得注意的是，该网站收录的通报批评处罚决定之所以如此之少，可能是因《市场监督管理行政处罚信息公示规定》（2021年）第13条第1款的规定所致，依据这一条款，仅受到通报批评处罚决定的信息公示起仅为三个月，期限届满后将停止公示。

② 参见浙江省杭州市临安区市场监管局行政处罚决定书，（杭临）市监罚处〔2020〕153号；上海市嘉定区市场监管局行政处罚决定书，沪市监嘉处〔2020〕142020000497号；江苏省南通市海安市市场监管局行政处罚决定书，海市监处罚〔2022〕00602号；江苏省盐城市射阳县市场监管局行政处罚决定书，射市监处罚〔2023〕000号。

③ 参见江苏省泰州市泰兴市市场监管局行政处罚决定书，泰市监处罚〔2022〕175号。

④ 参见朱芒：《作为行政处罚一般种类的“通报批评”》，载《中国法学》2021年第2期。

应当具体列明批评措施、行为危害的否定性评价、再犯的后果、引导行政相对人未来不再犯等内容。[①]

3. 制度调适

将监管型信息工具导入行政处罚体系之中，除了要在实体、程序与救济等方面让此类声誉罚制度全方位地受到《行政处罚法》及相关立法的约束外，同样也需要根据声誉罚自身的运行特点，作出一些制度构建层面的适应性改造。申言之，这种改造工作需要从设定规则与公开范围两个方面展开。

其一，适度收缩设定权，将其限定于仅允许法律、法规进行设定。依据《行政处罚法》（2021 年修订）第 10 条至第 14 条的规定，有权设定通报批评的立法包括法律、法规和规章。其中，对于规章而言，通报批评系在此次修法中新增加的一项处罚设定权力。依据立法机关的权威解释，之所以要新赋予规章这一处罚权力，是因为通报批评与警告、一定数额的罚款一样，均属于较轻的行政处罚种类。[②] 与之类似，也有学者基于《行政处罚法》（2021 年修订）第 1 项将警告与通报批评相并列的规定，认为通报批评是一种干预力度轻微的处罚种类。[③] 其实，上述见解都属于对通报批评的制裁效果所持的严重误解。在现代社会中，无论是自然人还是企业等市场主体，对于声誉越来越重视，相应地，声誉罚在整个行政处罚体系中的干预力度日渐提升，不适宜再将其视作为一种干预较轻的行政处罚种类。正如有学者所指出的："在被成为信息社会的今天，通报批评有时会具有比其他处罚形式更重的处罚效果。"[④]至于《行政处罚法》（2021年修订）第 9 条第 1 项将警告与通报批评并列在一起，仅仅是因为它们都属于精神罚，并非说这一条中的处罚种类是按照惩戒效果从轻到重的顺

---

① 参见江国华、孙中原：《论行政处罚中的通报批评》，载《河北法学》2022 年第 6 期。

② 参见许安标主编：《中华人民共和国行政处罚法释义》，中国民主法制出版社 2021 年版，第 66、68 页。

③ 参见冉崇潇：《作为行政处罚的"通报批评"：规范语义、实证识别与适用控制》，载《西南政法大学学报》2022 年第 2 期。

④ 姜明安主编：《行政法与行政诉讼法》（第 6 版），北京大学出版社、高等教育出版社 2015 年版，第 269 页。

序加以排列的，在这一点上，《行政处罚法》（2021 年修订）第 9 条与《行政处罚法》（1996 年）第 8 条之间存在本质性的差别，后者确实大体上是按惩戒效果由轻到重的顺序进行排序的。由此可见，立法者实际上是基于对通报批评这一处罚的惩戒效果的错误认识，将其设定权放宽到了允许规章设定这一层级。要消除这一做法，应当将其设定权适度上收，废除规章设定通报批评的权力，仅允许法律、法规进行设定。除了通报批评外，诸如公开谴责、公开警告等监管型信息工具，也应当遵循相同的设定规则。因为相比于规章而言，地方性法规的立法程序更为严格，所制定的规则的民主正当性也更强。允许法律、法规设定监管型信息工具，也能兼顾控权与给地方赋权的双重需求。

其二，合理选定公开的范围，确保取得预期的声誉惩戒效果。在当前的监管型信息工具的运用过程中，有一种不当的做法应予避免，那就是不区分信息事项的性质，一律实行向全社会的公开。例如，为了对“违法失德艺人”实施惩戒，就将相关违法信息向全社会公开，其实，这不仅过度地影响到了被公布方的权益，而且在实施效果方面也不是最佳的。如果这一措施的目的在于促使行业内的其他从业人员引以为戒，那么将此类信息放在行业的范围内通报即可，如此方能取得最佳的一般威慑效果。同时，也能确保处罚取得执法者所预期的效果。因为长久以来，对于羞辱性惩罚措施的实施效果，存在一种严重的顾虑，认为将惩罚的效果交由公众来实施，其严厉程度是捉摸不透且难以预测的，这一点弊端，事实上成为羞辱性惩罚在历史上逐渐退出舞台的主要动因。[①] 而精准地划定通报的范围，有助于在一定程度上克服上述缺陷。因此，建议未来在公开范围的选择上，作出更为精细化的制度设计，容许行政机关根据信息的不同内容，有梯度地选择向全社会公开、在行业内通报、在单位内部通告等措施，以便在信息主体权益保护、惩戒效果、制度运行成本等因素之间找寻到最佳的平衡点。

---

① 参见［美］埃里克·A. 波斯纳：《法律与社会规范》，沈明译，中国政法大学出版社 2004 年版，第 143 页。

第七章　信息规制工具的体系衔接

在对归集型、公示型以及监管型信息工具逐一作了阐释之后，很容易形成对信息规制工具的片段化甚至是碎片化的认识，忽视三者之间的有机联系。此外，由于专注于分析信息规制工具，还极易落入信息规制万能主义的认识窠臼之中，对其在整个政府规制体系中的实然定位与角色产生错误的评估。尽管在信息时代，随着信息技术的迅速发展和普及化，信息规制工具的作用范围得到大幅扩展，其功效也获得实质性提升，但政府规制问题的解决仍然不能全部寄希望于信息技术之上。英国牛津大学的公共管理学者胡德（Christopher C. Hood）就指出，把信息技术视作是一切问题解决之道的看法，在相当程度上只是古典的乌托邦思潮在现代的一种“翻版”，因为作为乌托邦思潮的创始人，圣西门就认为新兴技术能够在根本上推动社会进步以及优化治理结构。[①] 由此可见，在信息时代，信息规制工具仍然只是政府规制工具箱中的一个工具而已，而非唯一工具。政府规制整体效能的发挥，需要各种规制工具之间的合力作用。

本章将首先阐释为何要关注规制工具的体系衔接这一议题，以期进一步凝聚在规制工具体系化的方面的共识。在此基础上，从内部体系与

---

① 参见［英］克里斯托弗·胡德：《信息时代的政府工具》，周瑜译，载吴敬琏主编：《比较》（第49辑），中信出版社2010年版。

外部体系两个方面依次对各工具之间相互衔接的图景展开论述。

一、信息规制工具的体系衔接何以重要

政府规制及其改革是为了适应快速变迁的社会条件所推行出来的，它具有鲜明的实践问题导向，但随之带来的是政府规制在整体上缺乏顶层设计、在微观层面各机关疲于应对的局面。“监管治理史并不是连贯的政府战略史，而是在不同国家、产业和政策背景下，对不断变化的要求和机遇的应对过程。”[①]特别是在条块分割的行政管理体制之下，政府规制极易在不同部门、不同区域之间产生各自为战的问题。为了克服上述缺陷，有必要对于信息规制工具作出体系化的整理，以期能够打造出内在融贯协调、功能上相互衔接的政府规制工具体系，进而激发出政府规制的整体效能。本书在行将收尾之际，还要专门设置一章对信息规制工具的体系衔接问题展开分析，原因也正在于此。

关注规制工具的体系衔接问题，有助于补齐传统行政法学总论的短板。在行政行为形式论中，各种类型化的行政行为犹如是在工厂里树立的一条条烟囱，它们各自为营，在横向上缺乏足够的联系。行政行为形式论的要义恰恰就在于，首先须判别清楚行政行为的法律属性，进而分门别类地为其设置相应的法律效果、合法要件、救济规则等。然而，这样一种注重对行政行为作横向区分的理论定位，人为地割断了各种行政行为之间的相互联系，导致政府规制的合力难以形成。而且，在面对真实的政府规制实践时，行政行为形式论往往会变得缺乏解释力。以近年来中央层面大力推进的事中事后监管改革为例，2015 年 11 月国务院发布的《关于“先照后证”改革后加强事中事后监管的意见》（国发〔2015〕62 号）就将“协同监管”确立为事中事后监管的基本原则之一，提出要建立健全注册登记、行政审批、行业主管相互衔接的市场监管机制，其用意是在降低商

① 经济合作与发展组织编：《OECD 国家的监管政策：从干预主义到监管治理》，陈伟译，法律出版社 2006 年版，第 5 页。

事登记门槛后，通过加强事中事后监管，借此对冲和抵消推行行政审批制度改革所带来的风险，防止产生监管上的真空地带。2019 年 9 月国务院发布的《关于加强和规范事中事后监管的指导意见》（国发〔2019〕18 号）更为清晰地指出，要把更多的行政资源从事前审批转移到加强事中事后监管上来，并且提出，在行政审批制度改革的过程中，对于仍保留的审批事项，负责审批的部门要负责事中事后监管；对已经取消审批但仍需要监管的事项，主管部门要负责开展事中事后监管；对审批改为备案的事项，主管部门要加强备案后核查、处罚等工作。国务院提出的以上各项改革要求，无时不刻都在传达如下政府规制的理念，即应当将行政许可、行政处罚、行政确认等行政行为看作一个有机联系的整体，注重各规制工具间的联动与相互衔接。如果欠缺这样一种政府规制工具的系统化观念，那么我们在分析一些具体的行政行为制度时，难免会产生视野短距的问题，无法全面评估其对政府规制所具有的意义。例如，对于《行政许可法》（2019 年修订）第 20 条规定的行政许可定期评价制度，就很可能仅将它看作一项决定行政许可事项存废的法律制度，而忽略了它在推动行政许可与其他行政行为相互衔接方面的积极功能。[①] 综上可见，关注规制工具的体系衔接问题，有助于提升行政法学理论对于政府规制改革动态以及实践需求的回应能力，避免产生“黑板行政法”式的失语现象。

实际上，近年来，行政法学理论上对于以往各种行政行为形式之间相互割裂的状况，也已经作了不少有益的反思，进而开始强调各规制工具间协调配合的观念。余凌云教授在展望行政法上实效性确保手段多样化发展的远景时，就指出：“如何针对行政领域和行政对象的不同状况与特点，采取灵活多样的行政措施，来实现所预期的行政状态，是我们面临的一个

① 卢超研究员认为，行政许可定期评价制度在沟通、衔接事前许可与事中事后监管方面扮演着“枢纽通道”的重要功能，这一判断是极为准确的。参见卢超：《事中事后监管改革：理论、实践及反思》，载《中外法学》2020 年第 3 期。王克稳教授也有类似的判断，并主张在行政许可事项的定期评估上，将能否通过事中事后监管或其他替代性措施得到解决作为立法后评估的重要内容。参见王克稳：《论涉企经营许可的立法后评估》，载《苏州大学学报（法学版）》2023 年第 1 期。

极其重要的课题。”[1]余凌云教授的此番论说，尽管侧重点仍放在从政府规制工具箱中挑选出功能最适的工具，但也在一定程度上体现了要求各工具之间相互衔接的意涵。相较而言，在新行政法学的学者阵营中，对于加强各规制工具的体系衔接的呼吁表达得则更为直接。德国新行政法学的旗手性人物施密特·阿斯曼教授就指出：“行政法不应只着重于个别的行政行为形式，毋宁也须研究如何选择正确的工具，并探讨如何在符合法治国原则前提下，将各种方法作有效的结合运用。”[2]此处提出的“有效的结合运用”之要求，十分清晰地传达出了加强规制工具体系衔接的理念，同时，它无疑也击中了传统行政行为形式论的痛点。日本行政法学学者原田大树教授将针对规制活动中的各种具体工具以及这些工具组合运用的研究，称作规制战略理论。[3]

回归到信息规制工具这一主题之上，它同样面临着将其与其他规制工具相衔接的课题。具体而言，这种体系衔接工作应当从内、外两个维度展开：第一，在信息规制工具内部，各具体形态的信息工具之间应当相互配合，形成信息规制的合力；第二，在外部关系上，还应当寻求信息规制工具与其他政府规制工具之间的协调，激发出整个规制工具体系的效能。

二、信息规制工具的内在体系衔接

本书基于信息规制工具在实践中分阶段运行的特点，运用行政过程论的分析工具，将其划分为归集型信息工具、公示型信息工具和监管型信息工具三种类型。因此，实现规制工具体系化的首要任务，便是致力于在信息规制工具内部建立分工明确、协调配合的规制格局。

---

① 余凌云：《行政法讲义》（第3版），清华大学出版社2019年版，第371页。

② ［德］施密特·阿斯曼：《秩序理念下的行政法体系建构》，林明锵等译，北京大学出版社2012年版，第117页。

③ 参见［日］原田大树：《规制战略理论的现状及其课题》，朱芒译，载《南大法学》2024年第1期。

(一)观念前提:准确界分三种信息规制工具

主张各信息规制工具之间的相互衔接,前提是不可将它们混为一谈,否则,衔接便成为了混同的代名词和“遮羞布”。遗憾的是,由于对每一种信息工具所处的法律关系、所扮演的功能角色等事项未作清晰的界分,导致无论是在理论界还是在实务中,将三者混同的情况不在少数。这一点,在“黑名单”管理措施中表现得尤为突出。实际上,正如本书第四章第二部分已经指出的,“黑名单”管理措施在内涵上呈现出巨大的伸缩度,分别存在狭义、广义和最广义这三种不同的理解。其中,狭义的“黑名单”仅指列入失信名单的行为,它在性质上应当被定性为归集型信息工具。广义的“黑名单”是指在列入失信名单后加以公布的行为,根据它的实施目的是引导社会公众规避风险还是对于意图对信息主体实施监管,可以将它们分别对应于公示型信息工具和监管型信息工具之上。至于最广义的“黑名单”,其语义则从信息的列入、公布扩展到了后续的联合惩戒等环节,它的含义宽泛到几乎可与“失信惩戒”或“信用监管”等术语互换等置的程度。由此可见,即便仅聚焦于信息规制工具的视野之下,“黑名单”管理措施也可以根据使用语境的不同,分别被划归到归集型、公示型和监管型这三种信息工具的范畴之中。如果不对三者仔细地作出分辨,就极易导致对它们产生混同。

关于将不同的信息工具混同的情况,不妨可以上海法院系统审理的首例“黑名单”决定行政诉讼案例——上海邦特尔文化传媒有限公司诉上海市长宁区人力资源和社会保障局拖欠农民工工资“黑名单”决定案为例展开说明。该案最终被作为上海市高级人民法院作为第 139 号参考性案例发布,因而适宜作为典型案例展开剖析。在该案中,邦特尔公司因拖欠 14 名劳动者工资,被长宁区人社局作出责令补发拖欠工资的决定,继而该局又根据人社部发布的《拖欠农民工工资“黑名单”管理暂行办法》(人社部规〔2017〕16 号)的规定,对邦特尔公司作出列入拖欠农民工工资“黑名单”的决定书。此外,长宁区人社局还将列入“黑名单”的信息上报至上海市人社局,后者在其官方网站上发布了邦特尔公司拖欠劳动者工资的信息。可以看出，在本案中，存在两种信息规制工具的运用，分别是长宁区人社局作出的列入“黑名单”的行为，以及上海市人社局公布“黑名单”信息的行为。二者性质不同，分属于归集型信息工具和监管型信息工具之列，而且事实上它们的作出主体也不同。邦特尔公司不服，起诉其中长宁区人社局所作出的列入“黑名单”这一行为，但在该案判决中，上海铁路运输法院在论证该案的可诉性时却将重心转移到了上海市人社局发布“黑名单”信息这一行为之上，该院指出：“被告对原告作出黑名单决定，并在本市人社部门官方网站上公布原告拖欠农民工工资情况及法定代表人、实际负责人信息，减损了原告及经营负责人的社会信用评价，对原告经营造成影响……其起诉符合法定起诉条件。”[①]从这段判词中可以看出，法院在列入决定之后又不忘加上了“公布”这一后续行为，并且在事实上是以公布行为所造成的社会评价减损作为论证该行为具备可诉性的核心理由，这不仅超出了邦特尔公司起诉所主张的范围，而且也混淆了两类信息工具在发布主体上的差异，因为本案被告是长宁区人社局而非上海市人社局，故法院的论证是错位的。更具戏剧性的是，该案在经过编辑被收录作为上海市高级人民法院发布的第 139 号参考性案例后，甚至直接将列入行为抹去了，这一参考性案例的裁判要点径直指出：“行政机关作出公示拖欠农民工工资黑名单决定具有独立的载体并对外发生法律效力，在黑名单信息公示范围内减损相对人的社会信用评价，影响相对人的实际经营行为，其对相对人的权益产生实际影响，具有可诉性。”[②]从中不难看出，参考性案例已经抛开了本案初始被诉的“黑名单”列入行为，而是将聚焦点完全放在了“黑名单”公开行为之上，这十分典型地体现出了将归集型信息工具与监管型信息工具相混同的观念，是值得商榷的。

其实，对于归集型信息工具、公示型信息工具和监管型信息工具的各自特点，本书第四章至第六章已经有了较为全面的阐释。为了将三者的

---

① 上海铁路运输法院行政判决书，(2019)沪 7101 行初 666 号。

② 上海邦特尔文化传媒有限公司诉上海市长宁区人力资源社会保障局拖欠农民工工资“黑名单”决定案，上海市高级人民法院参考性案例第 139 号(2022 年)。

差异更为直观地展现出来，可以用表7－1加以总结。

表7－1 三种信息规制工具的差异点比较

比较项	工具类型		
	归集型信息工具	公示型信息工具	监管型信息工具
法律关系	行政机关—信息主体	行政机关—社会公众	行政机关—信息主体
制度功能	为行政机关汇集信息“燃料”	为社会公众提供可利用的信息	对行政相对人实施惩戒或督促履行义务
行为定性	行政确认	政府信息公开	行政处罚或行政强制执行
规范准据	尚无专门性立法	以《政府信息公开条例》为主	以《行政处罚法》或《行政强制法》为主
信息机制设计重点	信息“应归尽归”	信息公布审慎有度	信息公布更加严格地受到限制
控权强度	弱	居中	强
典型实例	行政备案、记分、列入失信名单、建立信用档案、出具信用报告等	公共警告、抽查检验结果公告、行政处罚决定公开等	公开谴责、通报批评、公开警告等处罚行为，以及以强制执行为目的的行政公告、公开约谈等

如果掌握了以上表格中所列各比较项的差异点，那么在通常情形下，对三类信息规制工具的界分将变得不再困难。不过，也应当承认的是，信息工具在一些特殊情形下并非是以单一的面貌呈现的，而是具有复合性的面向。尤其是对于同属于以信息发布方式实施的公示型信息工具和监管型信息工具而言，前者在实施过程中也会对信息主体产生不利影响，如何将此种不利影响与后者所造成的不利影响进行准确地区分，成为亟待解决的课题。对此，笔者认为，可以通过行政机关运用信息工具的目的这一标准展开判断。因为公示型信息工具与监管型信息工具分属于传统行

政法学理上所认为的行政事实行为与具体行政行为两大“阵营”，而对于行政事实行为与具体行政行为的界分，并非如以往通说所认为的那样在于是否发生法律效果，[①]而是所发生的效果是否在行政机关的主观目的范围之内，换言之，二者的区别在于“发生法律效果”与“意欲发生法律效果”的差异。[②] 因此，行政机关的信息发布行为，即便对信息主体造成了损害，只有当这种损害效果是行政机关有目的地实施之时，才能被定性为监管型信息工具（根据其具体目的是惩戒还是强制执行还可进一步划分为行政处罚行为与行政强制执行行为）。否则，它只能被定性为政府信息公开行为。至于如何探知行政机关运用信息规制工具的目的，可以遵循如下两层次的判断方法：

第一层次是可以借助对制定法的解释作出客观化的判断。在这一点上，作为行政法律行为的具体行政行为，就与私法意义上的法律行为在解释目的方面产生了方法论上的分野，后者须借助于对意思表示的解释加以实现。[③] 在制定法目的的解释方面，可以以《清洁生产促进法》（2012 年修订）为例加以说明。该法第 17 条第 1 款规定：“省、自治区、直辖市人民政府负责清洁生产综合协调的部门、环境保护部门，根据促进清洁生产工

---

① 以往的通说观点一般认为，行政事实行为与行政法律行为之间的区别在于前者并未发生法律效果。参见翁岳生：《论行政处分之概念》，载翁岳生：《行政法与现代法治国家》（第 11 版），台湾大学法学丛书编辑委员会 1990 年版；姜明安主编：《行政法与行政诉讼法》（第 6 版），北京大学出版社、高等教育出版社 2015 年版，第 151 页。

② 参见赵宏：《法治国下的目的性创设——德国行政行为理论与制度实践研究》，法律出版社 2012 年版，第 118 页。类似的分析，还可参见胡建淼主编：《行政行为基本范畴研究》，浙江大学出版社 2005 年版，第 538 页。

③ 德国学者弗卢梅（Werner Flume）即认为，私法意义上的法律行为与行政法上的具体行政行为的本质差异之处在于，前者适用私法自治原则，以意思表示为中心；后者适用合法行政原则，其内容取决于法律规定，即便在法律授予公务员以裁量权的领域，这种裁量权的行使也须受到公共利益这一目的的羁束，因而它与私法意义上的意思自治存在根本性的差异。参见［德］维尔纳·弗卢梅：《法律行为论》，迟颖译，法律出版社 2013 年版，第 48 – 50 页。翁岳生教授也注意到法律行为的上述公私法之别，进而认为在行政法上借用民法上的法律行为与意思表示的理论来解释行政行为是不妥当的，因为公法上的行为，皆需依照法律的规定来判断是否发生法律效果，纵使公法行为中包含着意思表示的要素，该意思表示也须受到法律的约束或支配。因此，翁岳生教授主张以行政法上的“法的行为”的概念来取代传统源自民法上的“法律行为”的概念。参见翁岳生：《论行政处分之概念》，载翁岳生：《行政法与现代法治国家》（第 11 版），台湾大学法学丛书编辑委员会 1990 年版。

作的需要,在本地区主要媒体上公布未达到能源消耗控制指标、重点污染物排放控制指标的企业的名单,为公众监督企业实施清洁生产提供依据。”从这一条文的表述来看,立法者之所以规定公布清洁生产不达标的企业名单这一行为,目的是方便公众实施监督。因此,此类信息规制工具欠缺对被公布企业实施惩戒的目的,不属于行政处罚行为,而是普通的政府信息公开行为。[①]

第二层次是借助对信息规制活动的整体解释合理地探寻行政机关的目的。在一些特殊情形下,行政机关实施的信息规制在立法上缺乏明确的目的表达,甚至可能连据以作出的法规范依据都是空白的。此时,借由制定法解释的路径来证成信息规制的目的,便显得捉襟见肘了。在此情形下,仍不能单纯以行政机关所宣称的目的作为判断尺度,而是应借助对行政机关所实施的信息规制活动的合理解释这一同样是客观化的方式来探知其目的。以本书第二章所分析的上海味利皇食品有限公司诉上海市卫生局行政通报案为例,在该案中,上海市卫生局在新闻媒体上发布《关于上海味利皇食品公司生产的无糖月饼引起食物中毒的通报》,载明上海味利皇公司生产的无糖月饼引起食物中毒,告诫市民勿加食用,并责令味利皇公示收回未食用的案涉食品。在该案发生之时,当时生效的《食品卫生法》(1995 年)对于卫生行政机关发布此类通报的职权并无明文的规定,因而给在立法层面判断职权行使的目的带来了困难。对于这一通报行为的性质,王贵松教授结合该通报决定的内容以及行政机关后续采取的措施作了十分细腻、周全的分析,他认为,从通报的内容来看,其目的在于对市民实施告诫,且还载明了责令行政机关收回的措施;在通报以后,行政机关还专门另行对味利皇公司作出了行政处罚决定。综合这两点来看,本案的通报行为不是行政处罚行为,而是旨在提示社会公众风险的公

① 章剑生教授也持这一看法,认为在这一信息公开活动中,对被公布企业的声誉不利效果仅属于公法上的反射效果。参见章剑生:《现代行政法总论》(第 2 版),法律出版社 2019 年版,第 384 页。

共警告活动。[①] 以上分析是十分妥当的。在制定法层面欠缺明确的立法目的表达的背景下,对于如何探知行政机关运用信息工具的目的,这无疑提供了一个十分清晰的分析范本。

（二）内在体系衔接的展开

三类信息规制工具在体系上的衔接,可从制度设计、实践运作和救济协调这三个方面具体展开。

1. 在制度设计上遵循整体观念以便做到重点突出、收放有序

在三类信息规制工具的制度构建中,应当将重点放在归集型信息工具之上,致力于实现信息的"应归尽归",因为该工具是整个信息规制活动的"基础工程",行政机关能否收集和汇聚大体量、高质量的信息,不仅事关归集型信息工具本身运作的成败,而且也能为后续公示型信息工具和监管型信息工具的有效运作奠定基础,因为它们同样离不开信息这一媒介来发挥作用。

将制度设计的重心放在信息归集这一环节,其实也是准确地找到了信息技术撬动行政活动的支点。对此,英国公共管理学者胡德有过十分形象的描刻,他借用控制论中的"监测器"(detector)与"矫正器"(effector)这一对术语,指出在信息时代,技术主要改变的是政府作为"监测器"的角色,使其在汇集信息方面的能力得到大幅度跃升;而对于"矫正器"角色,信息时代的贡献并不多,政府想要对外部世界产生影响,仍然不得不需要倚仗传统的治理手段。[②] 对照我国社会信用体系建设的现实,应该说,上述论断是十分准确的。迄今为止,我国在失信惩戒或者信用监管领域推出各种监管措施,绝大部分措施呈现出"归集型信息工具 + 传统行政执法手段"的复合构造。譬如,在失信惩戒中广为使用的对失信企业增加执法检查频次,实际上是在企业失信信息整理基础上开展的行政执法检查活动,它相较于传统的执法检查活动而言,只是增加了列入失信名单

① 参见王贵松:《食品安全风险公告的界限与责任》,载《华东政法大学学报》2011 年第 5 期。

② 参见[英]克里斯托弗·胡德:《信息时代的政府工具》,周瑜译,载吴敬琏主编:《比较》(第 49 辑),中信出版社 2010 年版。

这一前置性环节,而这也正是信息技术给传统行政活动带来的赋能点。然而,最终的监管效果的实现仍然有赖于行政机关开展的执法检查活动。这与前述胡德的论述无疑是高度吻合的。

与归集环节强调信息"应归尽归"不同,在公示环节与监管环节,本书主张应对信息的使用特别是公开保持高度的节制,尤其是对于监管型信息工具而言,由于它已然被定性为行政处罚与行政强制执行行为,故对此类信息的发布更应当受到严格的控制。因此,三类信息工具在整体上贯彻了归集环节宽松、使用环节从严这样的宽进严出、收放有序的制度设计理念。如此一来,既能实现对信息公示与监管环节的权力控制,还能反过来消解信息主体对于信息被归集的顾虑,实现各个信息规制环节的相互协调。此外,在监管型信息工具内部,笔者也主张将制度设计的重心放在行政强制执行这一端,而非目前实务中更为偏重的行政处罚之上,这可以顺应现代政府规制中修复优于报复、劝服优于惩戒的发展趋势。凡此种种在宏观与微观层面的各种建言,均体现了在制度设计上的整体观念,有利于实现各项制度之间的协调配合。

2. 在实践层面合理运用法解释方法实现各工具的功能衔接

在出台信息规制的各项具体制度后,如何防止这些制度在实践运行过程中相互干扰以至于产生功能紊乱,也是在推动信息规制工具的内在体系衔接方面不容忽视的一个课题。客观来说,由于在制度设计过程中缺乏整体观念,现行各种信息规制工具相互之间发生"打架"或者在制度设计上叠床架屋的现象,在一定范围内是存在的。此时,就需要通过对这些制度进行合理的解释和运用,在实践中推动各信息规制工具之间的相互衔接。在此,可以用餐饮服务食品安全监管和价格违法行为监管这两个领域的信息规制工具运用为例展开说明。

关于餐饮服务领域的食品安全监管,国家食品药品监管局分别在2011年12月和2012年1月发布了两个涉及信息规制工具运用的文件,分别是《餐饮服务单位食品安全监管信用信息管理办法》(国食药监食〔2011〕493号)、《关于实施餐饮服务食品安全监督量化分级管理工作的指导意见》(国食药监食〔2012〕5号,已失效)。前者对餐饮服务领域食品安全监管信用信息的归集、使用等事项作了详细规定,后者则引入了餐饮服务食品安全等级评定制度,依据量化标准与分值将餐饮服务单位划分为优秀、良好和一般三个等级,并将等级信息公布在餐饮服务单位的显著位置。对于以上两项在较短的间隔时间内密集推出的制度,有学者提出了批评意见,认为二者在本质上都属于对不良餐饮服务单位实施的羞辱,将这两类信息一并公布,造成了信息的过载,给消费者带来认知上的负担。[①] 其实,如果仔细阅读以上两个文件的规定,尽管它们所规定的内容不乏交叉重叠之处,但总体而言,它们在功能定位上还是各有侧重点的。《餐饮服务单位食品安全监管信用信息管理办法》侧重于信息的归集,核心目的在于让行政机关汇集足够的监管信息;而《关于实施餐饮服务食品安全监督量化分级管理工作的指导意见》侧重于信息的公示及后续监管,便于引导消费者的行为选择以及行政机关后续开展针对性的监管。可见,二者在功能上还是有较为明确的界分的,从规范解释的角度,可以对二者作出适度区分。不仅如此,《餐饮服务单位食品安全监管信用信息管理办法》第11条还明确规定,对于被纳入餐饮服务食品安全不良信用记录名单的企业,监管部门可以采取的重点监管措施之一是"量化分级等级降级",这就与《关于实施餐饮服务食品安全监督量化分级管理工作的指导意见》的要求完全衔接起来了。可见,以上两种信息规制工具在体系上还是较为协调的。

关于价格违法行为监管,原国家计委发布的《价格主管部门公告价格违法行为的规定》(计价检〔2002〕1384号)首先对于作为行政强制执行的价格违法行为公告制度作了系统的规定,但与此同时,该文件第10条还规定,"价格主管部门除依照本规定公告价格违法行为外,也可以依法向社会披露价格违法案件的处罚结果"。从体系解释的角度来看,该条规定的向社会披露价格违法处罚结果这一行为,就不能再理解为是行政强制

---

① 参见段礼乐:《市场规制工具研究》,清华大学出版社2018年版,第237页。

执行意义上的信息工具;同时,将行政处罚决定书的公开解释为行政处罚制度,也存在违反“一事不再罚”原则之虞。据此,宜将该条后段所规定的向社会披露价格违法处罚结果这一行为解释为是本书主张的公示型信息工具,其目的在于为社会公众提供价格违法方面的负面信息,进而帮助其规避交易活动中存在的风险,而不是对信息主体实施惩戒或督促其履行义务。这样的解释方案,可以与该文件所规定的公告行为形成功能上的区分,也符合内在体系融贯、功能相互衔接的要求。

3. 在救济层面运用行政行为吸收等理论防范可能出现的困局

信息规制工具的多阶段运行特点,使得公示型信息工具和监管型信息工具看似是以单一行政行为形式的面貌对外呈现的,实则它们均内嵌了前置性的信息归集环节。既然本书论证了信息归集行为可以被定性为行政确认行为,那么这是否意味着,如果行政相对人对公示型信息工具或监管型信息工具不服,除了起诉这两类行政行为外,还可以选择对其前置性的信息归集环节提出挑战,发动诉讼?答案是否定的。因为如果允许分别发动诉讼,势必将出现同一信息规制活动被分阶段分别起诉的现象,既耗费有限的救济资源,也容易导致法院作出相互矛盾的判决。对此,可以引入行政行为的吸收理论来化解上述困局。[①] 也就是说,在公示型信息工具和监管型信息工具中,信息的归集已经被后续的信息归集吸收,因此就不能单独起诉此前被吸收的信息归集活动。或者还可以切换成另一条论证思路,将此前的信息归集看成是一个程序行为,而将最终作出的信息公示决定或信息监管决定看成是一个实体决定。最高人民法院在多份裁判中曾指出,在此种情形下,一般只能针对最终的实体决定发动诉讼,而不得单独起诉此前的程序行为。[②] 在避免同时针对信息的归

---

① 对行政行为吸收理论的介绍,参见胡建淼:《行政法学》(第 5 版),法律出版社 2023 年版,第 212－214 页。

② 在刘勇与襄阳市人民政府不履行复议决定送达法定职责纠纷再审案中,最高人民法院指出:“针对程序行为的法律救济手段,只能在针对最终的实体决定提起诉讼时同时采用,除非这个程序行为再也不能纳入实体决定的整体之中一并得到解决。”最高人民法院行政裁定书,(2018)最高法行申 2968 号。类似的最高人民法院裁判,参见王吉霞、黄贵兰与河南省人民政府不履行行政复议法定职责纠纷再审案,最高人民法院(2017)最高法行申 7760 号行政裁定书。

集决定与信息的公示或监管决定发动诉讼方面，以上两条论证路径是殊途同归的。

不过，还应当看到，以上运用行政行为的吸收理论或程序性行为不可单独起诉的理论，针对的都是信息的归集、公示与监管系由同一主体实施的情形。但是在信息规制实践中，有时信息处理的各阶段是由不同的主体分别作出的。前面所提及的上海邦特尔文化传媒有限公司诉上海市长宁区人力资源和社会保障局拖欠农民工工资“黑名单”决定案即属此例，列入“黑名单”决定以及对“黑名单”信息的公布，分别由长宁区人社局和上海市人社局作出。此时，就无法再适用上述两种理论，径直主张以上海市人社局公布决定吸收长宁区人社局的列入决定。在此种情形下，可以借鉴德国行政法上多个机关参与的多阶段行政行为理论，按照“显名主义”的方式加以解决，[①]也即要看在各信息处理流程中相应的行政机关是否在对外生效的法律文书中署名，如确属署名者，单独或共同地作为行政诉讼的被告。实际上，《最高人民法院关于适用〈中华人民共和国行政诉讼法〉的解释》（法释〔2018〕1 号）第 19 条针对经上级行政机关批准的行政行为的被告确立也采取了相同的“显名主义”的处理规则，只是它的适用领域颇为狭窄，仅适用于经批准的行政行为，故有必要扩展其适用范围，将其背后体现的法理扩展运用至所有由不同行政机关作出的多阶段行政行为之上。

三、信息规制工具的外在体系衔接

关注信息规制工具的体系衔接问题，还需要具备一种外部视角，也即将该工具置于整个政府规制工具体系之中，审视该工具与其他规制工具之间的“相邻关系”。因为在公共管理学上一般认为，绝大多数的公共政策工具在一定程度上都是可以被其他工具替代的，但政策工具的实际选

① 对于德国行政法上不同机关参与的多阶段行政行为及其责任承担规则的介绍，参见赵宏：《法治国下的目的性创设——德国行政行为理论与制度实践研究》，法律出版社 2012 年版，第 406 - 410 页。

择须受到具体环境因素的影响，各工具之间也各有优劣之处。[①] 因此，只有找准信息规制工具在整个政府规制体系中的合理定位，才能走出将该工具视作政府规制“万能药”的认识误区，对于信息规制工具的优势、不足以及运行条件等事项作出客观理性的评估。

（一）信息规制工具在规制体系中的定位

在政府规制的工具箱中，蕴藏着各式各样的规制工具。有学者根据性质的不同，将公共政策工具划分为如下三种理想类型：一是管制性工具，它对应于传统的命令控制措施，如许可、处罚等；二是经济性工具，它强调对被规制方进行激励与诱导，如补贴、津贴等；三是沟通性工具，此类工具的目的在于使被规制方获得更多或者更少的信息。[②] 另有学者采取类似的三分法，并用大棒（sticks）、胡萝卜（carrots）和说教（sermons）三个颇为形象的词汇分别指称这三类工具。[③] 在上述分类体系中，信息规制工具通常会被划归到其中的沟通性工具或说教工具的范畴之中，属于干预程度居中的工具。如果借用“执法金字塔”（enforcement pyramid）这一概念，[④]那么信息规制工具大体上位居该金字塔的中间层地带。

不过应当看到的是，尽管上述分层与归类在总体上反映出了信息规制工具的特性，但仍然是不够精确的。实际上，信息规制工具具有跨大类的复合属性，并不能用单一的沟通性工具加以准确地概括。诸如通报批

---

① 参见［美］迈克尔·豪利特、M·拉米什：《公共政策研究：政策循环与政策子系统》，庞诗等译，生活·读书·新知三联书店2006年版，第144－146页。

② 参见［美］B·盖伊·彼得斯等编：《公共政策工具：对公共管理工具的评价》，顾建光译，中国人民大学出版社2007年版，第204页。

③ See Evert Vedung, *Policy Instruments: Typologies and Theories*, in Marie-Louise Bemelmans-Videc, Ray C. Rist & Evert Vedung (eds.), Carrots, Sticks, and Sermons: Policy Instruments and Their Evaluation, Transaction Publishers, 2010, pp. 29－34.

④ “执法金字塔”是由埃尔斯（Ian Ayres）和布雷斯维特（John Braithwaite）提出的一个执法模型，该模型被用来描述规制者应当采取的循序渐进式的执法策略。位居金字塔最底层的是建议和说服性工具，中间层是较为缓和的行政制裁措施，而顶层是惩罚性的措施。对于执法者来说，应当拾级而上，逐步采取干预力度更高的规制措施。相关介绍，可参见［澳］尼尔·甘宁汉：《执法与守法策略》，载［英］罗伯特·鲍德温、马丁·凯夫、马丁·洛奇编：《牛津规制手册》，宋华琳等译，上海三联书店2017年版，第140－141页。

评、以强制执行为目的的行政公告等监管型信息工具,就带有十分浓重的传统管制性工具的色彩,此时它的干预力度就会上提。同时,还需要注意的是,以上讨论还都只是在政府规制的视野中展开的。实际上,在整个规制体系中,除了政府规制之外,还有合作规制以及自主规制。① 近年来,在规制领域兴起的"精巧规制"(smart regulation)理念,其表达的核心理念之一便是要求引入政府以外的主体要适当地分担规制任务。② 实际上,提出了著名的"执法金字塔"模型的埃尔斯(Ian Ayres)和布雷斯维特(John Braithwaite),还提出了"执法策略金字塔"(pyramid of enforcement strategies)模型,他们主张执法策略应当从自主规制、强制的自主规制逐步递升至命令服从型政府规制,③这同样体现出了吸纳其他主体参与规制的观念。而正如本书第二章所指出的,在信息规制中,由于吸纳了社会公众的参与,它契合于公私合作治理这一精巧规制的理念。因此,在这一意义上而言,信息规制工具尤其是其中的公示型工具还具有突破政府规制体系,向下延展至合作治理领域的属性。

(二)信息规制工具与其他规制工具的三重关系

在具体运作过程中,信息规制工具与其他规制工具之间呈现出互补、替代和排斥的三重关系。

1. 互补关系

所谓互补关系,是指将信息规制工具与其他规制工具结合起来使用,以期顺利实现所预期的规制目标。用形象的话来说,就是要打出规制工

---

① 有学者将规制工具划分为五种理想类型,并用5个英文首字母为C的单词(Command、Competition、Communication、Consensus以及Code)作出简约化的概括,其中前三者指向的是传统的管制性工具、经济性工具和沟通性工具,而第四种指的是合作规制与自主规制,第五种则指向的是在网络空间等前沿领域新涌现出的代码规制。See Bronwen Morgan & Karen Yeung, *An Introduction to Law and Regulation*: *Text and Materials*, Cambridge University Press, 2007, pp. 80 – 105.

② 参见[澳]尼尔·甘宁汉:《执法与守法策略》,载[英]罗伯特·鲍德温、马丁·凯夫、马丁·洛奇编:《牛津规制手册》,宋华琳等译,上海三联书店2017年版,第146 – 147页。

③ See Ian Ayres & John Braithwaite, *Responsive Regulation*: *Transcending the Deregulation Debate*, Oxford University Press, 1992, pp. 38 – 40.

具的“组合拳”。这一方面是因为，在政府规制实践中，同一规制工具在适用于不同的执法对象时会产生所谓的“权重差异”现象，[①]例如，作出同样金额的罚款，它对于经济实例比较强的企业所造成的影响要远低于经济状况较差的企业；另一方面，在面对同一执法对象时，不同的规制工具也会有效果上的差异。[②] 因此，在制度设计层面，应当对各种规制工具进行合理的组合运用，以解决单一执法手段法律效果不佳的问题。而信息规制工具以其实施成本相对较低、规制效果较强等方面的优势，在推动它与其他规制工具的互补方面拥有广阔的应用前景。

在这方面，如果检视我国不少行政立法中所设置的法律责任，就会发现仍然存在诸多有待检讨之处。例如，对于广告主使用广告绝对化用语、情节尚未构成严重的行为，2015 年修订后的《广告法》第 57 条大幅度地提升了处罚力度，从 1994 年《广告法》第 39 条规定的处广告费用 1 倍以上 5 倍以下的罚款，调整为处以 20 万元以上 100 万元以下的罚款。这种提升起罚点的立法，在我国立法实践中较为普遍，但它们在实施过程中往往会面临着如下双重困境：一方面，它在面对经济实力较弱的广告主时，容易引发过罚失当的问题；另一方面，在面对经济实力强的广告主时，又会产生威慑与制裁效果有限的问题。2015 年立法机关对此种广告违法行为的法律责任的修改，其实仍然是将关注视野局限在罚款这一单一的处罚种类之上，忽略了借助不同种类处罚措施的相互组合运用来推动规制效果的提升。其实，在这方面，我国立法机关也不乏反思之声。黄海华就指出，随着社会主义市场经济的深入发展，传统的财产罚在规制效果方面出现了“力不从心”的局面，而如果一味地寻求提高罚款的区间，不仅其规制效果有限，还会衍生出过罚失当、后续执行难度增大等问题。在此背景

① 参见应飞虎：《信息、权利与交易安全：消费者保护研究》，北京大学出版社 2008 年版，第 119 - 120 页。

② 有学者在分析刑罚的规制效果时就指出，对于中产阶级的白领人士来说，罚金、自由刑、耻辱型这三类刑罚的规制效果呈现出逐级递增的格局。参见［美］埃里克·A. 波斯纳：《法律与社会规范》，沈明译，中国政法大学出版社 2004 年版，第 134 - 135 页。

下，诸如声誉罚等其他处罚类型逐渐从行政处罚的幕后走向前台，发挥出日益重要的角色。[①] 对于此番论说，需要作出准确的解读，它的真正用意并非是主张以声誉罚全面地替代财产罚，毋宁是提出了对二者进行组合运用的要求。例如，针对上面所指出的绝对化广告用语的罚则配置不科学的问题，在未来修法时可以考虑在行政罚款之外，一并赋予行政机关对广告主实施通报批评的职权，如此一来，可以借助声誉制裁机制来弥补罚款制裁效果有效之不足，实现信息规制工具与罚款在规制效果上的优势互补。

2. 替代关系

所谓替代关系，是指信息规制工具与其他规制工具之间呈现出相互取代的关系。一般来说，由于信息规制工具在成本效益方面独具优势，故在政府规制实践中往往呈现出以信息规制工具取代传统的规制手段的改革动向。在这方面，我国市场监管领域自 2014 年 3 月起将传统的企业年度检验制度改为年度报告公示制度（俗称的“年检改年报”改革），提供了一个鲜活的例证和样本。依据原先《企业年度检验办法》（2006 年修订）的规定，企业在每年 3 月 1 日至 6 月 30 日，须向登记机关提交年检材料，登记机关对与登记事项有关的情况进行定期检查。它是一项融合了行政确认、行政检查等方式的综合性管理手段，但长期以来，存在监管效果不佳、加重企业负担等方面的问题。[②] 为此，国务院在 2014 年 1 月印发《注册资本登记制度改革方案》（国发〔2014〕7 号），决定将企业年度检验制度改为年度报告公示制度，建立起以信用信息监管为核心的新型监管方式。依据该方案，市场主体通过信用信息公示系统报送年度报告，向全社会公示，市场监管部门改采以抽查的方式对年报公示内容进行核查。同时，该方案还提出，对未按要求公示年报的企业，市场监管部门通过将其列入经营异常名录、严重违法企业名单等方式实施制裁。此

① 参见黄海华：《行政处罚的重新定义与分类配置》，载《华东政法大学学报》2020 年第 4 期。

② 参见张燕、解惠涵：《“阳光是最好的防腐剂”：企业“年检”改“年报”，一字之差的含金量》，载《中国经济周刊》2014 年第 8 期。

后，国务院还于2014年7月制定了《企业信息公示暂行条例》（2024年修订），以行政法规的方式将上述改革方案内容固化和确认下来。从上述改革内容中可以看出，无论是要求企业公示年报，还是后续将其列入经营异常名录、严重违法企业名单等，都是典型的信息规制手段，由此不难看出，其背后体现出了用信息规制工具取代传统的规制工具的改革思路。

在一些特定情形下，传统的规制方式受制于实施要件等方面因素的掣肘，无法顺利实施，此时信息规制工具以其实施灵活、法规范密度低的优势，就会以替代性的规制工具的身份“出场”。在这方面，图符（北京）航空遥感信息技术有限公司与国家测绘地理信息局行政通报纠纷上诉案便提供了一个明证。在该案中，图符公司在无测绘资质的情况下从事了测绘活动，但国家测绘地理信息局在查处该违法行为时，已经超过了《行政处罚法》所规定的2年的追责期限，无法再对其实施罚款等行政处罚。为此，国家测绘地理信息局以发布公文的形式，在所属系统内部（通报对象包括省级测绘地理信息行政主管部门、该局所属各单位及机关各司室）对上述违法行为作了通报，并通过其官方网站的政务公开栏目对该通报内容作了公开。[①] 从中可以看出，行政机关以进行信息通报继而公开的方式弥补了无法对违法行为人进行处罚的缺憾。不过值得探讨的是，这一做法是否有规避《行政处罚法》上的追责期限之嫌？从本书的观点来看，答案是否定的。因为国家测绘地理信息局实施的仅为客观的违法事实的通报，并无附加批评、谴责等内容，[②]此类通报（包括后续对通报内容的公开）并非监管型信息工具中的行政处罚行为，而应认定为公示型信息工具，在性质上属于政府信息公开行为。依据《政府信息公开条例》的规定，国家测绘地理信息局有权实施上述信息发布行为，因此不存在以变相处

① 参见北京市高级人民法院行政判决书，(2017)京行终5070号。

② 尽管在这份通报中载明了“约谈两家公司的主要负责人，对其予以严肃批评教育”这一措施，但该通报本身并未直接实施约谈及批评教育。在本案判决中，北京市高级人民法院也认为，即便图符公司认为约谈行为侵犯了其合法权益，也应当直接起诉约谈行为，而非起诉该通报行为。参见北京市高级人民法院行政判决书，(2017)京行终5070号。换言之，这份通报只是提出了后续实施约谈的要求，而非直接实施批评教育。

罚方式加以规避的问题。

3. 排斥关系

所谓排斥关系，是指信息规制工具与其他工具之间只能选择其一，不得并列适用的情形。在很多场景中，一旦适用了信息规制工具，它已然能够实现传统规制工具所希望达到的行政管理目标，此时就不适宜将该工具与传统的规制工具并行使用，需要同步地对后者进行检讨与调整。用更为通俗的话来讲，制度设计者在做植入信息规制工具的“加法”的同时，也要善于会做调整传统规制工具的“减法”，避免只增不减，造成整个规制工具体系的无限膨胀与臃肿。否则，不仅会徒增行政运作的成本，而且会对行政相对人的权益造成过度的损害。以排斥关系的视角加以审视，我国现行不少行政立法存在诸多可供反思之处。

譬如，对于网约车的监管，在网约车平台借助服务评价等信息工具实施自主规制已经大幅度改善了客运出租行业服务质量的背景下，交通运输部等七部门发布的《网络预约出租汽车经营服务管理暂行办法》(2022年修订)，仍建立以行政许可为核心的监管制度的，其正当性便值得商榷了。未来网约车监管制度的改革方向，应当是废除现行行政许可制度，在坚持网约车平台实施自主规制的同时，通过引入行政备案、风险警示、处罚信息公开等行政上的信息规制工具，防范可能出现的风险。①

又如，针对当前实践中不断发生的公民拒不履行服兵役义务的情形，2021年修订后的《兵役法》第57条在罚则设置方面作了修改，一方面延续了旧法中规定的罚款、不得录用为公职人员、两年内不得出国(境)或升学等罚则，与此同时还新增了纳入履行国防义务严重失信主体名单实施联合惩戒这一新的工具。对比立法前后的变化可知，立法机关并没有深入地检讨这一信息规制工具与以往的规制工具之间是否有功能上的重叠或取代关系，而是直接在原有的法律责任上新增了这一信息规制工具。事实上，从旧《兵役法》(2011年修订)第66条所设置的各种罚则来看，其

① 参见张效羽:《试验性规制视角下“网约车”政府规制创新》，载《电子政务》2018年第4期。

干预力度已经不可谓不高,在此背景下,直接增设失信联合惩戒制度,不仅有违行政法上的过罚相当原则,而且还将该公民隔绝于主流社会之外,导致次社群(subcommunities)的产生,进而会引发出更为严重的社会问题。[①] 因此,从避免各制度叠床架屋的角度来看,在引入失信惩戒措施之时,应当对已有的罚则作出检讨,将具有相互排斥关系的罚则予以删去或作出必要的调整。

(三)体系化视角下信息规制工具的适用场景勘定

在政府规制工具体系的整体视角下,对于信息规制工具的适用领域会有更加清晰的认识。尽管准确地划定信息规制工具的适用范围是颇为困难的,但仍然可以从优先适用情形与禁止适用情形这两个方面大致勾勒出该工具的适用场域。

第一,优先适用的情形。在以下两种场景下,信息规制工具相比于其他政府规制工具而言具有特殊的优势,因而处于获得优先适用的地位:(1)对于行政机关直接赋权困难的场合。受制于职权法定的要求,行政机关在履行行政任务时,需要运用立法上所赋予的手段来加以实现。但在不少行政场景中(尤其是基层行政或者跨区域的行政中),立法上所赋予给行政机关的手段颇为有限,而这种行政任务与权限不匹配的问题,在短时间内又无法通过修法迅速获得解决。在此情形下,信息规制工具以其所具有的缓和干预的特性,可以放缓职权法定的要求,[②]进而在行政实践中获得优先的使用。(2)行政机关因执法经费所限无法开展执法的场合。行政任务的日益膨胀与执法资源的有限性构成了一对永恒的矛盾,在当前的经济环境与财政状况下,上述矛盾将变得越发突出。而信息规制工

① 法律社会学上的研究表明,过度的惩罚,会影响到行政相对人重新回归社会,甚至还会人为地制造次社群的产生,使其隔绝于主流社群之外。对于一些寻求标新立异、个性叛逆的个人来讲,甚至还可能以自身居于该次社群中为荣,从而使声誉机制的目的不仅落空,而且产生了完全相反的效果。参见[美]埃里克·A. 波斯纳:《法律与社会规范》,沈明译,中国政法大学出版社 2004 年版,第 158 页。类似的分析,还可参见黄锫:《羞辱性法律惩罚的博弈分析——以深圳福田区警方示众处理卖淫、嫖娼人员一案为研究样本》,载《法学评论》2008 年第 1 期。

② 对于归集型信息工具、公示型信息工具以及监管型信息工具的设定规则,本书第四章至第六章已经作出阐释,在此不赘。它们在总体上要低于传统行政执法行为的设定要求。

具的运用，尽管并非完全没有成本，[①]但是它相较于其他规制工具而言，还是展现出了低成本方面的优势，因此它在规制实践中同样可以获得被优先适用的地位。在这一点上，亦有国际经验的支持。根据有学者的考察，世界上较为贫穷的国家，由于欠缺采取高成本干预措施的必要资源和条件，往往通过转而诉诸公共信息宣传等信息工具来完成管制目标，并取得了良好的管制绩效。[②]

第二，禁止适用的情形。信息规制工具并非“万能药”。它的有效运作，有赖于信息的充分收集、有效传播以及信息受众据此采取相应的行动。在这些关键节点上，如果不具备相应的有效运作的条件，那么就应当慎重使用信息规制工具，优先选择其他政府规制工具。特别是在社会价值观呈现分歧甚至对立的场景中，信息规制工具应当禁止适用。试举一例。对于在大型体育赛事中擅自闯进球场拥抱知名球星并狂奔的“追风少年”，社会舆论对该行为的褒贬不一，在社会危害性评价方面也呈现出巨大的观点分歧。[③] 此时，如果行政机关选择对其实施声誉制裁，将其违法行为向社会公开，不仅所预期的制裁效果难以得到保证，而且还可能会引起其他球迷的模仿，引发适得其反的效果。在此场景中，行政机关依据《治安管理处罚法》(2012 年修订)第 24 条的规定，对其作出罚款、拘留等行政处罚足矣，无须也不宜再运用行政处罚决定书的公开等信息规制工具。

---

① 邢会强教授系统总结了信息规制工具在运用中要面临的信息发送成本、信息甄别成本、信息制作成本等支出。参见邢会强：《信息不对称的法律规制——民商法与经济法的视角》，载《法制与社会发展》2013 年第 2 期。

② 参见［美］莱斯特·M. 萨拉蒙主编：《政府工具：新治理指南》，肖娜等译，北京大学出版社 2016 年版，第 193－194 页。

③ 相关争论，参见赵宏：《拥抱梅西的少年：真的需要处罚吗，不需要吗?》，载澎湃网 2023 年 6 月 19 日，https://m. thepaper. cn/rss_newsDetail_23539632；何兵：《拘留“拥抱梅西的少年”，为什么是对的?》，载澎湃网 2023 年 6 月 20 日，https://www. thepaper. cn/newsDetail_forward 23552278? commTag = true；仝宗锦：《拘留如风一般的少年，为什么不一定是对的? ——兼求教于何兵老师》，载腾讯网 2023 年 6 月 21 日，https://new. qq. com/rain/a/20230621A04N3W00；等等。

第八章　总结与展望

在信息时代，信息无疑构成了一个核心性的法治研究议题，为此吸引了法学各个学科的关注。早在约 20 年前，我国法理学界就有学者开始呼吁加强对信息权利的研究。[①] 而在最近的 10 年，民法学界围绕个人信息权或个人信息权益展开了热烈讨论，[②]这其实也是在权利保护的脉络之下展开对信息问题的研究的。与之不同，本书选择从权力端切入，对行政机关运用信息规制工具的活动展开研究。它一方面接续了行政法学上历来关注权力规范与控制的传统视角，另一方面又吸纳和回应了新兴的政府规制理论上对于权力行使有效性的关切，力图将权力的合法性与有效性有机融合在一起，并以此为基点，寻求在个人信息权益保护与信息的社会利用之间达致一种平衡。

为此，本书首先对信息规制工具在我国行政实践中的运行图景作了考察，剖析了该工具勃兴背后的制度生成逻辑。其次，基于行政过程论的视角，对信息规制工具的类型作了整理。在此基础上，分设三章，依次对

---

① 参见李晓辉：《信息权利研究》，知识产权出版社 2006 年版，第 1－4 页。该书是作者以 2004 年答辩通过的博士学位论文——《信息权利推理研究》为基础修改而成的。

② 代表性的文献，参见王利明：《论个人信息权的法律保护——以个人信息权与隐私权的界分为中心》，载《现代法学》2013 年第 4 期；杨立新：《个人信息：法益抑或民事权利——对〈民法总则〉第 111 条规定的"个人信息"之解读》，载《法学论坛》2018 年第 1 期；张新宝：《论个人信息权益的构造》，载《中外法学》2021 年第 5 期。

归集型信息工具、公示型信息工具和监管型信息工具展开研究,在每一章的阐释中均贯彻了有效性分析与合法性分析“双线并举”的要求。最后,还探讨了信息规制工具的内部体系衔接与外部体系衔接,以期形成对信息规制工具的制度定位的妥当化认识。本书的核心观点可以总结归纳为如下六个方面:

1. 信息规制工具在我国经历了一个由点及面的发展过程,最初在食品药品、外汇、电信、税务、公安等个别行政领域中得到运用,继而伴随着《政府信息公开条例》、社会信用体系建设等跨领域立法或文件的推动,扩展到了更为广阔的行政领域之中。追问这一工具的兴起缘由,需要从外部环境与内生逻辑两个角度展开分析。就外部性社会背景而言,规制缓和运动以及公私合作浪潮的兴起,共同推动了该工具的勃兴。而从内部因素看,社会公众对于克服信息不对称状况的需求、行政机关在推动确保义务履行制度革新方面的努力、信息主体顺应信息时代发展趋势对权利边界作出调整,构成了驱动信息规制工具发展的三股内生性力量。

2. 鉴于信息规制工具在实践中呈现出纷繁驳杂的面貌,亟须引入一种类型化的视角展开研究,以便服务于精准适用法律、推动规则完善等方面的需要。纵观以往学界尝试对信息规制工具开展分类的尝试,均存在一定的缺陷。正确的分类方法应当是立足于信息规制的运作机理,将其划分为归集型信息工具、公示型信息工具与监管型信息工具。这一“三分法”契合于信息规制分阶段运行的特点,也与晚近地方层面出台的诸多公共信用信息立法的发展动向相吻合。此外,它贯彻了拆分式融入行政行为论体系的思路,能够借助现有的型式化行政行为的成熟制度框架,实现对信息规制工具的法治化调控目标,在寻求将信息规制工具融入行政法学体系方面,这不失为一种务实选择。

3. 归集型信息工具定位于为行政机关汇聚、归拢信息,它属于整个信息规制体系的“基础工程”,具体由行政备案、记分、信用记录等核心性工具,以及公益告发、有奖举报等支撑性工具共同组成。在其法律属性判断方面,“行政处罚说”与“行政事实行为说”均存在论证上的缺陷,正确的见解应是将其界定为行政确认行为。归集型信息工具的有效运作,需要满足信息的行政有用性、信息“应归尽归”、信息具有准确性、归集系统具备安全与可信性等条件。在法治构建方面,鉴于行政确认迄今尚无专门性立法调整,为此应当从法治原则、设定规则、程序制度等方面展开系统性的制度设计。其中,在法治原则上应当遵循目的拘束原则;在设定规则方面,应当根据归集型信息工具是否具有独立性,设计出差异化的规则;在程序制度上,除了遵循行政行为的共通性程序要求外,还要引入信息主体动态追踪信息、信息留存期限、信息更正与修复等特有的程序规则。

4. 公示型信息工具应定位于为社会公众提供有利用价值的信息。它由公共警告、抽查检验结果公告、行政处罚决定公开等工具构成,这些工具在利用价值方面呈现出光谱般的逐级递减的形态。在制度的法律属性方面,公示型信息工具既不是行政处罚,也不宜将其划入行政事实行为的范畴,而是应定性为政府信息公开行为,但与此同时,它与旨在引导社会公众监督行政机关的普通政府信息公开活动之间存在一定的差异。公示型信息工具的有效运作,须具备信息对社会公众而言的可利用性、可达到性和可触动性三大要件。在法治化运行方面,公示型信息工具应被纳入《政府信息公开条例》的制度框架之中运行,同时还要结合该工具的特性,从公示范围、公示方式以及公示程序三个方面展开对现行制度的调适。具体而言,在公示范围上,应当坚持审慎有度原则,以信息是否对社会公众具有利用价值作为公示范围的认定标准;在公示方式上,应在现行的主动公开与依申请公开之外,增设依查询公开这一新型方式;在公示程序方面,则应引入暂缓公开、信息的快速制度等程序作为配套性制度。

5. 监管型信息工具定位于对信息主体进行行政监管。它在法律性质上呈现出行政处罚与行政强制执行的“二元结构”,前者包括公开谴责、通报批评、公开警告等声誉罚制度,后者则包含以强制执行为目的的行政公告、公开约谈等措施。监管型信息工具的有效运作有赖于行政执法机关调动自身的各种资源以维持其权威性,同时还应根据不同的执法对象进行有针对性的施策。在法治化构造方面,制度设计者应当将监管型信息工具的重心适度地朝向行政强制执行端倾斜,以因应现代政府规制中遵从优于威慑、修复优于羞辱、事前预防优于事后制裁的理念。其中,具有强制执行功能的监管型信息工具应以间接强制执行的身份融入到《行政强制法》之中,受到该法的调整与约束,同时须从放宽设定规则与完善催告程序两个方面开展制度调适。至于具有行政处罚功能的监管型信息工具,应将其定位为独立于申诫罚体系外的声誉罚,其实施须受到《行政处罚法》的约束,并从适度收缩设定权以及合理限定公开范围两个方面开展制度调适。

6. 政府规制整体效能的发挥,需要包括信息规制工具在内的各种规制工具之间的协力作用。这就要求在信息规制工具的内部与外部同时施力,加强规制工具之间的体系衔接。就内在体系衔接而言,首先应以准确界分归集型信息工具、公示型信息工具与监管型信息工具作为观念前提,在此基础上,从制度设计遵循整体观、实践运行中合理运用法解释方法、司法救济层面引入行政行为吸收等理论这三个层面展开具体的衔接工作。而对于外在体系衔接,同样需要以明确信息规制工具在整个规制体系中的定位为前提,厘清它在实践中与其他规制工具呈现出的互补、替代与排斥等三重关系,在此基础上对该工具的适用场景有一个客观理性的认知,避免将信息规制工具看作是规制的“万能药”。

当然,笔者亦深知,上述研究仍不可避免地存在一些局限。第一,信息规制领域的实践发展较快,尽管本书已经尽可能地对近期的规制实践和事例作了追踪,但随着时间的推移,未来新型的信息规制工具仍会源源不断地被创设出来,而本书所提出的信息规制工具的“三分法”是否有能力吸纳这些新型工具,还有待未来实践的检验。第二,本书仅考察了行政机关运用的信息规制工具,而对于其他主体运用的信息规制工具缺乏一并考察。实际上,随着信息社会的深入发展,暴力和监控的力量呈现出不断扩散化的趋势,个体除了受到传统的行政权力的干预以外,还日益受到来自商业组织、平台的威胁,后者无论是在质的方面还是在量的方面都呈现出超越传统国家权力干预的趋势。[①] 对于这些同样具有支配性的信息规制活动,如何确保它们在法治化轨道内运行,也构成了信息规制理论研究中一个不容回避的课题。第三,本书基于将信息规制工具纳入行政行为论体系的定位,仅考察了“通过信息的规制”这一大类信息规制工具,而对诸如食品标签、企业信息强制公示等“对信息的规制”这一类工具缺乏一并关注。事实上,这些信息工具在当下同样面临着实效性不彰的问题,未来有必要从多学科对话融合的角度,将其一并纳入分析和检讨的范围之内。这些议题有必要在今后作出持续追踪和深化讨论,以期能推动信息行政法理论体系的发展。[②]

---

① 有学者就形象地指出,在信息化时代,对我们形成监控之势的,不再主要是奥威尔在《1984》一书中所讲的无处不在的“老大哥”(big brother),而是关心可人(well-wishing)的众多“小姐妹们”(little sisters),为此主张用“全面监控的社会”一词来取代通常使用的“全面监控的国家”这一术语。参见[美]曼纽尔·卡斯特:《认同的力量》(信息时代三部曲:经济、社会与文化·第二卷),夏铸久等译,社会科学文献出版社 2003 年版,第 346-348 页。刘晗博士也指出,平台的发展已经经历了一个由早期的“去中心化”到现如今“再中心化”的过程,它们相对于商户与用户而言已然处于支配性地位,行使着包括信息规制在内的诸多权力。参见刘晗:《平台权力的发生学——网络社会的再中心化机制》,载《文化纵横》2021 年第 1 期。

② 信息行政法被视作未来行政法体系建构中极其重要的一个部分,对此,德国学者曾作出过相关探讨。参见[德]施密特·阿斯曼:《秩序理念下的行政法体系建构》,林明锵等译,北京大学出版社 2012 年版,第 260-266 页;[德]沃尔夫冈·卡尔:《法典化理念与特别法发展之间的行政程序法》,马立群译,载《南大法学》2021 年第 2 期。

参考文献

一、中文著作

1. 蔡震荣:《警察职权行使法概论》,台北,五南图书出版股份有限公司2016年版。

2. 曹康泰主编:《中华人民共和国政府信息公开条例读本》,人民出版社2007年版。

3. 陈敏:《行政法总论》(第9版),2016年自版发行。

4. 陈清秀:《行政罚法》(修订2版),台北,新学林出版股份有限公司2012年版。

5. 陈新民:《行政法学总论》(修订6版),1997年自版发行。

6. 陈新民:《中国行政法学原理》,中国政法大学出版社2002年版。

7. 陈越峰等:《行政法教义学:体系与方法》,北京大学出版社2022年版。

8. 程啸:《个人信息保护法理解与适用》,中国法制出版社2021年版。

9. 丁晓东:《个人信息保护:原理与实践》,法律出版社2021年版。

10. 段礼乐:《市场规制工具研究》,清华大学出版社2018年版。

11. 范春主编:《公共卫生学》,厦门大学出版社2009年版。

12. 傅祖芸编著:《信息论:基础理论与应用》(第4版),电子工业出版社2015年版。

13. 高富平:《个人信息保护立法研究》,光明日报出版社2021年版。

14. 公安部道路交通安全研究中心编:《公安交通管理行政诉讼判例评析与执法提示①》,北京大学出版社2015年版。

15. 郭瑜:《个人数据保护法研究》,北京大学出版社2012年版。

16. 何兵主编:《行政诉讼案例研习》,法律出版社2018年版。

17. 后向东:《中华人民共和国政府信息公开条例(2019)理解与适用》,中国法制出版社2019年版。

18. 胡建淼:《行政法学》(第5版),法律出版社2023年版。

19. 胡建淼:《行政强制法论——基于〈中华人民共和国行政强制法〉》,法律出版社2014年版。

20. 胡建淼主编:《行政行为基本范畴研究》,浙江大学出版社2005年版。

21. 江利红:《行政过程论研究——行政法学理论的变革与重构》,中国政法大学出版社2012年版。

22. 姜明安:《行政法》,北京大学出版社2017年版。

23. 姜明安主编:《行政法与行政诉讼法》,北京大学出版社、高等教育出版社1999年版。

24. 姜明安主编:《行政法与行政诉讼法》(第6版),北京大学出版社、高等教育出版社2015年版。

25. 兰小欢:《置身事内:中国政府与经济发展》,上海人民出版社2021年版。

26. 李洪雷:《行政法释义学:行政法学理的更新》,中国人民大学出版社2014年版。

27. 李路路、李汉林:《中国的单位组织:资源、权力与交换》(修订版),生活·读书·新知三联书店2019年版。

28. 李晓辉:《信息权利研究》,知识产权出版社2006年版。

29. 李震山:《行政法导论》(修订新版),台北,三民书局1999年版。

30. 林来梵:《宪法学讲义》,法律出版社2011年版。

31. 林明锵:《德国新行政法》,台北,五南出版股份有限公司2019年版。

32. 刘刚编:《风险规制:德国的理论与实践》,法律出版社2012年版。

33. 刘金瑞:《个人信息与权利配置——个人信息自决权的反思和出路》,法律出版社2017年版。

34. 刘平:《行政执法原理与技巧》,上海人民出版社2015年版。

35. 刘绪崇、苏欣、唐德权主编:《智慧警务:大数据环境下新时代公安信息化建设模式探索》,清华大学出版社2018年版。

36. 刘宗德:《认证认可制度研究》,中国计量出版社2009年版。

37. 罗豪才、湛中乐主编:《行政法学》(第2版),北京大学出版社2006年版。

38. 罗豪才主编:《行政法学》,中国政法大学出版社1989年版。

39. 罗培新:《社会信用法:原理·规则·案例》,北京大学出版社2018年版。

40. 吕富强:《信息披露的法律透视》,人民法院出版社2000年版。

41. 吕艳滨:《信息法治:政府治理新视角》,社会科学文献出版社2009年版。

42. 马怀德主编:《行政法学》,中国政法大学出版社2009年版。

43. 马颜昕等:《数字政府:变革与法治》,中国人民大学出版社2021年版。

44. 莫于川等:《柔性行政方式类型化与法治化研究》,法律出版社2020年版。

45. 齐爱民:《信息法原论——信息法的产生与体系化》,武汉大学出版社2010年版。

46. 齐爱民:《拯救信息社会中的人格:个人信息保护法总论》,北京大学出版社2009年版。

47. 乔晓阳主编:《中华人民共和国行政强制法解读》,中国法制出版社2011年版。

48. 秦富、王秀清等:《欧美食品安全体系研究》,中国农业出版社2003年版。

49. 全国人大常委会法制工作委员会国家法室、行政法室编著:《〈中华人民共和国行政处罚法〉释义》,法律出版社1996年版。

50. 沈岿:《行政法理论基础:传统与革新》,清华大学出版社2022年版。

51. 沈岿:《食品安全、风险治理与行政法》,北京大学出版社2018年版。

52. 宋功德:《聚焦行政处理——行政法上“熟悉的陌生人”》,北京大学出版社2007年版。

53. 宋亚辉:《社会性规制的路径选择:行政规制、司法控制抑或合作规制》,法律出版社2017年版。

54. 汪劲:《环境法学》(第4版),北京大学出版社2018年版。

55. 王俊豪:《政府管制经济学导论——基本理论及其在政府管制实践中的应用》,商务印书馆2001年版。

56. 王珉灿主编:《行政法概要》,法律出版社1983年版。

57. 翁岳生:《行政法与现代法治国家》(第11版),台湾大学法学丛书编辑委员会1990年版。

58. 翁岳生编:《德国联邦宪法法院裁判选辑》(十一),我国台湾地区“司法院”2004年印行。

59. 武增主编:《中华人民共和国地方各级人民代表大会和地方各级人民政府组织法导读与释义》,中国民主法制出版社2022年版。

60. 信春鹰主编:《中华人民共和国行政诉讼法释义》,法律出版社2014年版。

61. 信春鹰主编:《中华人民共和国环境保护法释义》,法律出版社

2014 年版。

62. 信春鹰主编:《中华人民共和国食品安全法解读》,中国法制出版社 2015 年版。

63. 徐飞:《政府规制政策演进研究:日本经验与中国借鉴》,中国社会科学出版社 2015 年版。

64. 徐信贵:《政府公共警告的法律问题研究》,法律出版社 2014 年版。

65. 许安标主编:《中华人民共和国行政处罚法释义》,中国民主法制出版社 2021 年版。

66. 杨登峰:《行政法总论:原理、制度与实案》,北京大学出版社 2019 年版。

67. 杨海坤:《中国行政法基本理论》,南京大学出版社 1992 年版。

68. 杨合庆主编:《中华人民共和国个人信息保护法释义》,法律出版社 2022 年版。

69. 杨华:《县乡中国:县域治理现代化》,中国人民大学出版社 2022 年版。

70. 叶必丰:《行政行为原理》,商务印书馆 2014 年版。

71. 叶俊荣:《行政法案例分析与研究方法》,台北,三民书局 1999 年版。

72. 应飞虎:《信息、权利与交易安全:消费者保护研究》,北京大学出版社 2008 年版。

73. 应松年主编:《当代中国行政法》,人民出版社 2018 年版。

74. 余凌云:《改进道路交通事故纠纷的解决机制》,清华大学出版社 2017 年版。

75. 余凌云:《行政法讲义》(第 3 版),清华大学出版社 2019 年版。

76. 余凌云:《行政法入门》,中国人民大学出版社 2022 年版。

77. 禹竹蕊:《权利保障视野下的违法信息行政公告研究》,知识产权出版社 2017 年版。

78. 袁曙宏:《社会变革中的行政法制》,法律出版社 2001 年版。

79. 袁雪石:《中华人民共和国行政处罚法释义》,中国法制出版社 2021 年版。

80. 翟学伟:《中国人行动的逻辑》,生活·读书·新知三联书店 2017 年版。

81. 湛中乐:《现代行政过程论——法治理念、原则与制度》,北京大学出版社 2005 年版。

82. 张焕光、胡建淼:《行政法学原理》,劳动人事出版社 1989 年版。

83. 张维迎:《信息、信任与法律》,生活·读书·新知三联书店 2003 年版。

84. 张新宝、葛鑫:《个人信息保护法(专家建议稿)及立法理由书》,中国人民大学出版社 2021 年版。

85. 章剑生:《现代行政法基本理论》(第 2 版),法律出版社 2014 年版。

86. 章剑生:《现代行政法专题》,清华大学出版社 2014 年版。

87. 章剑生:《现代行政法总论》(第 2 版),法律出版社 2019 年版。

88. 章志远:《行政法学总论》(第 2 版),北京大学出版社 2022 年版。

89. 赵宏:《法治国下的目的性创设——德国行政行为理论与制度实践研究》,法律出版社 2012 年版。

90. 赵鹏:《风险社会的行政法回应:以健康、环境风险规制为中心》,中国政法大学出版社 2018 年版。

91. 中国社会科学院语言研究所词典编辑室编:《现代汉语词典》(第 5 版),商务印书馆 2005 年版。

92. 周汉华:《政府监管与行政法》,北京大学出版社 2007 年版。

93. 周汉华:《中华人民共和国个人信息保护法(专家建议稿)及立法研究报告》,法律出版社 2006 年版。

94. 周汉华主编:《个人信息保护前沿问题研究》,法律出版社 2006 年版。

95. 周黎安:《转型中的地方政府:官员激励与治理》(第 2 版),格致出版社、上海三联书店、上海人民出版社 2017 年版。

96. 周雪光:《中国国家治理的制度逻辑:一个组织学研究》,生活 · 读书 · 新知三联书店 2017 年版。

97. 周雪光:《组织社会学十讲》,社会科学文献出版社 2003 年版。

98. 朱春华:《法治政府的信息规制工具》,中国社会科学出版社 2022 年版。

99. 朱春华:《公共警告制度研究》,中国社会科学出版社 2013 年版。

100. 朱光磊:《当代中国政府过程》(第 3 版),天津人民出版社 2008 年版。

101. 朱新力、唐明良等:《行政法基础理论改革的基本图谱:"合法性"与"最佳性"二维结构的展开路径》,法律出版社 2013 年版。

102.《行政法学与行政诉讼法学》编写组:《行政法学与行政诉讼法学》(第 2 版),高等教育出版社 2018 年版。

103. [德]埃贝哈德 · 施密特—阿斯曼等:《德国行政法读本》,于安等译,高等教育出版社 2006 年版。

104. [德]弗里德赫尔穆 · 胡芬,莫光华译:《行政诉讼法》,法律出版社 2003 年版。

105. [德]哈贝马斯:《在事实与规范之间——关于法律和民主法治国的商谈理论》,童世骏译,生活 · 读书 · 新知三联书店 2003 年版。

106. [德]哈特穆特 · 毛雷尔:《行政法学总论》,高家伟译,法律出版社 2000 年版。

107. [德]韩炳哲:《透明社会》,吴琼译,中信出版社 2019 年版。

108. [德]汉斯 · J. 沃尔夫、奥托 · 巴霍夫、罗尔夫 · 施托贝尔:《行政法(第 3 卷)》,商务印书馆 2007 年版。

109. [德]卡尔 · 拉伦茨:《法学方法论》,黄家镇译,商务印书馆 2020 年版。

110. [德]罗尔夫 · 斯特博:《德国经济行政法》,苏颖霞、陈少康译,中国政法大学出版社 1999 年版。

111. [德]尼克拉斯·卢曼:《风险社会学》,孙一洲译,广西人民出版社 2020 年版。

112. [德]施密特·阿斯曼:《秩序理念下的行政法体系建构》,林明锵等译,北京大学出版社 2012 年版。

113. [德]维尔纳·弗卢梅:《法律行为论》,迟颖译,法律出版社 2013 年版。

114. [德]乌茨·施利斯基:《经济公法》,喻文光译,法律出版社 2006 年版。

115. [德]乌尔里希·贝克:《风险社会:新的现代性之路》,张文杰、何博闻译,译林出版社 2018 年版。

116. [德]亚图·考夫曼:《类推与"事物本质"——兼论类型理论》,吴从周译,台北,学林文化事业有限公司 1999 年版。

117. [法]勒内·达维:《英国法与法国法:一种实质性比较》,潘华仿、高鸿钧、贺卫方译,清华大学出版社 2002 年版。

118. [韩]金东熙:《行政法Ⅰ》,赵峰译,中国人民大学出版社 2008 年版。

119. [荷]玛农·奥斯特芬:《数据的边界:隐私与个人数据保护》,曹博译,上海人民出版社 2020 年版。

120. [美]B·盖伊·彼得斯等编:《公共政策工具:对公共管理工具的评价》,顾建光译,中国人民大学出版社 2007 年版。

121. [美]Richard Saul Wurman:《信息饥渴——信息选取、表达与透析》,李银胜等译,电子工业出版社 2001 年版。

122. [美]埃里克·A. 波斯纳:《法律与社会规范》,沈明译,中国政法大学出版社 2004 年版。

123. [美]戴维·迈尔斯:《社会心理学》(第 11 版),侯玉波等译,人民邮电出版社 2016 年版。

124. [美]丹·席勒:《信息拜物教:批判与解构》,邢立军等译,社会科学文献出版社 2008 年版。

125. [美]丹尼尔·F. 史普博:《管制与市场》,余晖等译,格致出版社、上海三联书店、上海人民出版社 2017 年版。

126. [美]凯斯·R. 桑斯坦:《信息乌托邦:众人如何生产知识》,毕竞悦译,法律出版社 2008 年版。

127. [美]莱斯特·M. 萨拉蒙主编:《政府工具:新治理指南》,肖娜等译,北京大学出版社 2016 年版。

128. [美]劳伦斯·M. 弗里德曼:《法律制度——从社会科学角度观察》,李琼英、林欣译,中国政法大学出版社 1994 年版。

129. [美]理查德·J. 皮尔斯:《行政法》,苏苗罕译,中国人民大学出版社 2016 年版。

130. [美]理查德·波斯纳:《超越法律》,苏力译,北京大学出版社 2016 年版。

131. [美]路易斯·D. 布兰代斯等:《隐私权》,宦盛奎译,北京大学出版社 2014 年版。

132. [美]罗纳德·M. 莱文、杰弗瑞·S. 拉博斯:《行政程序法精要》,苏苗罕译,中国法制出版社 2022 年版。

133. [美]马克·布尔金:《信息论:本质·多样性·统一》,王恒君、嵇立安、王宏勇译,知识产权出版社 2015 年版。

134. [美]迈克尔·豪利特、M·拉米什:《公共政策研究:政策循环与政策子系统》,庞诗等译,生活·读书·新知三联书店 2006 年版。

135. [美]明恩溥:《中国人的性格》,陶林、韩利利译,江苏凤凰文艺出版社 2018 年版。

136. [美]欧姆瑞·本·沙哈尔、卡尔·E. 施奈德:《过犹不及:强制披露的失败》,陈晓芳译,法律出版社 2015 年版。

137. [美]皮特·L. 施特劳斯:《美国的行政司法》,徐晨译,商务印书馆 2021 年版。

138. [美]史蒂芬·布雷耶:《规制及其改革》(重排本),李洪雷等译,北京大学出版社 2022 年版。

139. [美]约翰·M. 巴里:《大流感:最致命瘟疫的史诗》,钟扬、赵佳媛、刘念译,上海科技教育出版社 2008 年版。

140. [美]詹姆斯·格雷克:《信息简史》,高博译,人民邮电出版社 2013 年版。

141. [美]朱迪·弗里曼:《合作治理与新行政法》,毕洪海、陈标冲译,商务印书馆 2010 年版。

142. [日]大桥洋一:《行政法学的结构性变革》,吕艳滨译,中国人民大学出版社 2009 年版。

143. [日]高木光:《事实行为与行政诉讼》,田卫卫、王贵松译,中国政法大学出版社 2023 年版。

144. [日]黑川哲志:《环境行政法的法理与方法》,肖军译,中国法制出版社 2008 年版。

145. [日]市桥克哉等:《日本现行行政法》,田林、钱蓓蓓、李龙贤译,法律出版社 2017 年版。

146. [日]藤田宙靖:《日本行政法入门》,杨桐译,中国法制出版社 2012 年版。

147. [日]田村正博:《警察行政法解说》,侯洪宽译,中国人民公安大学出版社 2016 年版。

148. [日]盐野宏:《行政法》,杨建顺译,法律出版社 1999 年版。

149. [日]佐伯仁志:《制裁论》,丁胜明译,北京大学出版社 2018 年版。

150. [瑞士]理查德·鲍德温:《大合流:信息技术和新全球化》,李志远、刘晓捷、罗长远译,格致出版社、上海人民出版社 2020 年版。

151. [美]曼纽尔·卡斯特:《认同的力量》(信息时代三部曲:经济、社会与文化·第二卷),夏铸久等译,社会科学文献出版社 2003 年版。

152. [英]安东尼·奥格斯:《规制:法律形式与经济学理论》,骆梅英译,中国人民大学出版社 2008 年版。

153. [英]弗兰克·韦伯斯特:《信息社会理论》(第3版),曹晋等译,北京大学出版社2011年版。

154. [英]科林·斯科特:《规制、治理与法律:前沿问题研究》,安永康译,清华大学出版社2018年版。

155. [英]罗伯特·鲍德温、马丁·凯夫、马丁·洛奇编:《牛津规制手册》,宋华琳等译,上海三联书店2017年版。

156. [英]维克托·迈尔—舍恩伯格:《删除:大数据取舍之道》,袁杰译,浙江人民出版社2013年版。

157. [英]维克托·迈尔—舍恩伯格、肯尼斯·库克耶:《大数据时代:生活、工作与思维的大变革》,周涛译,浙江人民出版社2013年版。

158. [英]伊丽莎白·费雪:《风险规制与行政宪政主义》,沈岿译,法律出版社2012年版。

159. 经济合作与发展组织编:《OECD国家的监管政策:从干预主义到监管治理》,陈伟译,法律出版社2006年版。

二、中文论文

1. 安永康:《作为风险规制工具的行政执法信息公开——以食品安全领域为例》,载《南大法学》2020年第3期。

2. 曹卫东:《开放社会及其数据敌人》,载《读书》2014年第11期。

3. 曾文远:《论行政训诫》,载《学术交流》2021年第1期。

4. 陈国生:《上海味利皇食品有限公司不服上海市卫生局卫生监督通报案》,载国家法官学院、中国人民大学法学院编:《中国审判案例要览(2000年商事审判暨行政审判案例卷)》,中国人民大学出版社2002年版。

5. 陈江:《政府管理工具视角下的信息工具》,载《广东行政学院学报》2007年第1期。

6. 陈霄:《德国传染病防治法律机制研究——以信息机制与权责分配为重点》,载宋晓主编:《中德法学论坛》第17辑上卷,南京大学出版社

2020 年版。

7. 褚宸舸、王阳:《突发公共卫生事件政府预警信息发布制度的完善——兼论我国〈传染病防治法〉的修订》,载郭春镇主编:《厦门大学法律评论》第 33 辑,厦门大学出版社 2022 年版。

8. 戴超、余凌云:《论作为声誉罚的公布违法事实行为》,载《公安学刊——浙江警察学院学报》2020 年第 1 期。

9. 戴昕:《理解社会信用体系建设的整体视角:法治分散、德治集中与规制强化》,载《中外法学》2019 年第 6 期。

10. 戴昕:《声誉如何修复》,载《中国法律评论》2021 年第 1 期。

11. 丁晓东:《论个人信息法律保护的思想渊源与基本原理——基于"公平信息实践"的分析》,载《现代法学》2019 年第 3 期。

12. 范伟:《行政黑名单制度的法律属性及其控制——基于行政过程论视角的分析》,载《政治与法律》2018 年第 9 期。

13. 高富平:《个人信息保护:从个人控制到社会控制》,载《法学研究》2018 年第 3 期。

14. 高翔、郁建兴:《新冠肺炎疫情防控中的公共治理机制:信息、决策与执行》,载《治理研究》2020 年第 2 期。

15. 高小芳:《作为新型信息规制工具的行政备案:角色变迁、功能定位与效能保障》,载《中国行政管理》2021 年第 9 期。

16. 宫文祥:《以资讯揭露作为环境保护规范手段之研究——以美国法为参考》,载《法学新论》2008 年第 5 期。

17. 何丽杭:《食品安全行政"曝光"的法律分析——与德国案例的研究对比》,载《东方法学》2010 年第 5 期。

18. 洪家殷:《公务机关资料之搜集与个人资料之保护》,载《东吴法律学报》2019 年第 4 期。

19. 后向东:《论我国政府信息公开制度变革中的若干重大关系》,载《中国行政管理》2017 年第 7 期。

20. 后向东:《政府信息公开案件审理中的几个重点问题》,载最高人民法院行政审判庭编:《行政执法与行政审判》第 81 集,中国法制出版社 2021 年版。

21. 胡建淼:《“黑名单”管理制度——行政机关实施“黑名单”是一种行政处罚》,载《人民法治》2017 年第 5 期。

22. 胡建淼:《“黑名单”管理制度——建立和实施“黑名单”要符合法治原则》,载《人民法治》2017 年第 6 期。

23. 胡建淼:《“黑名单”管理制度之“黑名单”不能“黑上”》,载《人民法治》2017 年第 4 期。

24. 胡建淼:《对现实中三种管理事例的法治思考》,载《行政管理改革》2015 年第 12 期。

25. 胡建淼:《论“行政处罚”概念的法律定位——兼评〈行政处罚法〉关于“行政处罚”的定义》,载《中外法学》2021 年第 4 期。

26. 胡建淼:《谁有权设立“黑名单”?》,载《紫光阁》2015 年第 11 期。

27. 黄海华:《行政处罚的重新定义与分类配置》,载《华东政法大学学报》2020 年第 4 期。

28. 黄海华:《新行政处罚法的若干制度发展》,载《中国法律评论》2021 年第 3 期。

29. 黄建文、钱俊文:《欠税公告的法律规制与司法救济》,载《税务研究》2019 年第 2 期。

30. 黄锫:《行政执法中声誉制裁的法律性质与规范形态》,载《学术月刊》2022 年第 5 期。

31. 黄锫:《羞辱性法律惩罚的博弈分析——以深圳福田区警方示众处理卖淫、嫖娼人员一案为研究样本》,载《法学评论》2008 年第 1 期。

32. 黄宇骁:《行政机关信息管理行为的司法规制》,载《行政法学研究》2024 年第 3 期。

33. 黄种滨、孟天广:《突发公共危机中的政府信息公开与危机应对》,载《电子政务》2022 年第 6 期。

34. 贾小路:《约谈式经济法执法方式研究》,载史济春主编:《经济法学评论》第13卷,中国法制出版社2013年版。

35. 江国华、孙中原:《论行政处罚中的通报批评》,载《河北法学》2022年第6期。

36. 姜明安:《新时代中国行政法学的转型与使命》,载《财经法学》2019年第1期。

37. 金自宁:《风险规制中的信息沟通及其制度建构》,载《北京行政学院学报》2012年第5期。

38. 金自宁:《风险视角下的突发公共卫生事件预警制度》,载《当代法学》2020年第3期。

39. 李惠宗:《个人资料保护法上的帝王条款——目的拘束原则》,载《法令月刊》第64卷第1期(2013年)。

40. 李建良:《行政罚法中"裁罚性之不利处分"的概念意涵及法适用上之若干基本问题——"制裁性不利处分"概念之提出》,载《月旦法学杂志》第181期(2010年)。

41. 李建人:《欠税公告制度的完善》,载《税务研究》2014年第2期。

42. 李晟:《信息技术与政法传统:重思社会信用体系建设》,载《中国社会科学评价》2022年第4期。

43. 林鸿潮:《个人信息在社会风险治理中的利用及其限制》,载《政治与法律》2018年第4期。

44. 林沈节:《消费警示及其制度化——从"农夫山泉砒霜门事件"谈起》,载《东方法学》2011年第2期。

45. 林彦:《信用惩戒制度对行政法治秩序的结构性影响》,载《交大法学》2020年第4期。

46. 刘承智:《欠税公告的法律性质、行为原则与正当程序》,载《财会月刊》2007年第8期。

47. 刘春:《交通累积记分行为法律性质辨析》,载《河北科技师范学院学报(社会科学版)》2014年第3期。

48. 刘刚:《德国的新行政法学》,载《清华法律评论》编委会编:《清华法律评论》第 7 卷第 2 辑，清华大学出版社 2014 年版。

49. 刘晗：《平台权力的发生学——网络社会的再中心化机制》，载《文化纵横》2021 年第 1 期。

50. 刘俊海：《信用责任：正在生长中的第四大法律责任》，载《法学论坛》2019 年第 6 期。

51. 刘权：《论个人信息处理的合法、正当、必要原则》，载《法学家》2021 年第 5 期。

52. 刘文凯：《信用行政惩戒不宜定性为行政处罚》，载《政法论坛》2023 年第 3 期。

53. 龙稳全、李刚：《欠税公告的法律思考》，载《涉外税务》2006 年第 6 期。

54. 卢超：《事中事后监管改革：理论、实践及反思》，载《中外法学》2020 年第 3 期。

55. 卢护锋：《信用惩戒滥用的行政法规制——基于合法性与有效性耦合的考量》，载《北方法学》2021 年第 1 期。

56. 卢文道、王文心：《对上市公司的公开谴责有效吗——基于上海市场 2006—2011 年监管案例的研究》，载黄红元、徐明主编：《证券法苑》第 7 卷，法律出版社 2012 年版。

57. 鲁楠：《信息社会政府论：演化与选择》，载《国家检察官学院学报》2023 年第 2 期。

58. 陆娇娇、贾文键：《新冠肺炎疫情中的德国公众沟通研究》，载《德国研究》2020 年第 4 期。

59. 陆殷昊等：《舆情监测在公共卫生事件监测预警中的研究进展》，载《上海预防医学》2019 年第 11 期。

60. 罗培新：《善治须用良法：社会信用立法论略》，载《法学》2016 年第 12 期。

61. 梅夏英：《信息和数据概念区分的法律意义》，载《比较法研究》2020 年第 6 期。

62. 泮伟江:《迎接信息社会治理的新挑战》,载《民主与科学》2019年第5期。

63. 彭錞:《论政务数据共享的推进与边界》,载《交大法学》2023年第6期。

64. 彭錞:《再论行政处罚决定公开:性质、逻辑与方式》,载《现代法学》2024年第1期。

65. 钱卫宁等:《区块链与可信数据管理:问题与方法》,载《软件学报》2018年第1期。

66. 秦前红:《游街示众:法治国建设过程中的不谐音》,载《法学》2007年第1期。

67. 冉崇潇:《作为行政处罚的"通报批评":规范语义、实证识别与适用控制》,载《西南政法大学学报》2022年第2期。

68. 桑本谦:《公共惩罚与私人惩罚的互动——一个解读法律制度的新视角》,载《法制与社会发展》2005年第5期。

69. 单鸿升:《〈个人信息保护法〉下国家机关之功能角色——基于公法权利保护观点》,载宋晓主编:《中德法学论坛》第18辑下卷,南京大学出版社2021年版。

70. 沈岿:《论失信惩戒的行政诉讼可诉性》,载《中国应用法学》2023年第2期。

71. 沈岿:《社会信用惩戒的禁止不当联结》,载《暨南学报(哲学社会科学版)》2021年第11期。

72. 沈岿:《社会信用体系建设的法治之道》,载《中国法学》2019年第5期。

73. 沈毅龙:《公共信用立法的合宪性考察与调整》,载《行政法学研究》2019年第1期。

74. 沈毅龙:《论失信的行政联合惩戒及其法律控制》,载《法学家》2019年第4期。

75. 施立栋:《论行政机关公布违法事实行为的法律性质》,载姜明安主编:《行政法论丛》第17卷,法律出版社2015年版。

76. 宋华琳:《论政府规制中的合作治理》,载《政治与法律》2016年第8期。

77. 宋华琳:《中国行政法学总论的体系化及其改革》,载《四川大学学报(哲学社会科学版)》2019年第5期。

78. 孙娟娟:《信用制度的基础建设与法治之道:食品安全信用档案构建》,载《中国市场监管研究》2021年第8期。

79. 孙一冰、彭玲:《欠税公告:一石激起千层浪》,载《中国税务》2005年第1期。

80. 谭冰霖:《处罚法定视野下失信惩戒的规范进路》,载《法学》2022年第1期。

81. 田林:《行政处罚与失信惩戒的立法方案探讨》,载《中国法律评论》2020年第5期。

82. 万红:《道路交通违法记分的法律属性与立法完善》,载《中国人民公安大学学报(社会科学版)》2014年第4期。

83. 汪再祥:《预警:突发公共卫生事件应对中缺失的环节》,载《法学评论》2020年第2期。

84. 王贵松:《论行政处罚的制裁性》,载《法商研究》2020年第6期。

85. 王贵松:《食品安全风险公告的界限与责任》,载《华东政法大学学报》2011年第5期。

86. 王国和、李太泉、刘续跃:《对一起因大桶饮用水质量公告引起行政诉讼的思考》,载《中国公共卫生管理》2000年第2期。

87. 王锴:《论行政事实行为的界定》,载《法学家》2018年第4期。

88. 王克稳:《论行政审批的分类改革与替代性制度建设》,载《中国法学》2015年第2期。

89. 王克稳:《论涉企经营许可的立法后评估》,载《苏州大学学报(法学版)》2023年第1期。

90. 王克稳:《我国行政审批制度的改革及其法律规制》,载《法学研究》2014 年第 2 期。

91. 王利明:《论个人信息权的法律保护——以个人信息权与隐私权的界分为中心》,载《现代法学》2013 年第 4 期。

92. 王青斌、王由海:《作为规制工具的行政备案:规制机理与效果优化》,载《浙江学刊》2022 年第 5 期。

93. 王清军:《环境治理中的信息工具》,载《法治研究》2013 年第 12 期。

94. 王瑞雪:《声誉罚的梯度构造》,载《法学家》2024 年第 2 期。

95. 王瑞雪:《声誉制裁的当代图景与法治建构》,载《中外法学》2021 年第 2 期。

96. 王瑞雪:《政府规制中的信用工具研究》,载《中国法学》2017 年第 4 期。

97. 王天华:《行政行为执行力的观念及其消弭——我国行政义务实效确保手段研究之刍议》,载《当代法学》2014 年第 5 期。

98. 王伟:《失信惩戒的类型化规制研究——兼论社会信用法的规则设计》,载《中州学刊》2019 年第 5 期。

99. 王锡锌、黄智杰:《论失信约束制度的法治约束》,载《中国法律评论》2021 年第 1 期。

100. 王锡锌:《传染病疫情信息公开的障碍及克服》,载《法学》2020 年第 4 期。

101. 王锡锌:《个人信息国家保护义务及展开》,载《中国法学》2021 年第 1 期。

102. 王锡锌:《国家保护视野中的个人信息权利束》,载《中国社会科学》2021 年第 11 期。

103. 王锡锌:《行政处罚决定的公开及其限度》,载《中国司法》2021 年第 8 期。

104. 王学辉、王亚栋:《论作为行政处罚种类的交通违法记分》,载《西部法学评论》2019 年第 3 期。

105. 王由海:《行政备案的实践类型与法治化路径》,载《法商研究》2023 年第 1 期。

106. 王媛媛、张永:《论交通违法记分信息在社会诚信体系建设中的运用》,载《道路交通管理》2015 年第 3 期。

107. 王振宇:《行政许可案件审理八十一讲(上)》,载最高人民法院行政审判庭编:《行政执法与行政审判》第 47 集,中国法制出版社 2011 年版。

108. 王周户、李大勇:《公告违法行为之合理定位》,载《法律科学》2004 年第 5 期。

109. 吴元元:《食品安全信用档案制度之建构——从信息经济学的角度切入》,载《法商研究》2013 年第 4 期。

110. 邢会强:《信息不对称的法律规制——民商法与经济法的视角》,载《法制与社会发展》2013 年第 2 期。

111. 邢会强:《政务数据共享与个人信息保护》,载《行政法学研究》2023 年第 2 期。

112. 熊樟林:《行政处罚的概念构造——新〈行政处罚法〉第 2 条解释》,载《中外法学》2021 年第 5 期。

113. 熊樟林:《行政处罚的种类多元化及其防控——兼论我国〈行政处罚法〉第 8 条的修改方案》,载《政治与法律》2020 年第 3 期。

114. 熊樟林:《行政处罚决定为何不需要全部公开?——新〈行政处罚法〉第 48 条的正当性解释》,载《苏州大学学报(哲学社会科学版)》2021 年第 6 期。

115. 熊樟林:《论〈行政处罚法〉修改的基本立场》,载《当代法学》2019 年第 1 期。

116. 熊樟林:《论作为"权力"的行政处罚决定公开》,载《政治与法律》2023 年第 2 期。

117. 徐国栋:《"失信联合惩戒机制"中"信"的含义之澄清》,载《中国法律评论》2021 年第 1 期。

118. 徐健夫:《试论行政确认视角下欠税公告的完善》,载《税务研究》2020 年第 12 期。

119. 闫申:《信用报告错误中征信机构责任的建构》,载《征信》2022 年第 6 期。

120. 杨芳:《个人信息自决权理论及其检讨——兼论个人信息保护法之保护客体》,载《比较法研究》2015 年第 6 期。

121. 杨鸿雁:《中国古代耻辱刑考略》,载《法学研究》2005 年第 1 期。

122. 杨解君:《受罚性行为与行政处罚的判断及其适用——关于李文亮"训诫"案中的行为及相关争论问题的分析》,载《行政法学研究》2020 年第 6 期。

123. 杨居正、张维迎、周黎安:《信誉与管制的互补与替代——基于网上交易数据的实证研究》,载《管理世界》2008 年第 7 期。

124. 杨立新、韩煦:《被遗忘权的中国本土化及法律适用》,载《法律适用》2015 年第 2 期。

125. 杨立新:《个人信息:法益抑或民事权利——对〈民法总则〉第 111 条规定的"个人信息"之解读》,载《法学论坛》2018 年第 1 期。

126. 杨寅:《行政处罚类政府信息公开中的法律问题》,载《法学评论》2010 年第 2 期。

127. 姚岳绒:《论信息自决权作为一项基本权利在我国的证成》,载《政治与法律》2012 年第 4 期。

128. 叶平:《行政公告研究》,载《法学》2005 年第 3 期。

129. 叶湘榕:《公共信用信息归集和使用的地方规则比较研究》,载《征信》2014 年第 11 期。

130. 应飞虎、涂永前:《公共规制中的信息工具》,载《中国社会科学》2010 年第 4 期。

131. 应飞虎:《论结果导向的信息披露》,载《中国社会科学》2019 年第 5 期。

132. 应飞虎:《食品安全有奖举报制度研究》,载《社会科学》2013 年第 3 期。

133. 袁文瀚:《信用监管的行政法解读》,载《行政法学研究》2019 年第 1 期。

134. 翟学伟:《诚信、信任与信用:概念的澄清与历史的演进》,载《江海学刊》2011 年第 5 期。

135. 翟学伟:《社会信用:人性假设与制度安排》,载《开放时代》2011 年第 6 期。

136. 张步峰:《交通安全失信联合惩戒制度的行政法检视》,载《公安学研究》2022 年第 6 期。

137. 张红:《行政备案存在的问题与立法构想》,载《广东社会科学》2021 年第 4 期。

138. 张红:《论行政备案的边界》,载《国家行政学院学报》2016 年第 3 期。

139. 张红:《指纹隐私保护:公、私法二元维度》,载《法学评论》2015 年第 1 期。

140. 张秋萍、李震:《"失联"企业列入企业经营异常名录行为的可诉性分析与合法性审查——图域公司诉上海市静安区市场监督管理局、上海市市场监督管理局列入经营异常名录行政行为案》,载国家法官学院、最高人民法院司法案例研究院编:《中国法院 2021 年度案例 · 行政纠纷》,中国法制出版社 2021 年版。

141. 张涛:《智慧警务背景下公安机关处理个人信息的规范建构》,载《公安学研究》2023 年第 1 期。

142. 张桐锐:《行政机关之公开警告与国家赔偿责任》,载李钦贤教授六秩华诞祝寿论文集编辑委员会编:《现代法学之回顾与展望——李钦贤教授六秩华诞祝寿论文集》,台北,元照出版公司 2008 年版。

143. 张桐锐:《论行政机关对公众之提供资讯之行为》,载《成大法学》2001 年第 2 期。

144. 张慰:《适应与自主之间的德国基本权利教义学——德国国家

信息行为的宪法教义学建构》,载《法制与社会发展》2012 年第 3 期。

145. 张翔:《国家权力配置的功能适当原则——以德国法为中心》,载《比较法研究》2018 年第 3 期。

146. 张晓莹:《行政处罚的理论发展与实践进步——〈行政处罚法〉修改要点评析》,载《经贸法律评论》2021 年第 3 期。

147. 张晓莹:《行政处罚视域下的失信惩戒规制》,载《行政法学研究》2019 年第 5 期。

148. 张效羽:《试验性规制视角下"网约车"政府规制创新》,载《电子政务》2018 年第 4 期。

149. 张新宝:《论个人信息权益的构造》,载《中外法学》2021 年第 5 期。

150. 张新宇:《论行政信息披露的法律性质》,载《中南民族大学学报(人文社会科学版)》2015 年第 2 期。

151. 张学府:《作为规制工具的处罚决定公开:规制机理与效果优化》,载《中国行政管理》2021 年第 1 期。

152. 章剑生:《知情权及其保障——以〈政府信息公开条例〉为例》,载《中国法学》2008 年第 4 期。

153. 章晓涵:《将企业列入经营异常名录行为的性质认定与审查标准——上海某文化发展有限公司诉上海市静安区市场监督管理局等列入企业经营异常名录决定及行政复议案》,载最高人民法院行政审判庭编:《行政执法与行政审判》第 86 集,中国法制出版社 2023 年版。

154. 章志远、鲍燕娇:《公布违法事实的法律属性分析》,载《山东警察学院学报》2011 年第 6 期。

155. 章志远、鲍燕娇:《作为声誉罚的行政违法事实公布》,载《行政法学研究》2014 年第 1 期。

156. 章志远:《监管新政与行政法学的理论回应》,载《东方法学》2020 年第 5 期。

157. 章志远:《作为行政强制执行手段的违法事实公布》,载《法学家》2012 年第 1 期。

158. 赵宏:《从信息公开到信息保护:公法上信息权保护研究的风向流转与核心问题》,载《比较法研究》2017 年第 2 期。

159. 赵宏:《行政行为作为行政法教义学核心的困境与革新——兼论我国行政行为学理的进化》,载《北大法律评论》第 15 卷第 2 辑,北京大学出版社 2015 年版。

160. 赵宏:《信息自决权在我国的保护现状及其立法趋势前瞻》,载《中国法律评论》2017 年第 1 期。

161. 赵宏:《疫情防控下个人的权利限缩与边界》,载《比较法研究》2020 年第 2 期。

162. 赵雷:《羞辱、社会规范与法律规制》,载《中国法律评论》2018 年第 4 期。

163. 郑晓军:《反思公共数据归集》,载《华东政法大学学报》2023 年第 2 期。

164. 郑晓军:《论公共监控的功能边界》,载《中国法律评论》2022 年第 5 期。

165. 郑晓军:《数据跨部门流动的风险与问责》,载《中国行政管理》2022 年第 11 期。

166. 郑毅:《现代行政法视野下的约谈——从价格约谈说起》,载《行政法学研究》2012 年第 4 期。

167. 周黎安:《晋升博弈中政府官员的激励与合作——兼论我国地方保护主义和重复建设问题长期存在的原因》,载《经济研究》2004 年第 6 期。

168. 周黎安:《中国地方官员的晋升锦标赛模式研究》,载《经济研究》2007 年第 7 期。

169. 周舜、李若愚:《公安训诫的法律性质及其制度完善》,载《上海公安学院学报》2021 年第 2 期。

170. 朱春华、罗鹏:《公共警告的现代兴起及其法治化研究》,载《政治与法律》2008 年第 4 期。

171. 朱芒:《中国行政法学的体系化困境及其突破方向》,载《清华法学》2015 年第 1 期。

172. 朱芒:《作为行政处罚一般种类的“通报批评”》,载《中国法学》2021 年第 2 期。

173. 朱新力、高春燕:《行政立法中的最好行政》,载《行政法学研究》2006 年第 3 期。

174. 朱新力、李芹:《行政约谈的功能定位与制度建构》,载《国家行政学院学报》2018 年第 4 期。

175. 朱新力、宋华琳:《现代行政法学的建构与政府规制研究的兴起》,载《法律科学》2005 年第 5 期。

176. 朱新力、唐明良:《现代行政活动方式的开发性研究》,载《中国法学》2007 年第 2 期。

177. 朱最新、曹延亮:《行政备案的法理界说》,载《法学杂志》2010 年第 4 期。

178. 祝丙华等:《基于大数据传染病监测预警研究进展》,载《中国公共卫生》2016 年第 9 期。

179. [英]克里斯托弗 · 胡德:《信息时代的政府工具》,周瑜译,载吴敬琏主编:《比较》第 49 辑,中信出版社 2010 年版。

180. [德]施密特 · 阿斯曼:《行政法体系及其构建》,刘飞译,载《环球法律评论》2009 年第 5 期。

181. [德]弗里德里希 · 肖赫:《信息社会背景下的信息自决权》,查云飞、阮爽译,载《北京航空航天大学学报(社会科学版)》2015 年第 6 期。

182. [德]沃尔夫冈 · 卡尔:《法典化理念与特别法发展之间的行政程序法》,马立群译,载《南大法学》2021 年第 2 期。

183. [日]高木光:《法的执行体系论与行政法的理论体系》,王贵松译,载王贵松主编:《宪政与行政法治评论》第 6 卷,中国人民大学出版社 2012 年版。

184. [日]高田伦子:《行政机关公开负面信息与权利保护》,张荣红译,载欧阳本祺主编:《东南法学》(第7辑),东南大学出版社2023年版。

185. [日]小山刚:《"安全"与信息自我决定权》,吴东镐译,载王贵松主编:《宪政与行政法治评论》第6卷,中国人民大学出版社2012年版。

186. [日]原田大树:《规制战略理论的现状及其课题》,朱芒译,载《南大法学》2024年第1期。

187. [美]杰克·巴尔金:《基于信息的治理:美国宪法能否回应大数据时代的挑战?》,康向宇译,载张志铭主编:《师大法学》2019年第1辑,法律出版社2020年版。

188. [美]Timothy Wu:《行政告诫》,熊樟林译,载《行政法学研究》2012年第4期。

189.《日本个人信息保护法》,刘颖译,载米良主编:《北外法学》2021年第2期,社会科学文献出版社2022年版。

三、英文著作

1. Brent Fisse & John Braithwaite, *The Impact of Publicity on Corporate Offenders*, State University of New York Press, 1983.

2. Bronwen Morgan & Karen Yeung, *An Introduction to Law and Regulation: Text and Materials*, Cambridge University Press, 2007.

3. Carol Harlow & Richard Rawlings, *Law and Administration*, 4th edition, Cambridge University Press, 2022.

4. Cass R. Sunstein, *Too Much Information: Understanding What You Don't Want to Know*, The MIT Press, 2020.

5. Christopher C. Hood & Helen Z. Margetts, *The Tools of Government in the Digital Age*, Palgrave Macmillan, 2007.

6. Ian Ayres & John Braithwaite, *Responsive Regulation: Transcending the Deregulation Debate*, Oxford University Press, 1992.

7. Jason Corburn, *Toward the Healthy City: People, Places, and the*

Politics of Urban Planning, The MIT Press, 2009.

8. John Braithwaite, *Crime, Shame and Reintegration*, Cambridge University Press, 1989.

9. Marie-Louise Bemelmans-Videc, Ray C. Rist & Evert Vedung (eds.), *Carrots, Sticks, and Sermons: Policy Instruments and Their Evaluation*, Transaction Publishers, 2010.

10. Nan D. Hunter, *The Law of Emergencies: Public Health and Disaster Management*, Elsevier, 2009.

11. Paul Slovic, *The Perception of Risk*, Earthscan, 2000.

12. Priscilla M. Regan, *Legislating Privacy: Technology, Social Values, and Public Policy*, The University of North Carolina Press, 1995.

13. Richard H. Thaler & Cass R. Sunstein, *Nudge: Improving Decisions About Health, Wealth, and Happiness*, Yale University Press, 2008.

14. Viktor Mayer-Schönberger & David Lazer eds., *Governance and Information Technology: From Electronic Government to Information Government*, The MIT Press, 2007.

15. Wesley A. Magat & W. Kip Viscusi, *Informational Approaches to Regulation*, The MIT Press, 1992.

16. William F. Fox, Jr., *Understanding Administrative Law*, 4th edition, LEXIS Publishing, 2000.

四、英文论文

1. Cass R. Sunstein, *Informational Regulation and Informational Standing: Akins and Beyond*, 147 University of Pennsylvania Law Review 613 (1999).

2. Christopher Berzins, *Administrative Transparency and the Protection of Privacy in a Digital Era*, 37 Advocates´ Quarterly 1 (2010).

3. Ernest Gellhorn, *Adverse Publicity by Administrative Agencies*, 86 Harvard Law Review 1380 (1973).

4. Francis E. Rourke, *Law Enforcement Through Publicity*, 24 University of Chicago Law Review 225(1957).

5. George A. Akerlof, *The Market for "Lemons": Quality Uncertainty and the Market Mechanism*, 84 The Quarterly Journal of Economics 488(1970).

6. Giandomenico Majone, *The New European Agencies: Regulation by Information*, 4 Journal of European Public Policy 262(1997).

7. James Q. Whitman, *What is Wrong with Inflicting Shame Sanctions?* 107 The Yale Law Journal 1055(1998).

8. Jordan Paradise & Elise Fester, *FDA Publicity and Enforcement in the COVID-19 Era*, 60 Washburn Law Journal 77(2020).

9. Karen Yeung, *Government by Publicity Management: Sunlight or Spin?* 2 Public Law 360(2005).

10. Karen Yeung, *Regulating Government Communications*, 65 Cambridge Law Journal 53(2006).

11. Li Qun et al., *Early Transmission Dynamics in Wuhan, China, of Novel Coronavirus-Infected Pneumonia*, 382 The New England Journal of Medicine 1199(2020).

12. Nathan Cortez, *Adverse Publicity by Administrative Agencies in the Internet Era*, 2011 Brigham Young University Law Review 1371(2011).

13. Nathan Cortez, *Agency Publicity in the Internet Era*, Administrative Conference of the United States(ACUS) Report, September 25, 2015.

14. Peter Cartwright, *Publicity, Punishment and Protection: The Role(s) of Adverse Publicity in Consumer Policy*, 32 Legal Studies 179(2012).

15. Robinson B. Lacy, *Adverse Publicity and SEC Enforcement Procedure*, 46 Fordham Law Review 435(1977).

16. Richard S. Morey, *Publicity as a Regulatory Tool*, 30 Food, Drug, Cosmetic Law Journal 469(1975).

五、其他文献

1. 陈晋华:《行政机关发布不利信息的法律控制研究——以美国食品药品监管为例》,上海交通大学 2014 年博士学位论文。

2. 毕洪海:《技术的新瓶装规制的旧酒?——中国社会信用工程的批判性研究》,载《信用、信息与规制——“中国法学会行政法学研究会第五届青年论坛暨政府规制专业委员会 2019 年年会”论文集》,2019 年 8 月于长春。

3. 张荣红:《日本负面信息披露制度》,载《信用、信息与规制——中国法学会行政法学研究会第五届青年论坛暨政府规制专业委员会 2019 年年会论文集》,2019 年 8 月于长春。

4. 朱新力、宋华琳、胡敏洁等:《现代行政法学与政府规制》,载《法制日报》2005 年 3 月 17 日,第 9 版。

5. 杨焕宁:《关于〈中华人民共和国居民身份证法修正案(草案)〉的说明——2011 年 10 月 24 日在第十一届全国人民代表大会常务委员会第二十三次会议上》,载《全国人民代表大会常务委员会公报》2011 年第 7 号。

6. 张勇:《关于〈中华人民共和国食品安全法(修订草案)〉的说明——2014 年 6 月 23 日在第十二届全国人民代表大会常务委员会第九次会议上》,载《全国人民代表大会常务委员会公报》2015 年第 3 号。

7. 陈广江:《民警岂能指名道姓喊话“涉嫌嫖娼”》,载《扬子晚报》2024 年 4 月 29 日,第 A6 版。

8. 陈宁一:《公安部:娱乐场所每周一查 要求娱乐场所暗访侦查“常态化”;不得示众曝光失足妇女》,载《新京报》2010 年 12 月 12 日,第 A14 版。

9. 谷秀军:《加大社会信用信息披露力度 努力推进社会信用体系建设 国家外汇管理局有关部门负责人就外汇违法(负面)信息披露试点工作答记者问》,载《金融时报》2005 年 9 月 15 日,第 A2 版。

10. 何兴丽:《首个行人过街智能监控系统亮相冰城 抓拍行人闯红灯现场曝光大头照》,载《生活报》2020 年 10 月 13 日,第 A3 版。

11. 珏晓:《严防新型冠状病毒“入侵”》,载《人民日报海外版》2012 年 10 月 12 日,第 14 版。

12. 李润文:《深圳公开处理涉黄人员引发争议》,载《中国青年报》2006 年 12 月 11 日,第 3 版。

13. 廖爱玲、赵嘉妮:《国家工商总局与淘宝“握手言和”》,载《新京报》2015 年 1 月 31 日,第 A14 版。

14. 刘志方:《近年“羞辱卖淫女”事件》,载《现代快报》2010 年 7 月 27 日,第 10 版。

15. 卢杰、周斌:《实名曝光酒驾者被质疑侵犯隐私 济南交警回应:公布酒驾者属政府信息公开范畴》,载《法制日报》2012 年 2 月 16 日,第 5 版。

16. 裴剑飞:《个人交通违法违章行为将向单位通报》,载《新京报》2024 年 3 月 20 日,第 A7 版。

17. 沈衍琪:《欠税公告 3 年追回税款近 7 亿元》,载《北京日报》2007 年 12 月 22 日。

18. 吴旦颖:《农夫山泉十亿元打水漂》,载《南方日报》2009 年 12 月 10 日,第 B8 版。

19. 朱宁宁:《何为“失信”尚无明确法律界定,应尽快出台国家层面失信惩戒法律规范》,载《法制日报》2019 年 6 月 18 日,第 5 版。

20.《从信息公示到社会共治——工商部门推行新型监管制度扫描》,载《中国工商报》2014 年 9 月 30 日,第 8 版。

21.《强化信用约束 推动社会共治——〈企业信息公示暂行条例〉解读》,载《中国工商报》2014 年 8 月 26 日,第 2 版。

22. 张学光:《“雅士利风波”始末》,载《乳品与人类》2006 年第 5 期。

23.《贵州省 2014 年主动公开政府信息 550 余万条》,载《城市问题》2015 年第 4 期。

24.《国家市场监管总局关于对〈价格违法行为行政处罚规定(修订征求意见稿)〉公开征求意见的公告》,载《中国价格监管与反垄断》2021年第7期。

25.《西安启用人脸识别抓拍系统 行人闯红灯将被曝光》,载《中国产经》2017年第10期。

26. 北京市第二中级人民法院行政判决书,(2019)京02行终1365号。

27. 北京市高级人民法院行政判决书,(2017)京行终5070号。

28. 甘肃省酒泉市肃州区人民法院行政判决书,(2014)酒肃行初字第40号。

29. 广州铁路运输中级法院行政判决书,(2019)粤71行终4793号。

30. 湖南省长沙市天心区人民法院行政判决书,(2015)天行初字第52号。

31. 江苏省如东县人民法院行政裁定书,(2014)东行初字第244号。

32. 江苏省泰州市海陵区人民法院民事判决书,(2018)苏1202民初2393号。

33. 江苏省镇江市中级人民法院行政判决书,(1998)镇行终字第22号。

34. 山东省东营市东营区人民法院行政判决书,(2014)东行初字第59号。

35. 山东省济南市中级人民法院行政判决书,(2014)济行终字第80号。

36. 山西省高级人民法院行政裁定书,(2019)晋行申48号。

37. 上海市黄浦区人民法院行政判决书,(1999)黄行初字第3号。

38. 上海市闵行区人民法院行政判决书,(2019)沪0112行初242号。

39. 上海铁路运输法院行政判决书,(2019)沪7101行初666号。

40. 四川省成都市中级人民法院行政裁定书,(2013)成行终字第291号。

41. 四川省宜宾市中级人民法院行政判决书,(2018)川 15 行终 165 号。

42. 最高人民法院行政裁定书,(2016)最高法行申 2305 号。

43. 最高人民法院行政裁定书,(2017)最高法行申 7760 号。

44. 最高人民法院行政裁定书,(2018)最高法行申 2968 号。

45. 江苏省南通市海安市市场监管局行政处罚决定书,海市监处罚〔2022〕00602 号。

46. 江苏省泰州市泰兴市市场监管局行政处罚决定书,泰市监处罚〔2022〕175 号。

47. 江苏省盐城市射阳县市场监管局行政处罚决定书,射市监处罚〔2023〕000 号。

48. 上海市嘉定区市场监管局行政处罚决定书,沪市监嘉处〔2020〕142020000497 号。

49. 浙江省杭州市临安区市场监管局行政处罚决定书,(杭临)市监罚处〔2020〕153 号。

后　记

本书是我主持的同名的国家社科基金青年项目的最终成果,也是对过去一些年开展信息规制研究的一个阶段性总结。

最初接触信息规制这一主题,大约是在 2010 年的下半年。那时,我刚考入浙江大学读研究生,注意到政府规制已成为行政法学上新的理论增长点,进而对它产生了浓厚兴趣。在研习文献的过程中,我逐渐认识到,在政府规制的体系中,规制工具居于关键性地位,其重要性堪比行政行为理论在传统行政法学体系中的支点性地位。而在各种类型的规制工具中,信息规制工具又如同是桂冠上的明珠,尤为引人瞩目。特别是在同一时期,“黑名单”“曝光”等信息规制工具开始在我国实践中涌现,亟待从理论层面作出回应。于是,我的硕士学位论文选取以公布违法事实活动为切入点,对信息规制工具作了初步的研究,并顺利通过了答辩。硕士论文中的核心观点经提炼修改后,还发表在了核心刊物之上,这给了我极大的信心。

此后,我继续保持着对信息规制工具的关注。特别是在清华大学读博期间,跟随导师余凌云教授从事醉驾、电动自行车治理等实践性较强的课题研究,在此过程中越发觉得,信息规制工具在现代公共治理领域拥有广阔的应用前景。由此也积累了一些前期研究成果。与此为基础,我尝试申报了 2018 年度的国家社科基金青年项目。十分幸运的是,课题成功获得了立项。

按照课题申报书的设想，原定用3年时间来完成研究，实际用时却超过了5年。这主要是考虑到，信息规制领域的相关立法与实践始终处于快速变化的进程之中，尤其是《个人信息保护法》、新《行政处罚法》等相关重要立法迟至2021年上半年才出台，此外，社会信用体系建设也正处于关键的制度转轨期。为了动态追踪立法与实践的发展，避免过早形成判断，我有意地放缓了研究的步伐。最终，课题成果在2023年8月提交结项鉴定，并在此后以“良好”等第顺利通过了全国哲社规划办的验收。

以上记叙的学思旅程表明，对信息规制工具的研究，几乎贯穿了我从硕士、博士到迄今为止担任教职的整个时期。一路走来，需要衷心感谢为我提供过各种帮助的师友。

在求学阶段遇到的每一位老师，曾以不同形式为我提供过教诲，使我获益良多。特别是本科阶段的张旭勇老师、硕士导师金承东老师、博士导师余凌云老师，他们给予的研究指导和学术训练，为本书的写作奠定了基础。

入职苏州大学以后，从课题申报、开展研究到最终结项，王健法学院的各位领导和同事为我提供了诸多便利条件和帮助，很多谢辞只能埋藏于心中。书稿完成后，学校人文社科处慷慨地提供了全额出版资助，解决了著作面世的“最后一公里”问题。

本书的撰写，也离不开学界同仁的砥砺。南开大学的宋华琳教授不时地发送给我信息规制领域的前沿资料，并在研究内容上提供了有益指导。素未谋面的中南民族大学的朱春华博士，在第一时间将他出版的信息规制工具的专著寄送给我，这既为我提供了资料参考，又避免本书在内容上与之产生重复。另外，信息规制作为近年来学界热议的话题，相关文献不断推陈出新，本书在写作中参考了大量同行的著述，他们或提供了观点上的启迪，或给予了研究上的鞭策。

书中的部分内容或观点，曾发表于《清华法学》《法学》《浙江学刊》《行政法论丛》等刊物上。感谢这些刊物的编辑老师们的认可，支撑着我将这项研究持续下去的信念。本书在出版过程中，法律出版社的解锟老师提供了专业、高效的编校意见，使本书增色不少。

最后，要感谢的是我的家人。记得在当初填写国家社科项目的申报书时，孩子尚在胎中，而现如今，她已经临近幼儿园毕业。这几年，为了照顾孩子和操持家务，爱人付出了许多精力，也舍弃了不少自己的事业追求。女儿为了给我留出更多的研究时间，在我提出每天幼儿园放学晚接她一小时的请求后，居然毫不犹豫地答应了，这是最令我感动的地方。

2024 年 5 月 13 日

于东吴故园